W0053766

UTB **3245**

Eine Arbeitsgemeinschaft der Verlage

Böhlau Verlag · Köln · Weimar · Wien
Verlag Barbara Budrich · Opladen · Farmington Hills
facultas.wuv · Wien
Wilhelm Fink · München
A. Francke Verlag · Tübingen und Basel
Haupt Verlag · Bern · Stuttgart · Wien
Julius Klinkhardt Verlagsbuchhandlung · Bad Heilbrunn
Lucius & Lucius Verlagsgesellschaft · Stuttgart
Mohr Siebeck · Tübingen
Orell Füssli Verlag · Zürich
Ernst Reinhardt Verlag · München · Basel
Ferdinand Schöningh · Paderborn · München · Wien · Zürich
Eugen Ulmer Verlag · Stuttgart
UVK Verlagsgesellschaft · Konstanz
Vandenhoeck & Ruprecht · Göttingen
vdf Hochschulverlag AG an der ETH Zürich

Inhaltsverzeichnis

6

Vorwort

Liebe Leserin, lieber Leser!

Das Gegenstandsfeld der allgemeinen Didaktik ist durch die Begriffe „Lehren" und „Lernen" umrissen. Didaktik dient der strukturierten Reflexion von Lehr-Lern-Situationen, und sie hilft dabei, didaktisches Handeln vorzubereiten, auszuführen und zu analysieren.

Lehrende in Schulen, Hochschulen und der Erwachsenenbildung denken und handeln täglich in didaktischen Kategorien. Die Didaktik als handlungsorientierte Wissenschaft vom Lehren und Lernen ist eine Berufswissenschaft dieser Lehrenden.

Die Kapitel 1, 2 und 3 bilden den Kern der allgemeinen Didaktik: Grundlagen, Reflexionsebenen und Professionalisierung. In den Kapiteln 4, 5 und 6 werden zentrale didaktische Konzepte beschrieben: didaktische Theorien, Bildung und Lernen. Die Kapitel 7, 8, 9 und 10 führen zum didaktischen Handeln: Ziele und Inhalte, Methoden, Lernerfolg sowie Planung, Analyse und Evaluation.

Ich wünsche Ihnen viel Freude mit diesem Buch.

Martin Lehner

Grundlagen

Didaktik wird als handlungsorientierte Wissenschaft vom Lehren und Lernen vorgestellt (1.1). Sie ist eine Berufswissenschaft der lehrenden Berufe. Die historische Rückschau (1.2) beleuchtet die Entwicklung von COMENIUS über die Reformpädagogik bis zu den aktuellen didaktischen Ansätzen. Spezielle Didaktiken (1.3) werden vorgestellt, darunter die an die jeweilige Fachwissenschaft gekoppelten Fachdidaktiken, die vor allem im schulischen Bereich gebräuchlich sind. Strukturmodelle und Bedingungsgefüge (1.4) ermöglichen ein didaktisches Denken und Handeln: Bedingungsgefüge beschreiben den Kontext von Lehr-Lern-Situationen, Strukturmodelle bilden deren Elemente ab. Zu den Herausforderungen für die Didaktik (1.5) zählt insbesondere die skeptische Haltung vieler Lehrender gegenüber der Didaktik.

Aufgabe und Gegenstand | 1.1

Im Primar- und Sekundarbereich geht es vorrangig um das Erlernen von Kulturtechniken, im tertiären Bereich um eine berufsbezogene akademische Bildung und im quartären Bereich um

Didaktik: eine Berufswissenschaft der lehrenden Berufe

lebenswelt- oder qualifikationsbezogene Erwachsenen- und Weiterbildung. Eine Didaktik für die lebenslang lernende Gesellschaft schafft die Voraussetzungen, um im jeweiligen Kontext Lernen anzuregen, zu organisieren und zu unterstützen. Didaktik ist eine **Berufswissenschaft der lehrenden Berufe.**

Infotafel 1   **Begriffsgeschichte Didaktik**
▼

Etymologisch liegen die Wurzeln des Wortes Didaktik in der griechischen Antike (ca. 600–200 v. Chr.). Hier einige Begriffe aus dem Wortfeld Didaktik:
▶ „didáskein" heißt „unterrichten" oder „lehren"
▶ „didáskalos" war der Lehrer (zumeist Sklave und männlichen Geschlechts)
▶ „didaskaleíon" war die Schule bzw. der Raum des Lernens

Aufgabe von Didaktik: die Praxis des organisierten Lernens aufklären und fördern

Aufgabe von Didaktik ist es festzustellen, wie Lernsituationen im jeweiligen Kontext beschaffen sind, Entwürfe für ihre Verbesserung zu liefern und gewonnene Einsichten umsetzen zu helfen – mit anderen Worten: die Praxis des Lernens aufzuklären und zu fördern. Dabei ist Lernen die primäre Kategorie, die grundsätzlich auch ohne Lehre auskommt, während Lehren in den verschiedenen Ausprägungen (von direkter Instruktion bis Lernberatung) immer auf Lernen angewiesen ist. Didaktik ist somit die **handlungsorientierte Wissenschaft vom Lehren und Lernen,** kurz: Didaktik ist die Theorie und Praxis des Lehrens und Lernens (→ Definition 1, → Zitat 1). Diese Bestimmung gilt in allen Bildungsbereichen und auf allen Stufen.

Definition 1   **Didaktik**
▼

Didaktik ist die handlungsorientierte Wissenschaft vom Lehren und Lernen.

Zitat 1   **Wilhelm H. PETERSSEN – Didaktik (2001)**
▼

„Zusammenfassend lässt sich der heute feststellbare Grundkonsens über Didaktik wie folgt ausdrücken: Allgemeine Didaktik bezeichnet jene wissenschaftliche Disziplin, deren Gegenstandsfeld das Lehren und Lernen schlechthin ist, die aber als integrierende Teildisziplin der Erziehungswissenschaften das umfassendere gesamte Erziehungsgeschehen perspektivisch im Blick behält."[1]

Will LÜTGERT – Doppelcharakter der Didaktik (2008)   **Zitat 2**

▼

(1) „Didaktik heißt Lehrkunst: Die Didaktik ist zunächst die Kunst des Unterrichtens. Als solche ist sie der Handwerkskunst vergleichbar. Man kann sie erlernen, man braucht Werkzeuge, muss sie einüben und man kann sie perfektionieren. Lehren ist ‚Lernenmachen'. Die Kunst des Lehrens besteht demnach darin, einen anderen Menschen dazu zu bringen, etwas Bestimmtes zu lernen, und die Schwierigkeit der Kunst liegt darin, etwas zu bewirken, was man selber nicht bewirken kann, sondern nur ein anderer, und was auch der andere nicht eigentlich bewirken kann, weil es ihm geschieht und zudem oft genug, ohne dass er es weiß oder begreift.
(2) Didaktik ist die Wissenschaft von der Lehrkunst: Didaktik wird nicht nur praktisch tradiert. Mit und neben der Praxis der Lehre hat sich eine Theorie der Lehre und eine Lehrforschung etabliert, die die Bedingungen des Lehrens erkundet und Möglichkeiten der Verbesserung von Lehre kritisch erprobt." [2]

Kennzeichnend für die didaktische Theoriebildung ist eine **Heterogenität hinsichtlich des Zwecks** und des Gegenstandsbereichs von Didaktik, aus der in der Folge auch eine begriffliche Heterogenität entsteht. Dies lässt sich an ausgewählten schuldidaktischen Begriffsbestimmungen (→ Infotafel 2) ablesen. Exemplarisch lässt sich dies auch an zwei aktuellen Positionen nachvollziehen: Während KRON Didaktik als „Enkulturationswissenschaft" markiert, ist sie für JANK & MEYER die „Theorie und Praxis des Lernens und Lehrens". Diese beiden – zumindest begrifflich – gegensätzlich anmutenden Positionen verweisen auf generelle Fragestellungen hinsichtlich der Schwerpunktsetzung didaktischer Ansätze:

Unterschiedliche Auffassungen hinsichtlich des Zwecks von Didaktik: Reflexion versus Handlungsorientierung, Theorie versus Praxis u.a.

▶ **Reflexion versus Handlungsorientierung:** Beschränkt sich die Didaktik darauf, die Lehr-Lern-Praxis aus einer kritischen Distanz zu reflektieren? Oder besteht ihre Aufgabe auch darin, praktische Handlungsanleitungen bereitzustellen?

▶ **Theorie versus Praxis:** Ist das konkrete didaktische Handeln selbst (zentraler) Gegenstand von Wissenschaft?

▶ **Geltungsbereich:** Für welche Bereiche erklärt sich Didaktik zuständig? Inwieweit bewegt sie sich im Terrain der Nachbarwissenschaften von Anthropologie und Sozialisationsforschung bis hin zu Entwicklungspsychologie und Lerntheorie?

Infotafel 2   **Klassische Bestimmungen von Didaktik**
▼

In der Geschichte der Didaktik gibt es zum Teil sehr unterschiedliche Auffassungen über den Aufgabenbereich einer Didaktik. Beispielsweise wurde – vor allem in der Schuldidaktik – die folgende Differenzierung über Jahrzehnte transportiert:

▶ Didaktik als Wissenschaft vom Lehren und Lernen (z.B. Josef DOLCH, Gottfried HAUSMANN),

▶ Didaktik als Theorie oder Wissenschaft vom Unterricht (z.B. Paul HEIMANN, Wolfgang SCHULZ),

▶ Didaktik als Theorie der Bildungsinhalte (z.B. Erich WENIGER, Wolfgang KLAFKI),

▶ Didaktik als Theorie der Steuerung von Lernprozessen (z.B. Helmar FRANK, Felix VON CUBE),

▶ Didaktik als Anwendung psychologischer Lehr- und Lerntheorien (z.B. Hans AEBLI, Heinrich ROTH).[3]

Alle im Rahmen einer bestimmten Lesart von Didaktik getroffenen Entscheidungen haben Folgen für die Didaktik selbst. Aufgrund der Komplexität im Feld des Lernens und Lehrens wäre beispielsweise eine weite Fassung von Didaktik denkbar, die sich bis in bildungsphilosophische und kulturtheoretische Bereiche erstreckt. Dies bedeutet aber, dass die Grenzen einer solchen Didaktik hinsichtlich der Nachbarwissenschaften unscharf werden. Möglicherweise trägt diese Problematik dazu bei, dass der Didaktik nicht immer der Status einer **„normal science"** mit einem klar definierten Aufgabenfeld und ebenso klar definierten Denk- und Forschungstraditionen verliehen wird.

Gegenstand von Didaktik: Aktionen, Reaktionen und Denkhandlungen der beteiligten Lehrenden und Lernenden

Gegenstand der Didaktik sind die **Aktionen, Reaktionen und Denkhandlungen** der beteiligten Personen. Didaktische Theorien helfen dabei, mit dem Umstand umzugehen, dass Lernprozesse zwar dem Grunde nach unverfügbar sind, aber doch durch die Lehrpersonen angeregt und wahrscheinlich gemacht werden. So gesehen, verringert sich das Risiko des Scheiterns von Lehre durch eine strukturierte Reflexion und Kommunikation über Lehr-Lern-Situationen. Didaktische **Theoriebildung** erhöht die Anschlussfähigkeit an eine unbestimmte Zukunft und wirkt entlastend, da sie Begründungs-, Entscheidungs- und Handlungsmuster liefert. Darüber hinaus ermöglicht sie, didaktisch komplexer zu reflektieren, als dies ohne eine solche Theoriebildung möglich wäre.[4]

Horst SIEBERT – Didaktik der Erwachsenenbildung [5] (2006)   Zitat 3

▼

„Gegenstand der Didaktik im Kontext lebenslangen Lernens ist nicht mehr nur der Unterricht, die seminaristische Wissensvermittlung, sondern die Gestaltung von Lerngelegenheiten und Lernumgebungen in Bildungseinrichtungen, aber auch in der Arbeitswelt und in sozialen Lebenswelten sowie Unterstützung individuellen, selbstgesteuerten Lernens." [6]

Sachlogik und Psychologik   Aufgabe 1

▼

Für den Erwachsenenbildner Horst SIEBERT ist Didaktik „prinzipiell die Vermittlung zwischen der Sachlogik des Inhalts und der Psychologik des/der Lernenden. Zur Sachlogik gehört eine Kenntnis der Strukturen und Zusammenhänge der Thematik, zur Psychologik die Berücksichtigung der Lern- und Motivationsstrukturen der Adressat/innen." [7]

▶ Erläutern Sie dieses Verständnis aus dem Jahre 2006 im Unterschied zu den klassischen Bestimmungen von Didaktik (→ Infotafel 2).

▶ Im Jahre 1978 kennzeichnete SIEBERT Didaktik als die „Lehre von der Organisation von Lehr-Lernprozessen durch die Auswahl und Überprüfung von Zielen, Inhalten und Arbeitsformen." [8] Welche Entwicklung des Didaktikverständnisses machen Sie hier aus?

Historische Rückschau | 1.2

In der Didaktik lassen sich mehrere Phasen unterscheiden. Die gewählte Aufteilung dient einer groben Orientierung, ohne Ansprüchen auf Trennschärfe und Vollständigkeit zu genügen:

▶ 16./17. Jh.: Wolfgang RATKE, Johann Amos COMENIUS;

▶ 18./19. Jh.: Johann Heinrich PESTALOZZI, Johann Friedrich HERBART;

▶ frühes 20. Jh.: Peter PETERSEN, Maria MONTESSORI, Georg KERSCHENSTEINER;

▶ Zweite Hälfte 20. Jh.: Heinrich ROTH, Martin WAGENSCHEIN, Wolfgang KLAFKI, Paul HEIMANN.

16./17. Jh.: Wolfgang RATKE (Wolfgangus Ratichius, 1571–1635) gilt als **erster deutschsprachiger Didaktiker.** Seine Ideen bezog er größtenteils aus der Reformation und dem Humanismus. Der Lutheraner RATKE fand es erstrebenswert, alle Menschen in der Bibel zu unter-

Didaktik vor 1700: Ratke, Comenius

richten – und zwar in ihrer Muttersprache. Didaktik als Lehrkunst steht dafür, dass „allen alles" gelehrt werden müsse und dass dies mit einer von der Natur abgeleiteten Methode auch sicher möglich sei. Wie bei anderen Didaktikern seiner Zeit findet sich auch bei ihm eine übertriebene Zuversicht, mittels seiner Didaktik und einer alle Lernprobleme lösenden „natürlichen" Methode nicht nur alle unterrichtspraktischen, sondern auch alle politischen und sozialen Probleme seiner Gegenwart lösen zu können.[9]

COMENIUS: Begründer der Didaktik als eigenständiger Disziplin

Johann Amos COMENIUS (Jan Amos Komensky, 1592–1670) gilt als **Begründer der Didaktik** als eigenständiger Disziplin. Von ihm stammt die erste systematische Didaktik der Neuzeit, die „didactica magna" (Die große Lehrkunst, 1657). Darin findet sich das Postulat: „Omnes, omnia, omnino": Man kann alle Menschen alle Dinge der Welt in grundlegender Weise lehren. COMENIUS war der Auffassung, dass es eine natürliche Form des Unterrichtens gebe, die mit dem Bauplan der Natur in Zusammenhang stünde. Dies führte ihn zu heute noch aktuellen didaktischen, lerntheoretischen und bildungspolitischen Prinzipien:

▶ allgemeine Schulpflicht für Jungen und Mädchen,
▶ Stufung der Schule,
▶ Einteilung der Schüler in Lerngruppen,
▶ Anordnung des Lehrstoffs nach der Lernbarkeit, nicht nach der fachwissenschaftlichen Systematik.

COMENIUS' Werk „Orbis sensualium pictus" (Die sichtbare Welt, Nürnberg 1658) ist das **erste europäische Schulbuch,** ein Lehrmedium mit Texten und Bildern. Ihm liegt ein Lehrplan zugrunde: die Vermittlung des Aufbaus und Funktionierens der von Gott ausgehenden, zu den Geschäften des Alltags der Menschen führenden und bei Gott endenden Welt, auf die das ganze Wissen der Menschen bezogen ist.[10]

Zitat 4   **Johann Amos COMENIUS – Didaktik (1657)**

„Erstes und letztes Ziel unserer Didaktik soll es sein, die Unterrichtsweise aufzuspüren und zu erkunden, bei welcher die Lehrer weniger zu lehren brauchen, die Schüler dennoch mehr lernen; in den Schulen weniger Lärm, Überdruss und unnütze Mühe herrschen, dafür mehr Freiheit, Vergnügen und wahrhafter Fortschritt."[11]

18./19. Jh.: Johann Heinrich PESTALOZZI (1746–1827) suchte nach Möglichkeiten, „die Menschen zu stärken", um in der Einheit von **Handeln, Sprache und Emotion** Lernprozesse anzuregen. Kenntnisse und Fertigkeiten dürfen im Unterricht nicht isoliert und fundamentlos vermittelt werden, sondern müssen in entwickelten Kräften wurzeln. Vordringliche Aufgabe des Unterrichts ist somit die Entwicklung von Kräften, die in der menschlichen Natur angelegt sind und nach Entfaltung streben.

Didaktik im 18./19. Jh.: Pestalozzi, Herbart und die Herbartianer

PESTALOZZI entwickelte ein Konzept des bedeutungsvollen, d.h. verständnisintensiven Lernens mit **Kopf, Herz und Hand.** Er meinte damit ein Lernen, in dem sich Erkenntnisvermögen, Emotion und Handeln „methodisch" miteinander verbinden. Im Unterschied zu seinen didaktischen Vorgängern vertraute Pestalozzi als Fundament für eine wirkliche Schule des Volkes weder der didaktischen Lehrkunst noch dem aufklärerischen Schulbuch, sondern dem gemeinschaftlichen, mit sich selbst in Übereinstimmung gebrachten Leben. Bei der „Erfindung" der modernen Schule durch die HUMBOLDT-SÜVERN'sche Bildungsreform in Preußen (um 1810) erlangte seine Didaktik große Bedeutung für die Entwicklung des Elementarschulwesens.

PESTALOZZI: Lernen mit Kopf, Herz und Hand

Johann Friedrich HERBART (1776–1841) beschäftigte sich mit der Frage, wie die kognitive und die moralische Entwicklung junger Menschen zu gewährleisten sei, ohne die Individualität der Einzelnen zu gefährden. Um einen solchen Wissen und Wollen verbindenden Lernprozess bei Kindern und Jugendlichen auszulösen, arbeitete HERBART eine komplexe Methodenlehre aus: die **Formalstufentheorie.** Mithilfe eines solchen, nach wissenschaftlichen Kriterien organisierten individuellen Unterrichts müsse es dem Lernenden möglich sein, vielfältige Interessen auszubilden.

HERBART: Verknüpfen von neuen mit vorhandenen kognitiven Strukturen

HERBART war davon überzeugt, dass in jedem Kind kognitive Strukturen vorhanden seien, die zu den im Unterricht neu zu lernenden Strukturen in Beziehung gesetzt werden müssen. Es geht also beim Lernen nicht nur um das Anhäufen von Wissen, sondern um das produktive Verknüpfen von vorhandenen mit neuen kognitiven Strukturen. Damit dies im Unterricht gelingt, folgen die Formalstufen bzw. Lernphasen im **Wechsel von Vertiefung und Besinnung** aufeinander (→ Infotafel 3).

Infotafel 3   HERBARTSCHE **Formalstufen**

Johann Friedrich HERBART hat eine unterrichtliche Dramaturgie vorgeschlagen, die als Wechsel von Vertiefung und Besinnung angelegt ist. Die ersten beiden Formalstufen dienen der Vertiefung des Unterrichts, die letzten beiden der Besinnung:

▶ Stufe der Klarheit: Neue Wissenselemente werden erfasst und nachvollzogen. Es entwickelt sich ein Verständnis, und die bislang „fremden" Vorstellungen werden „klar".

▶ Stufe der Assoziation: Durch die fortschreitende Vertiefung werden bislang isolierte Wissenselemente miteinander verbunden. Vorstellungen werden „assoziativ" verknüpft.

▶ Stufe des Systems: Die neu gelernten Wissenselemente werden mit dem bisher verfügbaren Wissen zusammengeführt. Neue und alte Strukturen werden zu einem „System" verbunden.

▶ Stufe der Methode: Das Neugelernte wird im Sinne des erziehenden Unterrichts angewendet. Dazu werden verschiedene „Wege" (griech. methodos = Weg) des Praktischwerdens beschritten.

HERBARTIANER: Konzept der Formalstufen

HERBARTS Beitrag zur Didaktik kann nicht groß genug eingeschätzt werden, obwohl seine Wirkung zu seinen Lebzeiten nicht besonders groß war; dazu haben vielmehr seine Schüler, die HERBARTIANER, in der zweiten Hälfte des 19. Jahrhunderts beigetragen, indem sie seine Formalstufenkonzeption schematisierten und für Schulklassen ein derart gleichförmiges Vorgehen unterstellten. Im Unterschied zu der umfassenderen Konzeption eines „erziehenden Unterrichts" von HERBART tritt die **Instruktionsdidaktik** der HERBARTIANER.

Didaktik im frühen 20. Jh.: Reformpädagogik (Petersen, Montessori, Kerschensteiner)

Frühes 20. Jh.: Die **Reformpädagogik** ist als Antwort auf den schematisierten und lehrergesteuerten Unterricht des Herbartianismus zu verstehen. Ausgehend von der Annahme, dass die Fähigkeiten des Menschen bereits im Kinde angelegt seien, ging es darum, diese durch **Selbsttätigkeit und Selbstständigkeit** zu entfalten. Das grundlegende individualistische Erziehungsprinzip betont die Forderung nach einer ungehinderten Entwicklung und Entfaltung der kindlichen Persönlichkeit. Dabei spielt die Gemeinschaft – über ein lebendiges Schulleben oder die Idee der Volksgemeinschaft – eine große Rolle. Im Rahmen der Reformpädagogik sind zahlreiche neue Schul- und Unterrichtsformen entstanden, z.B. Gesamtunterricht, Gruppenunterricht oder die Arbeitsgemeinschaften.

Peter PETERSEN (1884-1952) hat im sogenannten **Jena-Plan** (→ Info-tafel 4) reformpädagogische Ideen in ein Schulentwicklungskonzept gegossen, in dessen Mittelpunkt die **Gemeinschaft** steht. Zentrale Prinzipien sind das gemeinschaftliches Leben, Arbeiten und Lernen sowie die Mitverantwortung der Schüler und Eltern. PETERSEN geht es nicht um die Beförderung einer eher individuellen Emanzipation, sondern um Volksbildung im Kontext von Schule.

PETERSEN: Gemeinschaftliches Leben, Arbeiten und Lernen; Jena-Plan

---

Elemente des Jena-Plans nach Peter PETERSEN   **Infotafel 4**

Das selbsttätige Arbeiten als didaktisches Grundprinzip konkretisiert sich in den Arbeitsformen Gespräch, Spiel und Arbeit:
▶ Gespräch: z.B. Kreisgespräch, Vortrag, Aussprache;
▶ Spiel: z.B. freies Spiel, Lern-, Turn- und Schauspiele;
▶ Arbeit: fächerübergreifender Kernunterricht, fachbezogener Kursunterricht, Arbeit in einem frei gewählten Fach.

Der Schulalltag weist folgende Merkmale auf:
▶ Jahrgangsübergreifende Lerngruppen anstelle von Jahrgangsklassen;
▶ Wochenarbeitsplan anstelle von 45-Minuten-Einheiten (PETERSEN: „Fetzenstundenplan");
▶ täglicher Gruppenunterricht von 100 Minuten Dauer;
▶ überfachliches Arbeiten in Projekten;
▶ Arbeits- und Leistungsberichte mit drei Bewertungsmaßstäben anstelle von Zensuren, dabei Selbstkontrolle am Werk und auch Kameradenbeurteilung;
▶ Feiern, z.B. Morgen-, Wochenschluss- und regelmäßige Monatsfeiern, Aufnahmefeier für Schulanfänger;
▶ Schulwohnstube. d.h. ein von den Kindern mitgestalteter Schulraum.[12]

Die nach Maria MONTESSORI (1870–1952) benannte Montessori-Pädagogik ist eine Bildungsphilosophie und -methodik für Kindergärten und Schulen. Dieser Ansatz geht von der **natürlichen Freude** der Kinder am Lernen aus. „Hilf mir, es selbst zu tun" ist das Motto dieser Pädagogik. Die Kinder werden von den Pädagogen dabei unterstützt, in ihrem **eigenen Rhythmus** und mit ihren eigenen Bedeutsamkeiten zu lernen. Die Montessori-Pädagogik ist eine Spielart des offenen Unterrichts, in dem die Kinder sorgsam beobachtet werden, um dann ihre individuellen Begabungen durch passende didaktische Techniken optimal zu fördern.

MONTESSORI: „Hilf mir, es selbst zu tun"

KERSCHENSTEINER:
Arbeitsunterricht

Der Ansatz von Georg KERSCHENSTEINER (1854–1932) betont das unterrichtliche Prinzip der Selbsttätigkeit, der Spontaneität und des manuellen Tuns. Arbeit mit ihren manuellen, praktischen und geistigen Aspekten ist für ihn eine zentrale pädagogische Kategorie. So richtete KERSCHENSTEINER in den Schulen Holz- und Metallwerkstätten, Schulküchen und Schulgärten ein. Zugleich mit dem **Arbeitsunterricht** begründete er die Arbeitsschulen, den Vorläufer der heutigen Berufsschulen. In seinem Bildungsverständnis waren Charakterbildung und Erziehung zum Staatsbürger auch durch Berufserziehung möglich.

Didaktik in der zweiten
Hälfte des 20. Jhs.:
bildungs- und lerntheo-
retische Didaktik

Zweite Hälfte 20. Jh.: Nach dem Ende des Zweiten Weltkriegs wurde die geisteswissenschaftlich geprägte Didaktik bestimmend, die bereits zu Beginn des Jahrhunderts als didaktischer Ansatz neben der Reformpädagogik existierte. Daraus entwickelte sich die am Bildungsgedanken ausgerichtete **bildungstheoretische Didaktik** von Wolfgang KLAFKI, in den 60er-Jahren dann als Gegenentwurf die **lerntheoretische Didaktik** von Paul HEIMANN. Eine Vielzahl weiterer Didaktiken entstand in deren Folge: z.B. die informationstheoretisch-kybernetische Didaktik, die lernzielorientierte Didaktik und die kritisch-kommunikative Didaktik. Bestimmend blieben letztlich die bildungstheoretische und die lerntheoretische Didaktik, die von Wolfgang KLAFKI bzw. Wolfgang SCHULZ weiterentwickelt wurden. Als neuer Ansatz kam in den 90er-Jahren die konstruktivistische Didaktik hinzu.

Didaktik der Erwachse-
nenbildung: Subjekti-
vitäts- und Teilnehmer-
orientierung

Von einer eigenständigen **Didaktik der Erwachsenenbildung** kann mit Beginn des 20. Jahrhunderts gesprochen werden. Nach dem Ersten Weltkrieg ist es insbesondere die Volksbildungskonzeption der „Neuen Richtung" mit ihrem bildungstheoretisch geprägten Didaktikverständnis, die didaktische Impulse setzt. In dem **Konzept der Volksgemeinschaft** gehen „volkhaftes Denken" und Laienbildung auf; methodisch wird die Arbeitsgemeinschaft zur Keimzelle der Volksgemeinschaft. Teilnehmerorientierung erfolgt durch volkstümliches Denken und Sprechen, das Prinzip der Lebensnähe und die zunehmende Individualisierung von Bildung.

Nach dem Zweiten Weltkrieg vollzieht sich der Übergang von der Volksbildung zur Erwachsenenbildung. Der ideale Erwachsenenbildner wird als Fachmann, Lebenshelfer und **Persönlichkeitsbildner** gesehen. Erwachsenenunterricht erfolgt gering strukturiert, und die Prüfung des Bildungsertrags bleibt die Ausnahme von der Regel. Gleichsam etabliert sich der Begriff Didaktik, nicht zuletzt durch Carl Artur WERNERS „Didaktik und Methodik des Erwachsenenunterrichts" (1959). Ab Mitte der 60er-Jahre findet zunehmend ein Bemühen um die rationale Durchdringung der Lehr-Lern-Prozesse statt. Hans TIETGENS und Johannes WEINBERG nehmen in „Erwachsene im Feld des Lehrens und Lernens" (1971) auch Motivation, situative Ebene und soziale Interaktion in die Betrachtung auf.

Ab Mitte der 70er-Jahre findet in der Didaktik der Erwachsenenbildung eine deutliche **Subjektivitäts- und Teilnehmerorientierung** statt. Die Ausrichtung auf das Alltagswissen mit seinen individuellen Deutungsmustern führt zu einer Abkehr vom Bildungsbegriff. Diskursive Lernformen mit ihrem Prinzip der Offenheit werden stärker ausgebildet. Zugleich erfolgt auch eine stärkere berufliche Ausrichtung, die sich etwa in dem Bemühen um eine didaktische Professionalisierung, der handlungstheoretischen Ausrichtung und der verstärkten Programmplanung niederschlägt.

Entwicklung des didaktischen Denkens	Aufgabe 2

Das didaktische Denken hat – abhängig von gesellschaftlichen Entwicklungen und Erwartungen – bereits vielfältige Entwicklungen vollzogen. Dies gilt gleichermaßen für Schule und Erwachsenenbildung.
▶ Überlegen Sie zukünftige Entwicklungen vor dem Hintergrund bestimmter Bildungsszenarien, z.B. der Zunahme des informellen Lernens oder des verstärkten Einsatzes von Web-Technologien und Fernlehr-Elementen.

Spezielle Didaktiken   1.3

Didaktik ist die handlungsorientierte Wissenschaft vom Lehren und Lernen. Sie leistet demzufolge Beiträge für das Lernen von Schülern, Studierenden und Erwachsenen. Unabhängig von dem jeweiligen Bildungsbereich gibt es Überlegungen, Konzepte und Theorien, die grundsätzliche Bedeutung für die Lehre haben. Diese Konstrukte sind Gegenstand einer **Allgemeinen Didaktik.** Dies ist keineswegs selbstverständlich, denn bei den bislang vorliegenden allgemeinen Didaktiken handelt es sich meistens um „verkappte" Schuldidaktiken, d.h. die Überlegungen beziehen sich weitgehend auf den schulischen Bereich (→ Zitat 5).

Allgemeine Didaktik: Konzepte und Theorien, die – unabhängig vom Bildungsbereich – eine grundsätzliche Bedeutung für die Lehre haben

Zitat 5 **Rainer LERSCH – Allgemeine Didaktik (2005)**
▼

„Die Allgemeine Didaktik befasst sich mit dem, was allen Unterrichtsprozessen gemeinsam ist, indem sie die allgemeinen Strukturen von Unterricht schlechthin und die Art des Zusammenhangs seiner Strukturelemente analysiert sowie im Kontext schul- und bildungstheoretischer Überlegungen über Bildungsziele, -inhalte und -methoden im Kontext ihrer Voraussetzungen und Bedingungen reflektiert."[13]

In Bezug auf Didaktik bedeutet „allgemein": **unabhängig** von den Bildungsbereichen Schule, Hochschule und Erwachsenenbildung. Demzufolge geht es zunächst um ein weitgehend zielgruppenunabhängiges didaktisches Denken und Handeln. Didaktische Aktivitäten, die als Gegenstand einer allgemeinen Didaktik unabhängig vom Bildungsbereich gesetzt werden, sind z.B.: Inhalte auf die Zielgruppe abstimmen, Voraussetzungen der Lernenden klären und methodisch anschlussfähig bleiben. Ein solches Vorgehen hat durchaus Vorteile: Wer didaktische Überlegungen für unterschiedliche Bildungsbereiche anstellt, erfasst ihr Wesen möglicherweise präziser, als dies in einem eingeschränkten Bereich der Fall gewesen wäre.

Infotafel 5 **Spezielle Didaktiken**
▼

Die Fachdidaktiken stellen den Zusammenhang zwischen der fachwissenschaftlichen Disziplin und der allgemeinen Didaktik her:
▶ Fachdidaktiken, z.B. Didaktik der Physik, Religionsdidaktik, Didaktik der Philosophie

Neben den Fachdidaktiken gibt es weitere spezielle Didaktiken, von denen einige exemplarisch aufgeführt sind:
▶ Bereichsdidaktiken, z.B. Didaktik der Sexualerziehung, Didaktik des Sachunterrichts, Didaktik der ästhetischen Bildung
▶ Zielgruppenspezifische Didaktiken: z.B. Didaktik der Sekundarstufe I und II (Deutschland und Schweiz; Österreich: AHS Unter- und Oberstufe), Didaktik der Erwachsenenbildung

Neben der Allgemeinen Didaktik gibt es eine Vielzahl **spezieller Didaktiken,** die das jeweilige Fach, übergreifende Bereiche, verschiedene Zielgruppen und Institutionen fokussieren (→ Infotafel 5). Allein im Bereich der **Fachdidaktiken** wird von einer Größenordnung von 200 ausgegangen. So hat beispielsweise jedes Schulfach eine eigene Fachdidaktik, deren Aufgabe darin besteht, für ein bestimmtes fachliches Lernfeld den Zusammenhang zwischen der Fachwissenschaft und der Allgemeinen Didaktik herzustellen und konkrete fachbezogene didaktische Entscheidungen zu treffen. Dazu gehört beispielsweise die Diskussion der Bildungsrelevanz bestimmter Inhalte, die Festlegung von Lernzielen und die Erarbeitung von Evaluationsverfahren (→ Zitat 6).

Fachdidaktiken: stellen für ein bestimmtes fachliches Lernfeld den Zusammenhang zwischen der Fachwissenschaft und der Allgemeinen Didaktik her

DEUTSCHE HOCHSCHULREKTORENKONFERENZ – Fachdidaktik (1999) **Zitat 6**

„Gegenstände der Fachdidaktik sind
▶ die auf ein Fach oder eine Fächergruppe bezogene, altersspezifische Erforschung von Wissenserwerbs- und Vermittlungsprozessen,
▶ die Entwicklung von Lehr- und Lernmitteln sowie
▶ die Überprüfung der Bewährung ausgewählter Inhalte in konkreten Unterrichtsprozessen.

Insoweit kommt der Fachdidaktik die Aufgabe zu, altersspezifische Lernprozesse unter Einbeziehung der psychischen und sozialen Ausgangsbedingungen zu erforschen und neue Lehr-Lernansätze zu entwickeln und zu erproben. In der Lehre soll sie darüber hinaus
▶ die Verbindung zwischen den Fachwissenschaften und der Erziehungswissenschaft herstellen und
▶ den Lehrer/-innen die notwendige didaktisch-methodische Befähigung, d.h. Kompetenz für Auswahl, Anordnung und Darstellung der Lehrinhalte im Unterricht vermitteln." [14]

Die Fachdidaktik ist an die **Fachwissenschaft** gekoppelt, sie ist keine erziehungswissenschaftliche Disziplin. Damit steht sie im Spannungsfeld fachwissenschaftlicher Erkenntnisse, gesellschaftlicher (auch: beruflicher) Anforderungen und schulischer Realität. Vor diesem Hintergrund gilt es, die Bildungsrelevanz inhaltlicher und methodischer Entscheidungen zu prüfen. Beispielsweise sind die didaktische Auswahl für die Lerngruppe wesentlicher Lerninhalte und die Festlegung eines fachadäquaten unterrichtlichen Vorgehens zentrale fachdidaktische Aufgaben (→ Infotafel 6).

Infotafel 6	**Fachdidaktik (Beispiel)**

▼

Das Thema „Daten und Modelle" gehört zum obligatorischen Informatikunterricht für alle Schüler der Sekundarstufe I aller Schularten. – Das Teilthema Telekommunikation „orientiert darauf, dass die Schüler Telekommunikation anwenden können und die Grundbegriffe und Informationswege kennen lernen. (...)
Die Verarbeitung von Daten zu Information und Wissen in Rechnernetzen wird mit folgenden Inhalten untersetzt:
▶ Anwendung von Intranet und Internet,
▶ Einzelplatzsystem, lokale Netze, globale Netze,
▶ Protokolle,
▶ Informationssicherheit in Netzen.

Als Vorgehensweise wird empfohlen:
▶ Anwendung des Schul-Intranets kennen zu lernen: zur Kommunikation und Kooperation, für Recherche, Bewertung, Auswahl von Unterrichtsmaterial, zum elektronischen Publizieren von Ergebnissen,
▶ Aufbau und Funktionsweise von Netzen zu erkunden,
▶ Verfahren zur Informationssicherheit anwenden zu können." [15]

Verwendung von Fachdidaktiken: im Schulbereich etabliert, in Hochschule und Erwachsenenbildung eher geringe Bedeutung

Fachdidaktiken sind im **schulischen Bereich** etabliert, in der **Erwachsenenbildung** hingegen wenig gebräuchlich. Hierfür lassen sich mehrere Gründe ausmachen: In der Erwachsenenbildung – speziell auch im Hochschulbereich (→ Zitat 7) – müssen im Bereich des Fachwissens Lerninhalte ständig aktualisiert werden. Wissenserwerb und Kompetenzaufbau werden zu überdauernden gesellschaftlichen Aufgaben. In der sogenannten Wissensgesellschaft nehmen die Bestände an Sonderwissen beständig zu, sodass der gesellschaftliche Wissensvorrat stärker ausdifferenziert wird.

Zudem werden in der Erwachsenenbildung Lernangebote abgerufen, die sich einer **Standardisierung** – wie sie zumindest in weiten Teilen des schulischen Bereichs üblich ist – widersetzen. Diese Lernangebote zeichnen sich durch eine hohe Zielgruppen- und Teilnehmerorientierung aus; speziell die Unterschiede in den Lern-, Berufs- und Lebensbiografien erfordern ein didaktisch differenziertes Vorgehen, das sich fachdidaktisch nur begrenzt steuern lässt.

Studienkommission Hochschuldidaktik – Erfahrungsaustausch statt Fachdidaktik (2008)

Zitat 7

„Die Lehrenden müssen über die Auswahl, Reihenfolge und Darstellungsform der präsentierten Begriffe, Sachverhalte und Phänomene immer wieder neu entscheiden. Häufig ist es notwendig, durch einen längeren Prozess von Versuch und Irrtum schmerzhafte Umwege zur angemessenen Darstellung zu durchlaufen. Manche dieser Umwege könnten vermieden werden, wenn die Hochschullehrenden nicht darauf angewiesen wären, als fachdidaktische Autodidakten jeden solchen Suchprozess nach der optimalen Vermittlungsform selbst zu durchlaufen. Hier liegt eine wichtige Aufgabe der Hochschuldidaktik. – Begründung: Im Bereich der Lehre für die Schulen gibt es wissenschaftlich ausgearbeitete und ständig in der Praxis auf die Probe gestellte Fachdidaktiken. Bezogen auf die Fachhochschulen bzw. für deren Lehrveranstaltungen (eines im Prinzip ständig an der neuesten Forschung und aktuellen Industriepraxis orientierten Faches) kann es eine solche Disziplin im eigentlichen Sinne nicht geben. Da sich jeder Hochschullehrende aber vor vergleichbaren Entscheidungen sieht wie jeder Fachlehrer an einer Schule, benötigt er Unterstützung; diese allerdings nicht in Form einer Disziplin, sondern in Form eines moderierten Erfahrungsaustausches mit anderen Lehrenden (...)." [16]

Hartmut von Hentig – Selbstbezogenheit der Fachdidaktiken (1999)

Zitat 8

„Dass die vielen gescheiten Fachdidaktiken, indem sie allein ihre Sache betreiben und vervollkommnen, die Pädagogik, die ein Ergebnis sämtlicher Bemühungen der Schule ist, verhindern, ist ein von mir oft geäußerter Verdacht." [17]

Ein Ansatz, bei dem die Inhalte und die Systematik der Fachwissenschaft fast unverändert in das didaktische Feld übernommen werden, wird als **Abbilddidaktik** bezeichnet. Bei didaktischen Entscheidungen hat das Fachliche Vorrang vor dem Didaktischen, haben die Fachinhalte Vorrang vor den zu entwickelnden Kompetenzen der Lerner und der Dynamik des Lernvorgangs. Die Wechselwirkung von Lernzielen, Inhalten und Methoden im didaktischen Feld wird ebenso ausgeklammert wie die spezifischen Voraussetzungen der Lerner und des Lernumfelds.

Abbilddidaktik: der Vorrang des Fachlichen vor dem Didaktischen

Aufgabe 3   **Die Grenzen der Fachdidaktik**
▼

Wie die Ausführungen der „Studienkommission für Hochschuldidaktik an Fachhochschulen in Baden-Württemberg" (→ Zitat 7) zeigen, wird der für das schulische Lernen selbstverständliche Beitrag der Fachdidaktiken in den Hochschulen nicht als unbedingt erforderlich angesehen.

▶ Überlegen Sie, ob es notwendig ist, auch in Hochschule und Erwachsenenbildung stärker fachdidaktisch zu agieren und diese Mittlerrolle zu personalisieren. Oder ist es begründet denkbar, fachdidaktische Entscheidungen auf Programmverantwortliche, Lernprozessdesigner und Lehrende zu übertragen?

1.4 | Strukturmodelle und Bedingungsgefüge

Um didaktische Sachverhalte einzuordnen und abzugrenzen, lassen sich zweierlei Modelltypen für Lehr-Lern-Situationen unterscheiden:

▶ **Strukturmodelle** bilden die Elemente von Lehr-Lern-Situationen ab, z.B. Ziele, Inhalte, Methoden.

▶ **Bedingungsgefüge** beschreiben den Kontext von Lehr-Lern-Situationen, z.B. Bildungssystemen, Ausbildungsordnungen, Lernkulturen.

Strukturmodelle: machen Lehr-Lern-Situationen „besprechbar" und planbar

Ein didaktisches **Strukturmodell** dient dazu, Lehr-Lern-Situationen „besprechbar" und planbar zu machen. Es bezieht sich auf die Wirklichkeit des Lehrens und Lernens – ist aber nicht durch Beobachtung direkt aus dieser abgeleitet. Strukturmodelle erfassen typische Muster von Lehr-Lern-Situationen und versuchen diese abzubilden. Sie sind aber ganz wesentlich durch ein theoretisches Verständnis und eine bestimmte Denkweise geprägt, von daher auch nicht zeitlich unbegrenzt gültig. Ein Strukturmodell wird dann auf Akzeptanz stoßen, wenn es sich bewährt, d.h. es muss sich bei der Planung, Realisierung und Analyse von Lehr-Lern-Situationen als hilfreiche **„Schablone"** erweisen.

Werner JANK und Hilbert MEYER haben ein didaktisches Strukturmodell für den Unterricht entwickelt, das nach den Kategorien Ziele, Inhalte, Handeln, soziale Beziehungen und Zeit differenziert.[18] Jedes dieser fünf Elemente wird noch einmal in eine innere und eine äußere Seite geteilt. Die äußere Seite erfasst das unmittelbar Beobachtbare wie z.B. die Lehr- und Lerntätigkeiten. Die innere Seite bildet die dahinterstehenden Logiken ab wie z.B. die Sachlogik oder die Handlungslogik (→ Infotafel 7).

Strukturmodell des Unterrichts   **Infotafel 7**

Äußere Seite (beobachtbar)

Zielvorgaben u. Absprachen	konkrete Lern- gegenstände	Sozial- räumliche Gestaltung	Lehr-Lern- Tätigkeiten	Lehr-Lern- Schritte
Ziele	**Inhalte**	**Soziale Beziehungen**	**Handeln**	**Zeit**
Lehr-Lern- Logik	Sachlogik	Beziehungs- logik	Handlungs- logik	Verlaufs- logik

Innere Seite (nicht direkt beobachtbar)

Von **Modellen** wird formal gefordert, dass sie mit trennscharfen Begriffen arbeiten und eindeutige Zuordnungen erlauben. Darüber hinaus ist es wünschenswert, dass Modelle die wesentlichen Elemente eines Systems abbilden. Der Anspruch auf Vollständigkeit gilt nicht unabdingbar. Je nach Zweck eines Modells – Planung, Analyse usw. – kann es hilfreich sein, bestimmte Aspekte zu bündeln oder auszuweiten. Zudem geht das jeweilige Vorverständnis – und somit auch die aktuelle Entwicklung in der didaktischen Landschaft – in die Modellbildung ein. Im Modell von JANK und MEYER sind einige didaktische Strukturelemente nicht explizit genannt:

> *Modelle: bilden die wesentlichen Elemente eines Systems ohne Anspruch auf Vollständigkeit ab*

▶ **Medien:** Beginnend mit der HEIMANN'schen „Strukturanalyse des Unterrichts" aus dem Jahr 1962 findet sich das Element „Medien" in vielen Strukturmodellen. Ursächlich auf die verstärkte Mediennutzung im Unterricht zurückzuführen, ist es heute eher zur selbstverständlichen Seite des methodischen Handelns geworden.

▶ **Methoden:** Während es in der Schuldidaktik durchaus üblich ist, zwischen Sozial- und Handlungsform zu unterscheiden, findet sich dies in der Erwachsenenbildung selten. Dort wird

„Methode" als Strukturelement bestimmt, die die soziale Architektur und die Lernhandlungen aufnimmt.

▶ **Leistungsbeurteilung:** Im Modell von JANK und MEYER sind die Kontrollen in der Prozessstruktur lokalisiert.

Infotafel 8   **Neun didaktische W-Fragen**

Die Gegenstände von Didaktik lassen sich in Form der populären W-Fragen bezeichnen:

▶ WER soll lernen? Lernende bzw. Zielgruppen.
▶ WAS soll gelernt werden? Inhalte und Ziele.
▶ VON WEM soll gelernt werden? Lehrende, andere Lernende.
▶ WANN soll gelernt werden? Zeiten und Zeitpunkte.
▶ MIT WEM soll gelernt werden? Lernpartner und -partnerinnen.
▶ WO soll gelernt werden? Institutionen, Lernorte.
▶ WIE soll gelernt werden? Methoden, Lehr- und Lerntechniken.
▶ WOMIT soll gelernt werden? Medien.
▶ WOZU soll gelernt werden? Bildung, eigene und fremde Zwecke.

Strukturmodelle sagen etwas über die Wahrnehmung und die **Schwerpunktsetzung** der didaktisch handelnden Personen aus. Sie sind rekursiv hervorgebracht, d.h., sie reproduzieren sich selbst als Teil menschlicher Praxis, indem sie das didaktische Handeln gleichsam orientieren und beschränken. Diese Logiken unterscheiden sich nicht nur individuell bei den didaktisch Tätigen, sondern auch in den einzelnen Bildungsbereichen. In der Erwachsenenbildung existieren andere Muster als im schulischen Bereich (→ Infotafel 9).

Bedingungsgefüge: erfassen Voraussetzungen didaktischen Handelns

Ein **Bedingungsgefüge** von Lehr-Lern-Situationen erfasst personale, institutionelle und gesellschaftliche Voraussetzungen didaktischen Handelns. Die Bedingungsfaktoren unterscheiden sich hinsichtlich ihrer Nähe zur Lehr-Lern-Situation. So unterschiedliche Faktoren wie die Vorkenntnisse und Erwartungen der Lernenden, Sozialisationseffekte der jeweiligen Lebenswelt sowie gesetzliche Vorgaben und organisationale Ressourcen definieren die Spielräume der jeweiligen Lehr-Lern-Situation. Beispielhaft vorgestellt werden das institutionelle Bedingungsgefüge schulischen Lernens und die Ebenen didaktischen Handelns in der Erwachsenenbildung (→ Infotafel 10, Infotafel 11).

Das erwachsenenpädagogische Mobile   Infotafel 9

Für die Erwachsenenbildung haben Rolf ARNOLD, Antje KRÄMER-STÜRZL und Horst SIEBERT ein Strukturmodell entwickelt: das erwachsenenpädagogische Mobile.[19] Es zeigt verschiedene Strukturelemente in wechselseitiger Abhängigkeit:

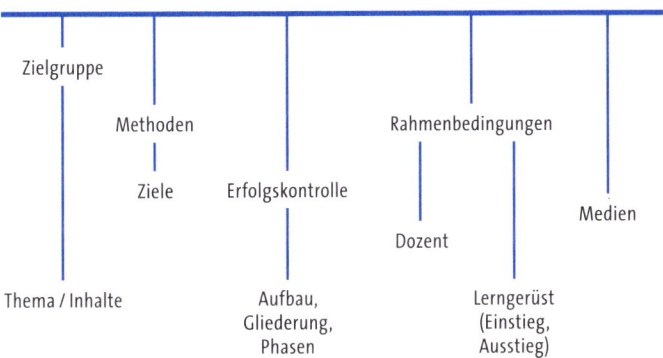

Bedingungsgefüge 1 – Schule   Infotafel 10

Wolfgang HALLET hat „institutionelle Rahmenbedingungen des Lehrens und Unterrichtens am Beispiel Schule" dargestellt. Die institutionelle Rahmung differenziert (von außen nach innen) wie folgt:

▶ Gesellschaft und Staat: Verfassung und allgemeine Gesetze;
▶ Schulministerium: Bildungspolitik, Schulgesetze, ministerielle Richtlinien, Lehrpläne;
▶ Schulbehörde: Umsetzung der ministeriellen Vorgaben, Schulaufsicht, Personalverwaltung;
▶ Schulamt: Schulaufsicht, Schulverwaltung, Schulbudget;
▶ Schulleitung: Umsetzung der Vorgaben, unmittelbare Aufsicht, pädagogische Leitung, Personalführung, Schulentwicklung;
▶ (Gesamt-)Lehrerkonferenz: Schulprogramm, pädagogische Leitlinien, Schulentwicklung, Schuljahresplanung;
▶ Fachschaft, Fachschaftsleitung: fachlich-didaktische Koordination;
▶ Schulelternrat und Klassenelternrat;
▶ (Klassen-)Lehrerkonferenz: pädagogische Betreuung der Klasse, Notengebung, fachübergreifende Koordination;
▶ Lehrer/in, Klasse, Unterricht.[20]

Infotafel 11 **Bedingungsgefüge 2 – Erwachsenenbildung**

Für den Bereich der Erwachsenenbildung hat Horst SIEBERT ein Ebenenmodell vorgeschlagen, mithilfe dessen er die didaktische Dimension finanzieller, politischer, organisatorischer und verwaltungstechnischer Entscheidungen und Regelungen aufzeigt:

- Bildungspolitik, z.B. gesetzliche Regelungen wie Weiterbildungs- oder Bildungsurlaubsgesetze (Deutschland und Schweiz; Österreich: Bildungsfreistellung) mit ihren Finanzierungs- und Anerkennungsregelungen.
- Institutionsdidaktiken, z.B. Unterscheidung zwischen offenen, aus öffentlichen Mitteln finanzierten Einrichtungen wie Volkshochschulen, und „geschlossenen" Bildungsabteilungen in Betrieben; inhaltliche oder zielgruppenbezogene Organisationsstruktur; Verantwortung für das Programmangebot.
- Fachbereichsdidaktik, z.B. Aufteilung nach Fachbereichen (berufliche Weiterbildung usw.), Zielgruppen (Altenbildung usw.) oder Aufgabenbereichen (Zweiter Bildungsweg usw.); Stufung und Verzahnung von Bildungsangeboten.
- Seminarplanung, z.B. Definition von Zielgruppen, Eingangstests und Prüfungsanforderungen, Auswahl von Lernorten, Lernzeiten und Lernmaterialien.
- Lehr-Lern-Situationen, z.B. Gestaltung von Anfangssituationen, Ermittlung von Vorkenntnissen, Wahl der Lehr-/Lern-Methoden, mediale Unterstützung und Evaluation des Lernfortschritts.[21]

Aufgabe 4 **Didaktische Einflussgrößen**

Die didaktischen W-Fragen bezeichnen unterrichtliche Einflussgrößen (→ Infotafel 8).

- Skizzieren Sie für einen Bildungsbereich (z.B. Schule, Erwachsenenbildung) Antworten auf diese heuristischen Fragen.
- Stellen Sie eine Verbindung zum „Strukturmodell des Unterrichts" von JANK und MEYER her.

1.5 | Herausforderungen

Vorbehalte gegenüber der Didaktik: Skepsis der Praktiker

Didaktik als handlungsorientierte Wissenschaft vom Lehren und Lernen muss mit mehreren Herausforderungen umgehen. Es lässt sich eine **skeptische Haltung** – insbesondere der Praktiker – gegenüber der Didaktik ausmachen. Als mögliche Ursachen wären zu nennen:

► Ein **Nutzen** didaktischer Modelle wird nicht wahrgenommen.
► Der Didaktik haftet etwas **„Oberlehrerhaftes"** an.
► Darüber hinaus wird die Didaktik in der „scientific community" nur bedingt als **„normal science"** eingestuft, dies auch aufgrund ihres teilweise normativen Charakters.

Viele Lehrende begegnen der Didaktik mit Skepsis. Im Rahmen einer Untersuchung wurde beispielsweise festgestellt: „Je jünger die Befragten sind, um so aggressiver haben sie auf das Wort Didaktik reagiert." (→ Infotafel 12). Zurückhaltende bzw. ablehnende Reaktionen werden häufig mit einer sehr theoretisch, d.h. wenig handlungspraktisch empfundenen Ausrichtung von Didaktik begründet. Erst der Rollenwechsel in die Lehrerausbildung führt zu einer höheren Akzeptanz didaktischer Ansätze.

Didaktik – Stimmen aus der Praxis   **Infotafel 12**

Friedrich W. KRON hat im Rahmen einer qualitativen Untersuchung mit je ca. 50 Lehrern, Seminarleitern, Referendaren und Erwachsenenbildnern einige Äußerungen zur Didaktik zusammengetragen:

► „Didaktik, das ist etwas fürchterlich Theoretisches." (Realschullehrerin, 39 J.)
► „Didaktik ist für mich die Kunst des Lehrens, die Inhalte pädagogisch aufzubereiten, d.h. die Adressaten im Hinterkopf zu haben." (Gymnasiallehrer, 47 J.)
► „Bis ich Seminarleiterin wurde, hatte der Begriff eine vage Bedeutung; erst dann habe ich mich näher mit dem Gebiet befasst." (Fachseminarleiterin, 45 J.)
► „Didaktik ist etwas Unangenehmes. Ich werde kein Buch mehr über Didaktik lesen." (Referendarin, 28 J.)
► „Ich habe die Begriffe Didaktik oder Fachdidaktik schon gehört, weiß aber nicht genau, was sie bedeuten. Sie müssen etwas mit Lehren und Lernen oder Unterricht zu tun haben. Wahrscheinlich ist Didaktik etwas Theoretisches." (Student, 6. Sem.)[22]

KRON fasst folgende Trends zusammen:
► „Je jünger die Befragten sind, umso aggressiver haben sie auf das Wort Didaktik reagiert.
► Je älter die Befragten sind, umso differenzierter fielen die Antworten aus. (...)
► SeminarleiterInnen identifizieren sich häufig mit den in der Literatur transportierten ‚Grundmodellen der Didaktik'."[23]

Gelegentlich ist die **Ablehnung** wenig greifbar, etwa wenn in der Argumentation auf eine „Weisheit des guten Lehrens" und ein „Wissen eigener Dignität" (→ Zitat 9) verwiesen wird. Es handelt sich dabei um Maximen, die einen – möglicherweise kollektiv geteilten – Erfahrungsschatz widerspiegeln, der nicht theoretisch fundiert oder empirisch überprüft sein muss oder kann. Die Notwendigkeit eines didaktischen Professionswissens und entsprechender Handlungskompetenzen steht allerdings prinzipiell in keinem Widerspruch zu handlungssteuernden Kognitionen oder didaktischen Intuitionen, die durchaus empirisch zugänglich sind.

Zitat 9   **Heinz-Elmar TENORTH – Weisheit guten Lehrens (2007)**
▼

„Es (gibt) eine ‚wisdom of practice', eine Weisheit des guten Lehrens, die es wieder zu entdecken gilt, und dies (ist) auch nicht die Summe von Pädagogik und Didaktik, sondern ein ganz eigenes, ein ‚Wissen eigener Dignität'." [24]

Nutzen didaktischer Modelle wird kaum wahrgenommen

Der **Nutzen** didaktischer Modelle wird von den Lehrenden kaum wahrgenommen. Didaktische Praxishilfen werden häufig als zu allgemein eingeschätzt, um konkrete Unterstützung bieten zu können. Dazu passt der Vorwurf, bei den etablierten didaktischen Theorien handle es sich um „Feiertagsdidaktiken", die sich um ihre eigene praktische Anwendung nicht kümmerten. Bemängelt wird der ungenügende Theoriecharakter dieser Feiertagsdidaktiken: „Didaktisches Handeln wird als vollständig nur begriffen, wenn es Planung und Ausführung und Kontrolle umfasst."[25] Zudem wird die Frage aufgeworfen, inwieweit die konkrete Unterrichtsvorbereitung der Lehrenden den umfassenden Anforderungen einer allgemeinen didaktischen Theorie entsprechen kann.

Die Annahme, didaktische Modelle würden dazu beitragen, die **„Hinterkopftheorien"** von Lehrpersonen weiterzuentwickeln, lässt sich empirisch nicht bestätigen. Subjektive Theorien von Lehrpersonen in Schule, Hochschule und Erwachsenenbildung erweisen sich als relativ stabil. Wie Untersuchungen zum Planungshandeln (→ Infotafel 13) zeigen, sind subjektive didaktische Theorien weitgehend resistent gegenüber Veränderungsbemühungen in Aus- und Weiterbildung. Möglicherweise ist dies darauf zurückzuführen, dass sie biografisch entstanden sind und sich in der Unterrichtspraxis bewährt haben.

Planungshandeln von Lehrern und Lehrerinnen	Infotafel 13

Anton HAAS konnte in einer Untersuchung zur alltäglichen Unterrichtsvorbereitung nachweisen, dass es weder die im Studium erworbenen allgemein-didaktischen und fachdidaktischen Theorien noch die im Referendariat (Deutschland und Schweiz; Österreich: praktische Lehrerausbildung) erworbenen Wissensbestände vermögen, das Planungshandeln von Lehrerinnen und Lehrern nachhaltig zu beeinflussen.

Das Vorgehen: Haas war bei 36 Lehrerinnen und Lehrern aus Hauptschule, Realschule und Gymnasium persönlich anwesend, wenn diese ihren Unterricht planten. Er hielt die Lehrpersonen an, beim Planen laut zu denken, zeichnete dies auf und rekonstruierte gemeinsam mit den Lehrpersonen den gesamten Planungsprozess.

Das Ergebnis: Im Mittelpunkt steht das inhaltliche Vertrautmachen mit dem zu vermittelnden Stoff und die Festlegung der Abfolge im Unterricht. Lernziele werden nicht reflektiert. Methodische Aspekte treten in den Hintergrund.

Das Resümee: „Der Einfluss ‚offizieller' didaktischer Modelle auf das alltägliche Planungshandeln der Lehrer ist minimal." Und weiter: „Didaktik … konnte nicht den Status der Berufswissenschaft der Lehrer erlangen, sie bleibt weiterhin aufs ‚Feiertägliche' beschränkt." [26]

Didaktische Prinzipien und Ansätze werden teilweise als **„oberlehrerhaft"** empfunden. Wenn Lerninhalte **„didaktisiert"** werden müssen, dann bedeutet dies auch, dass sie für den Lehr-Lern-Prozess zu adaptieren sind und die Arbeit der Lehrenden einer Korrektur bedarf. Die Disziplin Didaktik wird so als indirekte Kritik an den Lehrenden empfunden. Die Haltung „Lehren – das kann man doch" ist beispielsweise im Hochschulbereich gelegentlich anzutreffen. Dazu passt, dass „didaktische Ordnung" von einigen Autoren als Gegenentwurf zu Wissenschaftlichkeit aufgefasst wird (→ Zitat 10).

„Oberlehrerhaftigkeit": Didaktiken werden (teilweise) als Kritik an den Lehrenden wahrgenommen

Jürgen MITTELSTRASS – „Vom Elend der Hochschuldidaktik" (1996)	Zitat 10

„Hochschuldidaktik ist das Kind einer steckengebliebenen Hochschulreform. Mit ihr wird aus der Idee einer institutionellen Reform aller Universitätsverhältnisse eine pädagogische Veranstaltung. Zugleich stellt sich die Hochschuldidaktik in ihren beibehaltenen Ansprüchen als die (allerdings nicht recht wahrgenommene) Rache der Pädagogik an der Universität angesichts ihres eigenen wissenschaftlichen Bedeutungsverlusts dar. (…) Die Zukunft der wissenschaftlichen Forschung und Lehre ist nicht die Hochschul- oder Wissenschaftsdidaktik, sondern der bessere Wissenschaftler. Die wahre Heimsuchung der Universität ist nicht die didaktische Unordnung, sondern die didaktische Ordnung, wenn diese sich an die Stelle des Wissenschaftlers setzt."[27]

Didaktik als „normal science": Bedenken (auch) aufgrund des normativen Charakters

Didaktiken als Entwürfe einer bestimmten Unterrichtswirklichkeit sind immer wertend, sie haben **normativen Charakter.** Logisch lässt sich das Wünschenswerte allerdings nicht aus der Analyse der Voraussetzungen und Wirklichkeiten von Lehre oder aus bestimmten didaktischen Theorien ableiten. Bestenfalls lässt sich prüfen, ob konkrete didaktische Aktionen mit bestimmten Annahmen und Konzeptionen verträglich sind. Diese Situation wird auch als „Spagat zwischen Handlungsnormierung und reflexiver Distanzierung"[28] wahrgenommen. Auf der einen Seite besteht der Wunsch nach konkreten didaktischen Handreichungen, auf der anderen Seite die Forderung nach einer theoretisch geleiteten Reflexion.

Heinz-Elmar TENORTH hat erklärt, die Pädagogik (und die Didaktik als eine ihrer Kerndisziplinen) sei eine Disziplin, die „im Gewande von Wissenschaft die Leistungen einer **Dogmatik** zu erbringen"[29] habe, eine Problematik, die sich grundsätzlich bei Handlungswissenschaften stellt. Didaktisches Wissen ist nicht zuletzt aufgrund der Vielfalt von Lehr-Lern-Situationen beschränkt, sodass didaktische Standards zwar die Auseinandersetzung mit dem eigenen Lehrhandeln befördern können, indem sie eigene Maßstäbe transparent und damit einer kritischen Reflexion zugänglich machen. Operational gehaltene didaktische Leitlinien mit universellem Geltungsanspruch sind aber nicht leistbar.

In der „scientific community" wird die Didaktik nur bedingt als **„normal science"** eingestuft. Dies geschieht auch aufgrund ihres normativen Charakters und der damit einhergehenden Einschätzung, Didaktiker würden „‚eigentlich' keine richtige Wissenschaft betreiben, sondern ‚nur' deren Vermittlungsprobleme bearbeiten".[30]

Aufgabe 5   **Skepsis gegenüber der Didaktik**
            ▼

Bei den Praktikern lassen sich Distanz und Zurückhaltung gegenüber der Didaktik ausmachen. Woran dies im Einzelnen liegt, kann nur vermutet werden: Neben dem nicht wahrgenommenen Nutzen didaktischer Theorien gibt es möglicherweise ein nur geringes Bewusstsein für die Notwendigkeit eines didaktischen Professionswissens und entsprechender Handlungskompetenzen.

▶ Welche weiteren Gründe lassen sich anführen?

▶ Welche Konsequenzen ergeben sich daraus für die zukünftige Entwicklung der Disziplin Didaktik, insbesondere für das Verhältnis von Reflexion und Handlungsorientierung?

Literatur: Grundlagen

Blankertz, Herwig: Theorien und Modelle der Didaktik, 7., erw. Aufl. Weinheim u.a. 1975

Brinek, Gertrude & Schirlbauer, Alfred (Hrsg.): Vom Sinn und Unsinn der Hochschuldidaktik, Wien 1996

Jank, Werner & Meyer, Hilbert: Didaktische Modelle, 7. Aufl. Berlin 2005

Kron, Friedrich W.: Grundwissen Didaktik, 4. Aufl. München u.a. 2000

Lehner, Martin: Didaktik und Weiterbildung – Zur historischen Rekonstruktion des didaktischen Denkens in der Weiterbildung, Weinheim 1989

Peterßen, Wilhelm H.: Lehrbuch Allgemeine Didaktik, 6. Aufl. München u.a. 2001

Riedl, Alfred: Grundlagen der Didaktik, Wiesbaden 2004

Siebert, Horst: Allgemeine Didaktik der Erwachsenenbildung. In: Literatur- und Forschungsreport Weiterbildung, Münster, 1. Jg. 1978, H. 1, S. 5 – 21

Stadtfeld, Peter & Dieckmann, Bernhard (Hrsg.): Allgemeine Didaktik im Wandel, Bad Heilbrunn 2005

Tulodziecki, Gerhard, Herzig, Bardo & Blömeke, Sigrid: Gestaltung von Unterricht – Eine Einführung in die Didaktik, Bad Heilbrunn 2004

2 | Reflexionsebenen

Inhalt

Es gibt mehrere didaktische Reflexionsebenen. Bezugsdisziplinen (2.1) verweisen auf Verbindungen zu anderen wissenschaftlichen Disziplinen, z.B. der Bildungstheorie, der Lernpsychologie und in jüngster Zeit auch der Neurobiologie. Rahmentheorien beziehen sich auf wissenschaftstheoretische Grundpositionen. Didaktische Theorien und Modelle erfüllen unterschiedliche Funktionen (2.2): Theorien dienen dem Verstehen und Erklären sozialer Gegebenheiten, Modelle helfen bei der Reduktion von Komplexität. In der Didaktik gibt es eine Vielzahl an Konzepten und Ansätzen (2.3), exemplarisch seien der handlungsorientierte Unterricht und das selbstgesteuerte Lernen genannt. Didaktische Handlungsregeln (2.4), z.B. Leitlinien und Prinzipien, dienen insbesondere der Orientierung der Lehrenden. Sie unterscheiden sich unter anderem hinsichtlich ihres Grades an Allgemeinheit. Abschließend werden Alltagstheorien von Lehrenden und Lernenden (2.5) beleuchtet, die aus deren Erfahrungswissen entstanden sind.

Erich WENIGER hat 1953 eine Unterscheidung von **didaktischen Theorieebenen** nach wissenschaftlichen Gegenstandstheorien, explizitem Handlungswissen und implizitem Praxiswissen vorgenommen. In diesem Drei-Ebenen-Modell bildet sich das Spannungsfeld zwischen reflexiver Distanz und Handlungsorientierung ab:

Didaktische Theorieebenen nach Erich WENIGER

▶ „Theorie dritten Grades", **wissenschaftliche Gegenstandstheorien,** die das „Verhältnis von Theorie und Praxis in der Praxis zu ihrem Gegenstand" haben;

▶ „Theorie zweiten Grades", das **„ausgesprochene Handlungs- und Erfahrungswissen"** des Praktikers;

▶ „Theorie ersten Grades", die unausgesprochenen Voreinstellungen des in der Erziehungspraxis Handelnden, die **„unausdrückliche Anschauung".**[31]

In Erweiterung dieses Modells wird hier ein **Fünf-Ebenen-Modell** vorgestellt, das zur Vielschichtigkeit der Bildungspraxis passt. Hier finden eher abstrakte Rahmentheorien genauso ihren Platz wie methodische Rezeptologien und subjektives Erfahrungswissen. Die Spannungsfelder Reflexion vs. Handlung und Theorie vs. Praxis sind abgebildet. Didaktische Reflexionen lassen sich – abhängig von Kontext und Abstraktionsebene – auf unterschiedliche Weise anstellen. Je geringer die Distanz zur konkreten Lehr-Lern-Situation, desto eher handelt es sich um Praxiswissen, anderenfalls um Theoriewissen:

Fünf didaktische Reflexionsebenen: von den Rahmentheorien zum Alltagswissen

▶ **Rahmentheorien und Partnerwissenschaften,** z.B. Bildungstheorie, Lernpsychologie, Sozialisationsforschung (→ Kap. 2.1);

▶ **Theorien und Modelle,** z.B. Lerntheoretische Didaktik, Konstruktivistische Didaktik, Ermöglichungsdidaktik (→ Kap. 2.2);

▶ **Konzepte und Ansätze,** z.B. Handlungsorientierter Unterricht, Selbstgesteuertes Lernen, Problembasiertes Lernen (→ Kap. 2.3);

▶ **Leitlinien und Prinzipien,** z.B. Grundsatz des aktiven Lernens, Vom Leichten zum Schwierigen, Kontinuierlich Feedback einholen (→ Kap. 2.4);

▶ **Alltagstheorien von Lehrenden und Lernenden,** z.B. Katalog mit Prüfungsfragen bereitstellen, richtige Antworten verstärken, Einstieg erst nach absoluter Stille im Klassenzimmer[32] (→ Kap. 2.5).

▼

> „Je mehr man sich die Vielschichtigkeit der Bildungspraxis vor Augen führt,
> desto mehr drohen sich die Konturen der Didaktik zu zerfasern und zu ver-
> flüchtigen."[33]

2.1 | Bezugsdisziplinen und Rahmentheorien

Bezugsdisziplinen: von
Lernpsychologie bis Sozi-
alisationsforschung

Die Komplexität des Geschehens im Feld des Lehrens und Lernens
macht es verständlich, dass das „Kerngeschäft" Didaktik auf viele
Bezugsdisziplinen zurückgreift (→ Infotafel 14). Zwei Beispiele: Lern-
und Entwicklungspsychologie liefern Erkenntnisse zu den Möglichkeiten und Bedingungen erfolgreichen Lernens. In jüngster Zeit
gibt es zudem Impulse aus Gehirnforschung und Neurophysiologie,
wobei über deren Stellenwert und Nutzen, etwa die Einführung
einer Neurodidaktik, unterschiedliche Auffassungen existieren.
Die Sozialisationsforschung liefert Erkenntnisse über Lernmilieus
und unterscheidet dabei nicht nur nach sozialen Schichten, sondern auch nach Lebensstilen, Wertsystemen, alltagsästhetischen
Präferenzen und stellt eine Verbindung zu Lernpräferenzen her.

▼

▶ Fachwissenschaften, z.B. Mathematik, Fremdsprachen, Informatik, Kunst.
▶ Erziehungswissenschaft, z.B. Bildungstheorie, Lehr-Lern-Forschung.
▶ Erwachsenenbildung, z.B. Berufs- und Arbeitsmarktforschung, Milieuforschung.
▶ Philosophie, z.B. Anthropologie, Bildungstheorie.
▶ Psychologie, z.B. Lern- und Entwicklungstheorien, Motivationsforschung.
▶ Soziologie, z.B. Enkulturation, Sozialisationsforschung.
▶ Politologie, z.B. Bildungspolitik, Sozioökonomie.

Spagat zwischen Hand-
lungsnormierung und
reflexiver Distanzierung:
Theorien sollen glei-
chermaßen „theoretisch
umfassend" und „prak-
tisch folgenreich" sein

Der Zusammenhang zwischen den didaktischen Bezugsdisziplinen
und der didaktischen Theoriebildung ist offensichtlich: Je stärker
die Beiträge anderer Disziplinen wahr- und aufgenommen werden,
desto vielschichtiger und umfangreicher wird die Theorie- bzw.
Modellbildung erfolgen. Soll eine didaktische Theorie, wie dies
BLANKERTZ formuliert hat (→ Zitat 12), **„theoretisch umfassend"** sein, so
muss sie vielfältige Voraussetzungen didaktischen Denkens und

Handelns berücksichtigen. Ist zudem gewünscht, dass sie **„praktisch folgenreich"** sein möge, so steht der bereits erwähnte „Spagat zwischen Handlungsnormierung und reflexiver Distanzierung" an.

Herwig BLANKERTZ – Didaktisches Modell (1969)   **Zitat 12**
▽

▶ „Ein allgemeindidaktisches Modell ist ein erziehungswissenschaftliches Theoriegebäude zur Analyse und Modellierung didaktischen Handelns in schulischen und außerschulischen Handlungszusammenhängen.

▶ Ein allgemeindidaktisches Modell stellt den Anspruch, theoretisch umfassend und praktisch folgenreich die Voraussetzungen, Möglichkeiten, Folgen und Grenzen des Lehrens und Lernens aufzuklären.

▶ Ein allgemeindidaktisches Modell wird in seinem Theoriekern in der Regel einer wissenschaftstheoretischen Position (manchmal auch mehreren) zugeordnet." [34]

Die Vielfalt an Bezugsdisziplinen macht es für die Didaktik erforderlich, sich auch vielfältig zu orientieren. Erschwerend kommt hinzu, dass das von den Partnerwissenschaften zur Verfügung gestellte Wissen keineswegs eindeutige didaktische Folgerungen zulässt. Diese **Ableitungsproblematik** lässt sich am Beispiel des Konzepts „Lerntyp" (→ Infotafel 15) nachvollziehen: Einerseits scheint sich dieses Konzept auf eine bestimmte Weise in der Praxis zu bewähren, sei es, dass konkrete Handreichungen für den Umgang mit Lernpräferenzen zur Verfügung gestellt werden, sei es, dass die Lehrpersonen eine subjektive Sicherheit für ihr Lehrhandeln gewinnen. Andererseits wird dieses Konzept bislang empirisch wenig gestützt.

Ableitungsproblematik: die Erkenntnisse der Partnerwissenschaften lassen keine eindeutigen didaktischen Folgerungen zu

---

Lerntypen – didaktische Fiktion oder Wirklichkeit?   **Infotafel 15**
▽

Das Konzept „Lerntyp" ist in der Didaktik durchaus gebräuchlich, vor allem in der handlungspraktischen Literatur finden sich viele Überlegungen, die dieses Konzept aufnehmen bzw. modifizieren:

▶ Frederic VESTER hat als einer der Ersten bereits in den 70er-Jahren mit einem Gedächtnistest gearbeitet, der nach den Eingangskanälen Lesen, Hören, Sehen und Tasten unterscheidet. „Je nach Grundmuster sind also die Eingangskanäle wie Sehen, Hören, Fühlen und alle damit zusammenhängenden Empfindungen recht verschieden ausgebildet." [35]

▶ In der Zwischenzeit wurden diverse Lerntypentests entwickelt, z.B. für den Schulbereich: Wolfgang ENDRES, So macht Lernen Spaß – Praktische Lerntipps für Schülerinnen und Schüler, 20. Aufl. Weinheim 2006; oder für die Erwachsenenbildung: Manuela DOLLINGER: Wissen wirksam weitergeben – Die wichtigsten Instrumente für Referenten, Trainer und Moderatoren, Zürich 2003.

Die empirisch orientierte Psychologie hält sich diesbezüglich eher zurück:

▶ Bernd WEIDENMANN: „Die Suche nach aussagekräftigen Ergebnissen zu solchen Lerntypen verlief bislang uneinheitlich, insgesamt aber enttäuschend. (...) Statt überdauernde Lernertypen findet man innerhalb jeder Person eine Vielfalt von Verarbeitungsweisen, deren Einsatz von der Aufgabe, den wahrgenommenen Informationen, der Erinnerungssituation und anderen Bedingungen abhängt." [36]

▶ Aljoscha NEUBAUER und Elsbeth STERN: „So wird eine Typologisierung in Visualisierer und Verbalisierer vorgenommen, für die es tatsächlich keine diagnostische Grundlage (...) gibt. (...) Dennoch wird diese Typologisierung selbst in der Lehrerfort- und -weiterbildung propagiert (...)." [37]

Wissenschaftstheoretische Grundpositionen: Hermeneutik, Rationalismus, Ideologiekritik

Die didaktische Theoriebildung hat immer eine **wissenschaftstheoretische Grundposition** als Rahmentheorie gehabt. Diese eindeutige Zuordnung eines Wissenschaftsparadigmas zu einer „didaktischen Schule" war insbesondere in den 70er-Jahren sehr ausgeprägt. Die klassische Unterscheidung ist wie folgt:

▶ **Hermeneutik:** Das Augenmerk ist auf die Interpretation und den „Sinn" bedeutungshaltiger Äußerungen in Texten und Kommunikationssituationen gerichtet. Dies kann nur im „Verstehen" geschehen, also in der Rekonstruktion von Bedeutung. Der Hermeneutik wird vorgehalten, Faktenwissen durch vorgefasste Meinungen zu ersetzen.

▶ **Rationalismus:** Das Ziel besteht darin, Theorien mit einem möglichst hohen empirischen Gehalt zu entwickeln. Demzufolge richtet sich der Fokus auf die empirisch-analytische Forschung, um ein System von didaktisch bedeutsamen Gesetzesaussagen zu entwickeln. Dem Rationalismus wird vorgehalten, riesige Datenmengen zu produzieren, dabei aber die gesellschaftlichen und soziokulturellen Bedingungen nicht zu reflektieren.

▶ **Ideologiekritik:** Der Schwerpunkt liegt auf angenommenen Herrschaftsinteressen und einem entsprechenden ideologischen gesellschaftlichen Rahmen. Diesem Ansatz wird vorgehalten, eine nur allgemeine Kritik ohne konkrete Ansatzpunkte für Veränderungen aufgestellt zu haben.

Seit den 90er-Jahren findet in der Didaktik-Szene eine immer stärkere **Verschmelzung der didaktischen Paradigmen** statt. Dies gilt auch für die entsprechenden wissenschaftstheoretischen Grundlegungen. Im Bereich der empirischen Lehr-Lern-Forschung tendiert man zur Kombination von qualitativen und quantitativen Forschungsmethoden.

Lerntypen – didaktische Fiktion oder Wirklichkeit?	Aufgabe 6

Es lässt sich festhalten: Die Positionen der Praktiker und der Wissenschaftler gehen beim Konzept „Lerntyp" auseinander. Für jede Art des Umgangs mit diesem Konzept lassen sich offensichtlich gute Gründe formulieren, sodass der Eindruck einer gewissen Beliebigkeit entsteht.

▶ Beleuchten Sie hinsichtlich der „community of practice" und der „scientific community", wie und weshalb sich Wahrnehmung und Deutung des Lerntypen-Konzepts unterscheiden.

▶ Welche Möglichkeiten sehen Sie für Lehrpersonen, mit derartigen Situationen zu verfahren?

Theorien und Modelle

2.2

Wer didaktisch denken, wahrnehmen und handeln will, benötigt didaktische **Begriffe, Kategorien und Strukturen**. Sie tragen dazu bei, dass Lehrpersonen für didaktische Aufgaben und Wirklichkeiten „sehfähig" werden. Darüber hinaus bilden sie die Grundlage für didaktische Theorien und Modelle, die es erlauben, die didaktische Wirklichkeit auf eine bestimmte Weise – eben eine didaktische „Sichtweise" – wahrzunehmen. Die verschiedenen Theorien und Modelle bezeichnen gleichermaßen didaktische Positionen, für die es dann zu argumentieren gilt.

Theorie und Modell	Definition 2

Theorien dienen dem Verstehen und Erklären von sozialen Gegebenheiten sowie der Prognose von Ereignissen; sie dienen als Bezugsrahmen für die kritische Analyse von Wert- und Normorientierungen. Modelle reduzieren die Komplexität von Handlungszusammenhängen auf einige bedeutsame Elemente; sie vereinfachen und sind eine Vorform bzw. eine reduzierte Form von Theorie.[38]

Theorien und Modelle: idealisieren, vereinfachen oder verallgemeinern komplexe Zusammenhänge

Mithilfe von **Theorien oder Modellen** werden komplexe Zusammenhänge der Praxis insgesamt oder in Teilbereichen idealisiert, vereinfacht oder verallgemeinert beschrieben (→ Definition 2). Unabhängig von der gewählten Genauigkeit oder Komplexität der jeweiligen Beschreibung ist grundsätzlich davon auszugehen, „dass pädagogisches Wissen, das beansprucht, pädagogisches Können zu befördern, Probleme bei der Deskription pädagogischer Situationen, bei der Begründung handlungspraktischer Normen und bei der Bereitstellung von handlungsrelevantem Gesetzeswissen hat".[39] Es gibt ein deskriptives, normatives und nomologisches Defizit.

Zitat 13　　　　　**Paul HEIMANN – Theorie (1961)**

▼

„Theorie ist ein griechisches Wort. ‚Theoréo' heißt so viel wie ‚ich betrachte, ich beschaue etwas' in einer ganz bestimmten Absicht. In ‚theoréo' steckt noch ein anderer Stamm, nämlich ‚theáomei', und dieses ‚theáomei' wird Sie sicherlich erinnern, dass es etwas mit Theater zu tun hat. So ist also die Haltung, die wir im Theater haben, gleichzusetzen mit der Haltung, die ein Theoretiker gegenüber seiner eigenen Praxis hat.

Ich weiß nicht, ob Sie schon einmal darüber nachgedacht haben, wie man sich eigentlich im Theater verhält. Im Theater sieht man sehr interessante Dinge; erstaunliche Ereignisse vollziehen sich vor einem. Man versteht sie, im 1. Rang sitzend, man beteiligt sich leidenschaftlich an ihnen, und man ist doch in einer wohltuenden ästhetischen Distanz. Man erlebt die Dinge, als erführe man sie selbst, und sie gehen einen doch existentiell nichts an. Man kann sie ruhig betrachten, man wird klüger. Man gewinnt einen Einblick in die Welt wie durch keine andere Verhaltensweise.

Diese Theaterhaltung müssen Sie einmal auf Ihre Berufspraxis übertragen. Es ist dort jedoch keine ästhetische Distanzierung. Das ‚Geschäft' muss Sie zwar angehen, Sie müssen wirklich ‚hineinverwickelt' sein, und doch müssen Sie jene Distanz besitzen, aus der heraus Sie überhaupt erst die Zusammenhänge Ihrer eigenen Erfolge oder Misserfolge enträtseln und überblicken können."[40]

Eine didaktische Theorie weist nach PETERSSEN nur dann eine vollständige Struktur auf, wenn sie auf drei **Strukturebenen** entfaltet ist:

- ▶ **paradigmatische Ebene:** Denkansatz, mit dem das didaktische Feld erforscht wird, beruhend auf anerkannten Positionen wissenschaftlicher Standortbestimmung;
- ▶ **legitimatorische Ebene:** Begründungen für pädagogisches Handeln, etwa im Sinne der Förderung von Kompetenz, Autonomie und Solidarität;
- ▶ **pragmatische Ebene:** Kategorien, mit deren Hilfe Lehrende die Voraussetzungen ihres Handelns erfassen und Handlungsentscheidungen treffen.[41]

Drei Strukturebenen nach PETERSSEN: wissenschaftstheoretische Position, normative Orientierung und pragmatische Kategorien

Wilhelm H. PETERSSEN – Legitimationsfunktion (1) (2001)   Zitat 14

▼

„In der Legitimationsfunktion hat Didaktik immer ihre bedeutsamste und vornehmste Aufgabe gesehen. Sie hat darüber oftmals ihre weiteren Funktionen vergessen."[42]

Ingeborg SCHÜSSLER – Legitimationsfunktion (2) (2003)   Zitat 15

▼

„Eine didaktische Theorie begrenzt sich allerdings nicht nur auf dieses pragmatische Moment, wie dies häufig in der didaktischen Trivial- und Rezeptliteratur anzutreffen ist, sondern weist auch eine legitimatorische Struktur auf. Dadurch, dass pädagogisches Handeln auf einen Menschen zielendes Handeln ist, muss es gerechtfertigt und begründet sein."[43]

In der pragmatischen Ebene begegnen sich **Theorie und Praxis.** Das bereits angedeutete Spannungsfeld zwischen reflexiver Distanz und Handlungsorientierung ist hier präsent. Es wäre aber ein Missverständnis anzunehmen, dass das Ziel der didaktischen Theoriebildung eine vollständige Harmonisierung von Theorie und Praxis sei. Die Aufgabe von Theorie besteht nicht ausschließlich darin, bestehende Praxis abzubilden und zu bestätigen, sondern auch darin, im Sinne von Bildung „widerständig" zu sein. Theorie kann neue Sichtweisen und Perspektiven einbringen und Alternativen von Praxis anregen (→ Infotafel 16).

Eine didaktische Position begründet häufig die Identität als Lehrperson. Eine solche **„didaktische Identität"** resultiert aus Sicht-

Die „didaktische Identität" als Lehrperson entsteht häufig aus einer bestimmten didaktischen Position

weisen, die das eigene didaktische Handeln als zusammenhängend und sinnvoll erfahren lassen. Manchmal sagt die jeweilige didaktische Position eher etwas über den Autor, sein Berufsverständnis und seine didaktische Sichtweise aus als über die wahrgenommene didaktische Praxis. Denkbar wäre etwa eine Haltung, bei der eine Lehrperson den Nachweis, Praktiker zu sein, dadurch zu erbringen meint, dass er Wissenschaftlichkeit in Bausch und Bogen verdammt.

Infotafel 16   Theorie und Praxis
▼

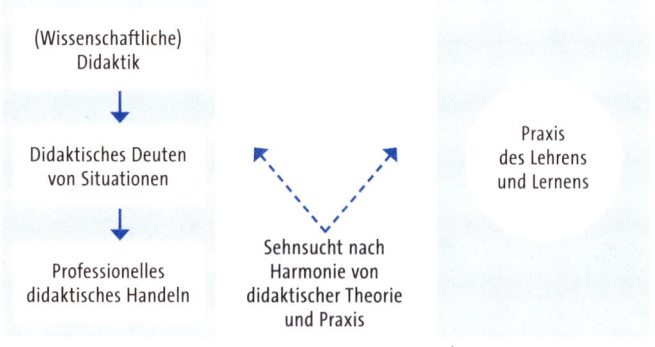

Zitat 16   Reinhard FUHR & Heiko JUDITH – Leistung der Didaktik (1977)
▼

„Wissenschaftliche Didaktik kann demnach für den Praktiker nicht mehr (...) sein als eine Hilfe zu aufgeklärtem Entscheidungsverhalten. (...) Die wissenschaftliche Didaktik nimmt also dem Lehrer Entscheidungen über seinen Unterricht nicht ab. Sie kann ihm jedoch Klarheit über seine Handlungsmöglichkeiten und deren Konsequenzen verschaffen." [44]

Zentrale didaktische Theorien: bildungstheoretische, lerntheoretische und konstruktivistische Didaktik

In den letzten 60 Jahren sind verschiedene didaktische Theorien (→ Infotafel 17; ausführlich → Kap. 4) entstanden. Teilweise wurden sie im Laufe der Jahre modifiziert, teilweise sind sie in anderen Ansätzen aufgegangen oder zur Gänze verschwunden. Als derzeit (immer noch) **aktuelle Ansätze** gelten:

▶ **Bildungstheoretische Didaktik** – Wolfgang KLAFKI: Bildungsidee; elementar, fundamental, exemplarisch; Primat der Didaktik

(50er-Jahre); Weiterentwicklung kritisch-konstruktive Didaktik, Schlüsselprobleme, Solidarität als Programm (80er-Jahre).

▶ **Lerntheoretische Didaktik** – Paul HEIMANN, Gunter OTTO, Wolfgang SCHULZ: Strukturmodell und Faktorenanalyse, Berliner Modell (60er-Jahre); Weiterentwicklung Hamburger Modell bzw. lehrtheoretische Didaktik (Wolfgang SCHULZ, 80er-Jahre).

▶ **Konstruktivistische Didaktik** – Kersten REICH: Konstruktion, Dekonstruktion, Rekonstruktion; Konstruktion vs. Instruktion; Rolf ARNOLD, Horst SIEBERT: Ermöglichungsdidaktik vs. Erzeugungsdidaktik, Subjektivierung der Lernprozesse (90er-Jahre).

Didaktische Theorien   **Infotafel 17**

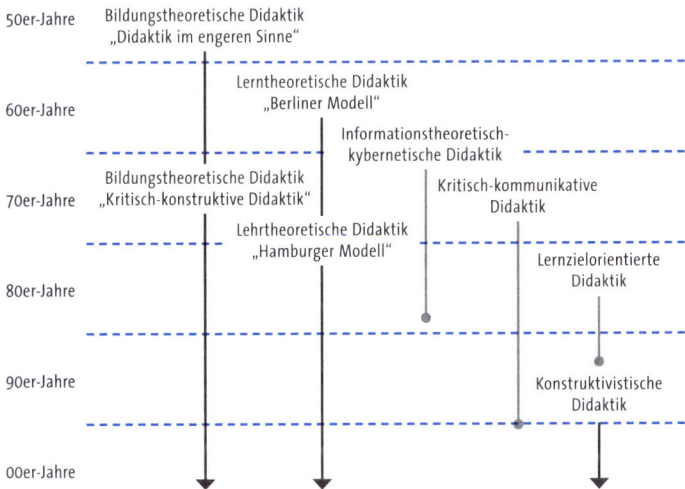

Wilhelm H. PETERSSEN – „Brille" aktueller didaktischer Theorien (2001)   **Zitat 17**

„Wo lerntheoretische Didaktik Lehrern ihre Aufgaben im Unterricht als Lehren, um Lernen zu begründen, vor Augen führt, da orientiert bildungstheoretische Didaktik dahin gehend, dass Unterricht vor allem als eine Einrichtung aufgefasst werden müsste, um Schüler bei ihren Bildungsbemühungen zu unterstützen. (...) Das gilt auch für die konstruktivistische Didaktik: Sie orientiert Lehrer zwar auch auf Lehre als ihre berufliche Kernaufgabe, aber dieser wird eine Lernauffassung unterstellt, die Lehre als Lernenlassen gewichtet."[45]

Unterschiede zwischen den didaktischen Theorien: ursprünglich groß, heute eher gering

Diese Didaktiken unterscheiden sich in ihren Ursprungsfassungen aus den 60er-Jahren teilweise erheblich, insbesondere hinsichtlich **Normfrage und Orientierungsleistung:** Die bildungstheoretische Didaktik der 60er-Jahre liefert vor allem Hinweise zur Inhaltsauswahl, die lerntheoretische Didaktik fokussiert die Gestaltung von Lehr-Lern-Prozessen, und die kommunikative Didaktik gibt Anregungen für die Interaktion. In normativer Hinsicht orientiert sich die bildungstheoretische Didaktik an der Bildungsidee, während die lerntheoretische Didaktik bewusst auf normative Vorgaben für die Gestaltung von Lehr-Lern-Prozessen verzichtet.

Im Laufe der Jahre – auch durch die Weiterentwicklung und damit Annäherung der bildungstheoretischen und der lerntheoretischen Didaktik – **konvergieren die didaktischen „Schulen"** (→ Zitat 18). Die ehemals sehr unterschiedlichen Paradigmen verschmelzen miteinander – wie etwa die bildungs- und lerntheoretische Didaktik – oder verschwinden wie die lernzielorientierte oder die informationstheoretisch-kybernetische Didaktik (→ Infotafel 18). Zu Beginn des 21. Jahrhunderts sind die Unterschiede nur mehr begrenzt wahrnehmbar. Im Vergleich mit den bis in die 80er-Jahre hinein zum Teil sehr engagiert geführten Diskursen um didaktische Grundsatzpositionen ist die Diskussion um die didaktischen Positionen von Instruktion bzw. Konstruktion gegenwärtig schon eine der intensiveren Debatten.

Zitat 18   **Werner JANK & Hilbert MEYER – didaktische Theorieentwicklung (2005)**
▼

„Die unterrichtstheoretischen und praktischen Differenzen führender Didaktik Deutschlands sind in den letzten zwanzig Jahren deutlich geringer geworden."[46]

Infotafel 18   **„Verschwundene" didaktische Theorien**
▼

Einige didaktische Ansätze sind in der zweiten Hälfte des 20. Jahrhunderts aufgekommen und gleichsam wieder „verschwunden". Dies sind beispielsweise:

 Curriculare (auch: lernzielorientierte) Didaktik (Christine MÖLLER): Ein geordneter Bestand präzise beschriebener und begründeter Lernziele ist die didaktische Basis für die Auswahl der Methoden, Lernerfolgskontrollen usw. Im Zentrum dieses Ansatzes steht die Zielplanung.

 Kritisch-kommunikative Didaktik (Karl-Hermann SCHÄFER, Klaus SCHALLER): Unterricht wird primär als ein kommunikatives Geschehen zwischen Lehrenden und Lernenden aufgefasst. Lehr-Lern-Prozesse werden durch die Beziehungsebene beeinflusst.

▶ Informationstheoretisch-kybernetische Didaktik (Felix von CUBE): Der Lehr-Lern-Prozess wird als Regelungsvorgang mit den Variablen Lehrziel (Soll-Wert), Lehrperson (Regler), Lernkontrolle (Messfühler) usw. aufgefasst. Didaktik wird auf Steuerungsmaßnahmen (methodisches Handeln) reduziert.

▶ Dialektische Didaktik (Lothar KLINGBERG): Widersprüche, z.B. zwischen Gemeinschaft und Individuum, zwischen alten Werten und Modernität, sind eine Basis für Lehr-Lern-Prozesse. Auch Lehren und Lernen stehen in einem dialektischen Verhältnis.

Die didaktischen Ansätze in der **Erwachsenenbildung** (→ Infotafel 19) weisen Gemeinsamkeiten und Unterschiede mit Blick auf die schuldidaktischen Positionen auf. Bildungstheoretisch orientierte, vor allem aber konstruktivistische Ansätze (z.B. SIEBERT, ARNOLD) finden sich in diesem Bereich ebenfalls. Insgesamt sind die didaktischen Ansätze der Erwachsenenbildung durch eine starke **Subjektivitäts- und Teilnehmerorientierung** gekennzeichnet. Im Blickpunkt stehen das Alltagswissen der Lernenden sowie deren individuelle Deutungsmuster, dies vor einem biografischen bzw. identitätstheoretischen Hintergrund.

Didaktische Ansätze in der Erwachsenenbildung

Didaktische Ansätze in der Erwachsenenbildung[47]   Infotafel 19

	Bildungs-theorie	Curriculum-theorie	Identitäts-theorie	Ermöglichungs-didaktik
Menschen-bild	Entwickelte Persönlichkeit	Funktionen und Rollen	Individuali-sierung	Kommunikations-partner
Gesellschafts-bild	Bürgerliche Demokratie	Industrie-gesellschaft	Modernitäts-krise	Erlebnis-gesellschaft
Richtziele	Vernunft	gesellschaftliche Qualifikationen	Biografizität	Kreativität
Lernen	Weltbegreifen	Training	Reflexion	Erleben
Lehre	Erschließen	Anleitung	Beobachten	Anregen / Ermöglichen
Inhalte	Schlüsselfragen	Verwendungs-situationen	generative Themen	Soziokultur

Aufgabe 7   **Pragmatische Didaktiken**

In den Zitaten von Wilhelm H. PETERSSEN (→ Zitat 14) und Ingeborg SCHÜSSLER (→ Zitat 15) kommen unterschiedliche Auffassungen hinsichtlich der Legitimationsfunktion zum Ausdruck. Während PETERSSEN auf fehlende handlungsleitende Momente in didaktischen Theorien hinweist, beklagt SCHÜSSLER die nicht vorhandene Legitimation bei der eher pragmatischen Literatur, die sich trotz dieses Umstands einer hohen Beliebtheit erfreut.

▶ Wie kommt es Ihrer Ansicht nach zu diesen unterschiedlichen Auffassungen?

2.3 | Konzepte und Ansätze

Didaktische Konzepte: eine bestimmte didaktische oder oftmals rein methodische Perspektive wird hervorgehoben

Didaktische Konzepte und Ansätze sind von ihrer theoretischen Grundlegung weniger umfangreich als die ausgewiesenen didaktischen Theorien und vom Gesamtentwurf umfassender als didaktische Handlungsregeln. Sie haben allesamt Handlungscharakter und akzentuieren eine bestimmte didaktische oder oftmals rein methodische Perspektive. Auf dieser Reflexionsebene gilt die **„Logik der Konkurrenz"**[48]. Es wird gestritten, wie gute Lehre beschaffen sei und wie Lernprozesse dementsprechend zu gestalten seien.

Zitat 19   **Karl POPPER – Theorie (1972)**

„Immer, wenn dir eine Theorie als die einzig mögliche erscheint, nimm das als Zeichen, dass du weder die Theorie noch das zu lösende Problem verstanden hast."[49]

Fünf didaktische Konzepte (exemplarisch): Montessori-Didaktik, Handlungsorientierter Unterricht, Selbstgesteuertes Lernen, Problembasiertes Lernen und Großgruppenmoderation

Insgesamt gibt es vermutlich **mehrere Hundert didaktische Konzepte,** von denen im Folgenden einige Ansätze exemplarisch umrissen werden (→ Infotafel 21). Bei der Auswahl hat eine Rolle gespielt, dass diese Ansätze einen gewissen Stellenwert für die didaktische Praxis erlangt haben. Gleichzeitig bedienen die vorgestellten Ansätze das didaktische Spektrum von der Grund- bzw. Volksschule bis zur Erwachsenenbildung:

(a) **Montessori-Didaktik** (Kindergarten und Grund- bzw. Volksschule): Die Pädagogik nach Maria MONTESSORI stellt die Individualität der

Kinder in den Mittelpunkt der didaktischen Überlegungen. Sie konzentriert sich auf deren offene oder versteckte Bedürfnisse, Talente und Begabungen. Die professionelle Beobachtung der Kinder ist genauso Voraussetzung für ein individuelles didaktisches Handeln wie die ausgeprägte Empathie der Lehrenden.

Die weitgehende Individualisierung der Lernprozesse mündet in das didaktische Prinzip der **Freiarbeit.** Diese bedarf einer pädagogisch „vorbereiteten Umgebung", in der das „didaktische Material" angeboten wird. Die Kinder können dann entscheiden, mit wem und wie lange sie an welcher Aufgabe arbeiten wollen. Sie werden ermutigt, in ihrem eigenen Rhythmus und in ihrer eigenen Art zu lernen, Lerntempo und Wiederholungen werden von den Kindern selbst bestimmt. Da eine ausgeprägte eigene Motivation der Kinder unterstellt wird, werden Belohnungen und Strafen abgelehnt.

(b) **Handlungsorientierter Unterricht** (Primar- und Sekundarstufe): Denken und Tun sind im handlungsorientierten Unterricht miteinander verbunden, was sich didaktisch als Verbindung von **Kopf- und Handarbeit** äußert. Die Schüler sind an der Gestaltung der Handlungsprozesse und der Fixierung der Handlungsergebnisse, die oftmals „Gebrauchswert" haben, beteiligt. Handlungen müssen von den Lernenden möglichst selbstständig geplant, durchgeführt, überprüft, ggf. korrigiert und schließlich bewertet werden. Gesellschaftliche **Nutzungszusammenhänge** werden dabei erfahrbar gemacht, und die Schüler entwickeln Freude am gemeinsamen Tun. Typische Handlungsprozesse sind:

▶ etwas planen, besprechen, Vorschläge machen, etwas Konkretes herstellen;
▶ etwas bildlich darstellen, ein Rollenspiel entwickeln, Szenen spielen;
▶ Experimente machen, Modelle bauen, Aktionen durchführen;
▶ ein Sportfest durchführen, eine Ausstellung arrangieren, einen Spielnachmittag organisieren.

Typische Handlungsprodukte sind:
▶ Darstellungen: Hörspiel, Planspiel, Theater;
▶ Medien: Zeitungen, Reportagen, Kommentare, Lieder, Gedichte, Fotos, Comics, Fotomontagen, Filme;
▶ Aktionen: Klassenfest, Schulfest, Demonstrationen.

Eine Form des handlungsorientierten Unterrichts ist der **Projekt-unterricht** bzw. das projektorientierte Lernen. Bei einem Projekt handelt es sich um ein zeitlich begrenztes Vorhaben, das es den Lernenden ermöglicht, erfahrungsbezogen und meist fächer-übergreifend an einer konkreten Aufgabe mit festgelegtem Ziel zu arbeiten und dabei ihre Interessen, Fähigkeiten und Wünsche einzubringen.

Zitat 20 **Adolph DIESTERWEG – Selbsttätigkeit (1873)**
▼

„Was der Mensch sich nicht selbstthätig angeeignet hat, hat er gar nicht; wozu er sich selbst nicht gebildet hat, ist gar nicht in, sondern ganz außer ihm." [50]

(c) **Selbstgesteuertes Lernen** (Sekundar- und Tertiärstufe): Selbstge-steuertes Lernen bezeichnet all jene Lernformen, in denen die Ler-nenden ihren Lernprozess weitgehend selbstbestimmt gestalten und verantworten (→ Zitat 20). Sie können prinzipiell auf folgende Aspekte Einfluss nehmen:

▶ Lernziele und Inhalte,
▶ Lernmethoden und Arbeitsschritte,
▶ Organisationsformen, Lernpartner und Zeitbudgets,
▶ Formen des Feedbacks und der Expertenhilfe.

Abhängig von den Lernzielen, dem zeitlichen Rahmen und den jeweiligen Lernvoraussetzungen, stehen den Lernenden **Freiräume** zur Verfügung. Manchmal kann es sinnvoll sein, Lernziele und Inhalte vorzugeben, in anderen Fällen können diese Elemente der Selbststeuerung teilweise oder ganz an die Lernenden übergeben werden. Selbstgesteuerte Lernprozesse sind nicht voraussetzungs-los: Einerseits ist ein Mindestmaß an Selbststeuerungskompetenz der Lernenden erforderlich, andererseits eine Lernberatungskom-petenz der Lehrenden (→ Infotafel 20).

Infotafel 20 **Selbstgesteuertes Lernen (Beispiel)**
▼

Ablauf der Lehrveranstaltung „Personalwirtschaft" mit 50 Studierenden eines wirtschaftlichen Bachelor-Studiengangs an einer Fachhochschule:
▶ Ziel der Veranstaltung: In einer Kleingruppe erstellen die Studierenden eine

Semesterarbeit (Umfang ca. 40 Seiten), z.B. eine Seminararbeit mit Theorie- und Praxisteil.

▶ Überblicksvorlesungen: In den ersten drei Vorlesungen geschieht die Einführung in das Thema. Die Studierenden haben die erste Gelegenheit, die Semesterarbeit in der Arbeitsgruppe abzustimmen.

▶ Pflicht-Beratungstermin: Diskussion und Verabschiedung des Konzepts (Semesterarbeit, Vorgehensweise, Literatur), das die Studierenden in einem schriftlichen Exposé dargelegt haben.

▶ Selbstorganisierte Lernarbeit: Die Studierenden erstellen ihre Semesterarbeit; ein Coaching durch die Lehrenden ist optional.

▶ Feedback zu einem Teil der Semesterarbeit: Ausführliche Rückmeldung der Lehrenden zu einem schriftlichen Teilergebnis per E-Mail.

▶ Markt des Wissens: Abschlusspräsentation in einem großen Hörsaal mit kleinen „Messeständen"; die Studierenden stellen ihre Ergebnisse an Plakatwänden vor und binden die Besucher über Fragen, Aufgaben, Übungen usw. ein.

▶ Bewertung und Notengebung: Abschließendes Feedback zur Semesterarbeit.

(d) **Problembasiertes Lernen** (Sekundar- und Tertiärstufe): Problembasiertes Lernen (auch: Problem Based Learning, kurz: PBL) zeichnet sich dadurch aus, dass die Lernenden in Kleingruppen an einer Problemstellung arbeiten und dabei von einem Coach unterstützt werden. Am Anfang des Lernprozesses steht eine unklare, problematische Situation, die es zu erfassen gilt und für deren Bearbeitung Informationen beschafft und aufbereitet werden müssen. Der Kern des Problembasierten Lernens ist der sogenannte methodische **Siebensprung.** Er besteht aus den Schritten:

▶ Begriffe klären,
▶ Problem bestimmen,
▶ Problem analysieren,
▶ Erklärungen ordnen,
▶ Lernfragen formulieren,
▶ Informationen im Selbststudium beschaffen und
▶ Informationen austauschen.

Eine besondere Herausforderung beim problembasierten Lernen besteht darin, eine angemessene Problemstellung zu finden, die dann zum „Motor des Lernens" werden kann. Eine zweckmäßige

Aufgabe berücksichtigt das Vorwissen und die Motivation der Lernenden genauso wie die zu erreichenden Lernziele und die Art der Problemdarbietung. Darüber hinaus gilt es zu bedenken, ob das Problem einen für das jeweilige Wissensgebiet exemplarischen Sachverhalt beleuchtet und zu dessen Verständnis beiträgt.

(e) **Großgruppenmoderation** (Quartärer Sektor): In der Erwachsenenbildung wird häufig mit der Großgruppenmoderation gearbeitet, bei der es darum geht, Gruppen von 30 bis 200 (oder sogar bis zu 1000) Teilnehmern so zu steuern, dass sie in kurzer Zeit ($\frac{1}{2}$ Tag bis 3 Tage) zu konkreten und nutzbaren Ergebnissen kommen. Der Prozess wird von einem oder mehreren Moderatoren gesteuert.

Es gelten die didaktischen Prinzipien der Selbststeuerung und Lernautonomie, d.h. die beteiligten Personen entscheiden aufgrund ihrer Prioritäten, mit welchen Teilgruppen sie an welchen Fragen bzw. Aufgaben arbeiten. Problemstellungen werden „von unten nach oben" angegangen. Aufgabe der Moderatoren ist es, die für die jeweilige Gruppe relevanten Fragen bzw. Aufgaben zu stellen. Die Prozesse werden so gesteuert, dass unterschiedliche Perspektiven einfließen können. Großgruppenmoderationen haben einen offenen Charakter, d.h. es ist keinesfalls absehbar, welches Ergebnis auf welche Art erzielt wird und wie die Beiträge der einzelnen Personen und Teilgruppen zusammengeführt werden.

Infotafel 21   **Didaktische Ansätze**

▼

Offener Unterricht	entstanden aus Vorarbeiten von MONTESSORI, FREINET, PETERSEN	Unterricht ist ein offener und dynamischer Prozess, bei dem es keine festen Regeln gibt. Typische Elemente sind: Morgenkreis mit Planungsgespräch, Geschichten erzählen, Tages- und Wochenplan, Freiarbeit, Projektarbeit.
Handlungsorientierter Unterricht	AEBLI, GUDJONS	Enge Verbindung von Denken und Tun, Beteiligung der Schüler an der Gestaltung der Handlungsprozesse und -ergebnisse, Ergebnisse haben oftmals „Gebrauchswert".
Erfahrungsbezogener Unterricht	SCHELLER, RUMPF	Teilweise widersprüchliche Erlebnisse, Erfahrungen, Fantasien und Haltungen der Schüler werden aufgegriffen und thematisiert.

Projektunterricht und Projektmethode	DEWEY (Pragmatismus), FREY, Berufsausbildung	Lernprozess wird in Form eines Projekts gestaltet, d.h. mit Projektinitiative, Projektskizze, Plänen, Meetings, Reflexionsphasen, Projektabschluss.
Selbstgesteuertes Lernen	GAUDIG, MONTESSORI, Humanistische Pädagogik	Lernformen, bei denen die Lernenden ihren Lernprozess weitgehend selbstbestimmt gestalten und verantworten.
Problemorientiertes Lernen (PBL, auch: POL)	McMaster University, Hamilton (Kanada)	Systematische Problembearbeitung in Kleingruppen mit Coach: Begriffe klären, Problem bestimmen, Erklärungen ordnen, Lernfragen formulieren, Informationen im Selbststudium beschaffen und austauschen.
Lernen durch Lehren	Jean-Pol MARTIN u.a.	Lernende unterrichten den von ihnen erarbeiteten Stoff selbst, Lehrfunktionen werden sukzessive auf Schüler übertragen.
Leittext-Methode	Betriebliche Praxis, z.B. Daimler-Benz	Der Lernprozess umfasst: Leitfragen bearbeiten, Arbeitspläne erstellen, Fachgespräch mit Ausbilder und Beantwortung der Leitfragen, praktische Aufgabe durchführen, Selbst- und Fremdkontrolle, abschließendes Fachgespräch.
Großgruppen-moderation	Organisations-entwicklung	Steuerung von Großgruppen (ab 30 Teilnehmern) durch Moderatoren, z.B. Zukunftskonferenz, Open Space, World Café
Lernen am Arbeitsplatz (dezentrales Lernen)	Betriebliche Praxis	Lernende lernen mit Praxisbezug, die Arbeit wird so organisiert, dass auftretende Probleme selbstständig oder durch gezielte Hilfen gelöst werden können, z.B. Lerninseln, Werkstattzirkel, Lernfabriken.

Neben den eigentlich didaktischen Ansätzen sind auch **unkonventionelle Lernmethoden** auf dieser Reflexionsebene anzusiedeln: Suggestopädie (Superlearning) und Neurolinguistisches Programmieren (NLP) zählen dazu, ebenso bestimmte Mnemotechniken. Die Erwartungen an diese Ansätze sind häufig – nicht zuletzt aufgrund der Versprechungen – sehr hoch. Entsprechende Wirkungen lassen sich empirisch meist nicht bestätigen. Derartige Empfehlungen werden teilweise auch in der sogenannten **Rezeptliteratur** propagiert.

Aufgabe 8   Konzeptionelle Vielfalt

Es gibt eine Vielfalt an didaktischen Konzepten für die Bereiche Schule und Erwachsenenbildung, die jeweils eine bestimmte Sichtweise und ein bestimmtes Vorgehen favorisieren.

▶ Recherchieren Sie einige didaktische Konzepte und reflektieren Sie die Situation, aus der heraus der jeweilige Ansatz entstanden ist.

▶ Weshalb gibt es vermutlich so viele didaktische Konzepte und Ansätze?

Aufgabe 9   Rollenspektrum der Lehrenden

Lehrende haben die Möglichkeit, die Tätigkeit des Lehrens – und damit ihre Rolle – in unterschiedlicher Weise auszugestalten. So lässt sich das Lehren beispielsweise nach dem Grad der Intervention in das Lerngeschehen oder der Übernahme von Verantwortung differenzieren.

▶ Bilden Sie Merkmale bzw. Kriterien, um die Vielfalt der lehrenden Tätigkeiten zu kategorisieren. Wenden Sie diese Merkmale auf die folgenden Rollenzuschreibungen an: Experte, Wissensvermittler, Dozent, Trainer, Moderator, Prozessbegleiter, Coach, Beobachter.

▶ Welche Rolle nehmen Lehrpersonen in den exemplarisch vorgestellten Ansätzen ein?

2.4 | Handlungsregeln

Didaktische Handlungsregeln: Leitlinien, Prinzipien und Rezepte

Lehr-Lern-Realitäten erweisen sich häufig als mehrdeutig und widersprüchlich. Handlungsregeln geben vor, in welcher Weise das didaktische Handeln in Lehr-Lern-Situationen zu geschehen hat, d.h. sie haben normativen Charakter. Sie werden gleichermaßen zur Planung, Durchführung, Auswertung und Legitimation von Lehre herangezogen. Nach dem **Grad an Allgemeinheit** lassen sich unterscheiden:

▶ **Leitlinien bzw. Orientierungen:** Regeln mit allgemeiner Ausrichtung und hohem Freiheitsgrad, z.B. „Vielfältige Lernaktivitäten anregen".

▶ **Grundsätze bzw. Prinzipien:** Regeln mittleren Allgemeinheitsgrads, z.B. „Vom Leichten zum Schweren", Prinzip der Wissenschaftsorientierung.

▶ **Rezepte:** eher konkrete Regeln mit verbindlichem Charakter, z.B. „Theorieteile frühmorgens, Übungsteile mittags".

Handlungsregeln werden aufgestellt, um die Praxis der Lehre leichter zu bewältigen. Sie sind Ausdruck einer Suche nach einer umfassenden und zugleich handhabbaren didaktischen Theorie. Nicht selten mündet dieses Ansinnen in eine didaktische Prinzipienlehre. Hinsichtlich der **Möglichkeiten und Grenzen** didaktischer Handlungsregeln gilt, dass sie

▶ historisch entstanden und demzufolge auch dem **historischen Wandel** unterworfen sind;

▶ sich hinsichtlich des **Grades an Allgemeinheit** unterscheiden;

▶ mit den **Mitteln der Übertreibung** arbeiten und demzufolge herausfordernd angelegt sind;

▶ sich nicht in ein geschlossenes System fügen lassen und verschiedene Prinzipien durchaus zueinander **im Widerspruch stehen können;**

▶ **keine letzten Gründe** für didaktische Entscheidungen bezeichnen.

Kennzeichen didaktischer Handlungsregeln: arbeiten mit Mitteln der Übertreibung; können zueinander im Widerspruch stehen; sind dem historischen Wandel unterworfen

Orientierungen des Lehrens hat Adi WINTELER für die Hochschuldidaktik beschrieben.[51] Die jeweilige Konzeption des Lehrens lässt sich grob danach charakterisieren, ob sie eher als „auf die Lehrperson zentrierter Informationstransfer" oder als „auf die Lernenden zentrierte Erleichterung des Lernens" verstanden wird. Die verschiedenen Lehrkonzeptionen bilden insgesamt ein Kontinuum, das sich auch durch Haltungen beschreiben lässt: Von „Habe ich auch allen Stoff gebracht?" bis hin zu „Welche Lernaktivität kann ich anregen?" und „Wie ermögliche ich Selbstlernen?" Diese Orientierungen können beschreibend verwendet werden, doch macht der Autor deutlich, dass er eine Entwicklung der Lehrenden befürwortet, die sich vom Fokus „Lehre" zum Fokus „Lernen" bewegt (→ Infotafel 22).

Prinzipien beschreiben Regeln mittleren Allgemeinheitsgrads, die sich in den einzelnen Bildungsbereichen zum Teil deutlich unterscheiden. Klassische Prinzipien aus der Schuldidaktik (→ Infotafel 23) akzentuieren vor allem das Lernen der Schüler in den einzelnen Lernphasen. Beispielsweise wird die Darbietung von Informationen durch die Prinzipien der Strukturierung und Veranschaulichung gestützt. In der Erwachsenenbildung zeigt das Beispiel von Rolf ARNOLD (→ Infotafel 24), wie die Besonderheiten des Lernens Erwachsener in die didaktischen Kriterien einfließen. Beispielsweise wird für ein Anknüpfen an die Lebenssituation und die Berufserfahrungen geworben.

Infotafel 22   **Orientierungen des Lehrens**

Fokus: LEHRE

Wissensvermittlung

„Habe ich
auch allen Stoff
gebracht?"

Vermittlung
strukturierten
Wissens

„Ist der Stoff
gut aufbereitet?"

Ermöglichung
aktiven
Lernens

„Welche Lernaktivität kann
ich anregen?"

Veränderung
Wissensstrukturen

„Wie ermögliche
ich Selbstlernen?"

Fokus: LERNEN

Infotafel 23   **Didaktische Prinzipien für die Schule**

▶ Prinzip der Motivierung
▶ Prinzip der Veranschaulichung
▶ Prinzip der Strukturierung
▶ Prinzip der Differenzierung
▶ Prinzip der Aktivierung
▶ Prinzip der Erfolgssicherung
▶ Prinzip der Schülerorientierung

Infotafel 24   **Didaktische Prinzipien in der Erwachsenenbildung**

Rolf ARNOLD hat ein „10-aus-5-Raster zum erwachsenengemäßen Lernen" entwickelt:

Aspekt	Kriterium
Didaktische Selbstwahl	▶ Lernziele, -inhalte und -themen können mitbestimmt werden. ▶ Eigene Lernprojekte können eingebracht und weiterbearbeitet werden.
Didaktische Selbstorganisation	▶ Lernorganisation ist zeit- und methodenflexibel, lässt mehrere Lernwege offen. ▶ Es werden gezielt Lerner-, Aktivitäts- und Selbsterschließungsmethoden eingesetzt.

Kommunikatives und erfahrungsoffenes Lernen	▶ Es wird möglichst gezielt an Lebenssituationen oder Berufserfahrungen angeknüpft. ▶ Die soziale und kommunikative Ebene des Lernprozesses wird absichtsvoll gefördert.
Fachlich-inhaltliche Begründung	▶ Inhaltsauswahl ist curricular, didaktisch bzw. bildungs-theoretisch begründet. ▶ Angebotene Lerninhalte werden „fassbar" reduziert.
Außerfachliche Begründung	▶ Angebotene Inhalte können selbstständig erschlossen werden (Aktivitätsthese). ▶ Handlungsbezogene Problemstellungen sind explizit Thema. [52]

Gütekriterien zur Einschätzung didaktischer Prinzipien   Infotafel 25

▶ Aussagebereich: Welcher didaktische Bereich (z.B. Inhalte, Methoden, Medien) wird von dem Prinzip erfasst?

▶ Trennschärfe: Unterscheidet sich das Prinzip deutlich von anderen didaktischen Prinzipien?

▶ Empirische Belege: Wie groß ist der Umfang dokumentierter Unterrichtspraxis, auf die sich dieses Prinzip stützt?

▶ Historische Gültigkeit: Welche Geschichte hat das betreffende didaktische Prinzip?

▶ Normative Basis: Welchen sozialen Normen, ethischen Maximen oder religiösen Werten entspricht das didaktische Prinzip?

▶ Fachliche Bedeutsamkeit: Gilt das didaktische Prinzip ganz allgemein oder nur für ein spezielles Fachgebiet? [53]

Gütekriterien und didaktische Prinzipien   Aufgabe 10

Karl-Heinz FLECHSIG hat verschiedene Gütekriterien zur Einschätzung didaktischer Prinzipien formuliert (→ Infotafel 25).

▶ Wenden Sie diese Gütekriterien auf ein didaktisches Prinzip an.

2.5   Alltagstheorien von Lehrenden und Lernenden

Verinnerlichte Lehrstile und Berufsroutinen haben ihre Grundlage im meist impliziten Erfahrungswissen von Lehrenden. Subjektiv-theoretische Wissensbestände, Zusammenhangsannahmen oder Überzeugungen sind in Form von Alltagstheorien abgebildet. Diese Annahmegefüge haben handlungsleitenden Charakter und reduzieren die Handlungsunsicherheit über eine erfahrungsgeleitete Orientierung.

Alltagstheorien: biografisch geprägt, pragmatisch orientiert, schwer veränderbar

Alltagstheorien entstehen durch die **Verarbeitung persönlicher Erfahrungen** und sind in hohem Maße biografisch geprägt. Mithilfe von Erklärungs- oder Prognosemustern werden neue Situationen gedeutet. Damit die bewährten Erklärungen weitergelten können, werden die Situationen gleichsam mit dem Stempel „bekannt" versehen. Wenn das Problem bekannt ist, dann sind auch die Lösungen vertraut. Der **Konservatismus** der Alltagstheorien bedingt häufig konservative Handlungsstrategien.[54]

Alltagstheorien unterscheiden sich von wissenschaftlichen Theorien hinsichtlich ihrer Distanz zur Lehr-Lern-Situation, ihrer pragmatischen Orientierung und ihres Trägers. Sie sind durch die Notwendigkeit geprägt, sich in der Lebenswelt zu orientieren und adäquat zu handeln. Die **Pragmatik** prägt den Umgang mit einer subjektiven Theorie: Es besteht die Tendenz, sie quasi „konstant" zu halten, um die vordergründige Funktionalität nicht einzuschränken. Unstimmigkeitserfahrungen werden häufig verdrängt, anstatt ein als inadäquat erkanntes Deutungsmuster zu erweitern oder zu differenzieren.

Erfassung von Erfahrungswissen: kognitive Karten (z.B. Wirkungsdiagramm), Rekonstruktionen von Elementen sozialer Systeme

Ausgangspunkt der Überlegungen ist immer die Frage: Was geht Lehrenden „durch den Kopf", wenn sie bestimmte Interventionen durchführen? Dabei lässt sich das Erfahrungswissen in unterschiedlicher Weise erfassen und abbilden. Im ersten Beispiel ist eine kognitive Karte in Form eines einfachen **Wirkungsdiagramms** abgebildet (→ Infotafel 26). In diesem Fall werden unterrichtliche Einflussfaktoren und ihre Wirkungen aufeinander bezeichnet.[55]

Subjektive Theorie als Wirkungsdiagramm (Beispiel)   **Infotafel 26**

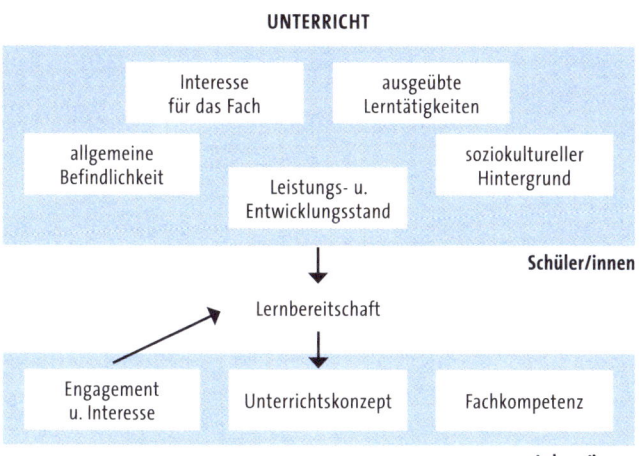

Eine andere Form der mentalen Repräsentation nutzt systemtheoretische Überlegungen. **Elemente eines sozialen Systems,** hier: eines Lehr-Lern-Systems, sind die in diesem System handelnden Personen. Jede dieser Personen deutet Wirklichkeit in subjektiver Weise, und ihr Verhalten ist von sozialen Regeln bestimmt. Aus subjektiven Deutungen und Regeln ergeben sich in sozialen Systemen bestimmte Interaktionsstrukturen. Elemente didaktischer Alltagstheorien von Lehrpersonen sind in diesem Fall subjektive Konstrukte, subjektive Erklärungshypothesen oder subjektive Strategien, die sich über Leitfaden-Interviews rekonstruieren lassen (→ Infotafel 27).

Subjektive Theorie   **Definition 3**

Subjektive Theorien sind Kognitionen der Selbst- und Weltsicht, als komplexes Aggregat mit (zumindest impliziter) Argumentationsstruktur, das auch die zu objektiven (wissenschaftlichen) Theorien parallelen Funktionen der Erklärung, Prognose und Technologie erfüllt.[56]

In Anlehnung an Eckard KÖNIG & Peter ZEDLER lassen sich Elemente subjektiver didaktischer Theorien rekonstruieren. Zentrale Elemente sind:

▶ Subjektive Konstrukte: relevante Begriffe, z.B. „*Was bedeutet ‚interveniert unangemessen'?"*

▶ Subjektive Diagnosehypothesen (subjektive Daten): Beschreibungen und Deutungen von Situationen auf der Basis der jeweiligen Konstrukte, z.B. „*Der Student Mozart ist überfordert."*

▶ Subjektive Ziele: persönlich wichtige Ziele, z.B. „*Meine Studierenden sollen sich wohlfühlen."*

▶ Subjektive Erklärungshypothesen: Annahmen über Ursachen für eine bestimmte Situation, z.B. „*Weil die Kollegin aus dem anderen Fachbereich ihre eigenen Interessen verfolgt, muss ich auch noch deren Stoff vermitteln."*

▶ Subjektive Strategien: Annahmen über geeignete Mittel zur Erreichung von Zielen, z.B. „*Ein gewisser ‚Druck' mit Teilprüfungen usw. ist ganz gut ...*" [57]

Aspekte von Alltagstheorien der Lernenden: hilfreiche Lernhandlungen, Merkmale einer „guten" Lehrperson

Die Alltagstheorien von Lehrenden treffen im didaktischen Feld auf die **Alltagstheorien von Lernenden.** Aufgrund von persönlichen Erfahrungen, Peer-Group-Meinungen und Versatzstücken aus Theorien und Modellen entstehen Vorstellungen davon, wie Lernen geschieht und wie demzufolge Lehren zu geschehen hat. Didaktische Alltagstheorien von Lernenden rekonstruieren beispielsweise,

▶ auf welche Weise Wissen erworben wird und wie sich Können entwickeln kann;

▶ welche Lernhandlungen als besonders hilfreich wahrgenommen werden, z.B. welche Rolle Zuhören und Verstehen dabei spielen und ob die Formel „verstanden = gelernt" gilt;

▶ welche Lernstrategien erfolgreich sind – dies auch in der Auseinandersetzung mit vorgegebenen didaktischen Settings;

▶ welche Merkmale einen guten Lehrer oder eine gute Erwachsenenbildnerin auszeichnen.

Neben den didaktischen Alltagstheorien bringen Lernende auch subjektive fachliche Konzepte in die Lehr-Lern-Situation ein. Dies sind Vorstellungen, die Lernende vor dem Lernprozess zu einem Phänomen besitzen. Diese Alltagstheorien gilt es zu berücksichtigen, d.h. daran anzuschließen oder diese zu konfrontieren.

Rekonstruktionen didaktischer Alltagstheorien	Aufgabe 11

Didaktische Alltagstheorien lassen sich auf unterschiedliche Weise erheben und darstellen, von denen hier zwei genannt sind:

▶ Kognitive Karte bzw. Wirkungsdiagramm: Ermitteln Sie zu einem Sachverhalt die von Ihnen als bedeutsam erachteten Einflussfaktoren und deren Wirkung aufeinander. Stellen Sie das Ergebnis grafisch dar.

▶ Elemente subjektiver Theorien: Rekonstruieren Sie diese Elemente bei einer Lehrperson. Formulieren Sie Interview-Leitfragen zu einer didaktischen Problemstellung und führen Sie das Interview durch.

Literatur: Reflexionsebenen

Jank, Werner & Meyer, Hilbert: Didaktische Modelle, 7. Aufl. Berlin 2005

Krapp, Andreas & Weidenmann, Bernd (Hrsg.): Pädagogische Psychologie, 4., vollst. überarb. Aufl. Weinheim 2001

Nickolaus, Reinhold: Didaktik – Modelle und Konzepte beruflicher Bildung, 2. Aufl. Hohengehren 2007

Pfäffli, Brigitta: Lehren an Hochschulen – Eine Hochschuldidaktik für den Aufbau von Wissen und Kompetenzen, Bern u.a. 2006

Schnotz, Wolfgang: Pädagogische Psychologie – Workbook, Weinheim 2006

Tulodziecki, Gerhard, Herzig, Bardo & Blömeke, Sigrid: Gestaltung von Unterricht – Eine Einführung in die Didaktik, Bad Heilbrunn 2004, S. 122–140

Winteler, Adi: Professionell lehren und lernen – Ein Praxisbuch, Darmstadt 2004

3 | Professionalisierung

Inhalt

Professionalisierung (3.1) wird als Entwicklungsziel für die lehrenden Berufe beschrieben. Dabei werden Unbestimmtheit und Widersprüchlichkeit als besondere Herausforderungen im didaktischen Handlungsfeld hervorgehoben. Zur didaktischen Professionalisierung gehören didaktische Kompetenzen (3.2), die auf Vorstellungen von gelingender Lehre und der Rolle der Lehrperson aufsetzen. Die Entwicklung von didaktischen Kompetenzen (3.3) ist auf entsprechende handlungssteuernde Strukturen verwiesen. Diese sind in der Regel stark „verdichtet" und einer direkten Modifikation schwer zugänglich.

3.1 | Professionalisierung als Konzept

Merkmale professionalisierter Berufe: spezialisiertes Berufswissen, standardisierte Ausbildung, berufliche Interessenvertretung, ausgeprägtes Ethos

Didaktik ist eine **Berufswissenschaft** für Lehrpersonen in hauptberuflicher Tätigkeit. Sie hat die gesellschaftliche Aufgabe, zur Professionalisierung der **lehrenden Berufe** beizutragen. Ein Beruf gilt dann als professionalisiert, wenn er den folgenden Kriterien weitgehend entspricht:

▶ **Expertise:** Spezialisierung des Berufswissens bis hin zum Status des Experten, wissenschaftliche Anbindung und Akademisierung;

▶ **Qualifizierung:** standardisierte Aus- und Fortbildungswege;

▶ **Rekrutierung:** Zugang zu beruflicher Tätigkeit ist an spezielle Voraussetzungen geknüpft, die die Bewerberkreise einschränken und ein Mindestmaß an Homogenität sichern;
▶ **Beruf:** Interessenvertretung über Berufsverbände, evtl. geschützte Berufsbezeichnung;
▶ **Selbstverständnis:** professionalisierungstypisches Ethos;
▶ **gesellschaftliche Anerkennung:** vermittelt über spezifische Einkommens- und Aufstiegschancen, Positionen und Titel.

Berufe nach dem Grad ihrer Professionalisierung   Infotafel 28
▼

Berufe lassen sich danach unterscheiden, wie weit sie in ihrer Professionalisierung vorangeschritten sind:
▶ vollständig oder weitgehend professionalisiert: Arzt, Apotheker, Rechtsanwalt, Ingenieur, Lehrer;
▶ Semi-Profession, d.h. in Teilen professionalisiert: Sozialarbeiter, Pfleger, Berater, Erwachsenenbildner.

Die jeweilige Zuordnung ist nicht in allen Fällen unstrittig. Beispiel 1: Ob beispielsweise Erwachsenenbildung noch als Semi-Profession angesehen wird, hängt auch davon ab, wie das Aufkommen einschlägiger Studiengänge bewertet wird. Beispiel 2: Beim Beruf der Sozialarbeit gibt es derzeit einen Diskurs, ob eine eigenständige Sozialarbeitswissenschaft existiert oder nicht.

Professionalisierung ist zunächst eine berufssoziologische Kategorie, die sich auf die Anerkennung eines Berufs bezieht und primär die Beherrschung und Anwendung berufsspezifischer, wissenschaftlich begründeter Kenntnisse und Fähigkeiten meint. So entsteht für die jeweilige Profession ein qualitätsorientiertes **Profil** ihrer Dienstleistung. Das gilt für Lehrer, aber auch für Berufsfelder, deren Bezeichnung gesetzlich ungeschützt ist, wie etwa für „Trainer" oder „Erwachsenenbildner" (→ Infotafel 28). Der verstärkte Profilierungsdruck in diesen Professionen führt dazu, dass sie bemüht sind, über gesellschaftliche Institutionen wie etwa Bildungsakademien, Kammern oder Universitäten eine hohe Qualität ihrer Dienstleistung auszubilden und über Qualitätsstandards zu sichern.

Zitat 21   **Karl-Oswald BAUER – Professionalität (1998)**
▼

„Pädagogisch professionell handelt eine Person, die gezielt ein berufliches Selbst aufbaut, das sich an berufstypischen Werten orientiert, die sich eines umfassenden pädagogischen Handlungsrepertoires zur Bewältigung von Arbeitsaufgaben sicher ist, die sich mit sich und anderen Angehörigen der Berufsgruppe Pädagogen in einer nicht-alltäglichen Berufssprache zu verständigen in der Lage ist, ihre Handlungen unter Bezug auf eine Berufswissenschaft begründen kann und persönlich die Verantwortung für Handlungsfolgen in ihrem Einflussbereich übernimmt."[58]

Professionalisierungs-
defizit: Aufgaben von
Lehrpersonen sind in
besonderem Maße durch
Unbestimmtheit und
Widersprüchlichkeit
gekennzeichnet und
einer Professionali-
sierung nur schwer
zugänglich

Das professionelle Handeln von Lehrpersonen unterscheidet sich von dem anderer Berufsgruppen wie z.B. Ärzten oder Rechtsanwälten. Die Struktur der pädagogischen Aufgabe ist in besonderem Maße durch **Unbestimmtheit und Widersprüchlichkeit** geprägt, das berufliche Handlungsfeld zeichnet sich durch wenig vorhersehbare Situationen und teilweise widersprüchliche Anforderungen aus. Hierin liegt auch der Kern jener Defizitdiagnosen, die seit Jahrzehnten ein **Professionalisierungsdefizit** bei den lehrenden Berufen ausmachen. Von „Semi-Professionalisierung" ist dann die Rede, aber auch davon, dass die Pädagogik zwar „professionalisierungsbedürftig, aber auch professionalisierungsfähig" sei.

Zitat 22   **Hartmut VON HENTIG – Pädagogische Professionalität (2007)**
▼

„Ich verlange nicht, dass alle 700000 Lehrer Deutschlands kleine Pestalozzis sind. Aber dass nach all den pädagogischen und didaktischen Anstrengungen des 20. Jahrhunderts bei uns an den Schulen immer noch so viel Langeweile herrscht, ist ein Skandal."[59]

Didaktische Professio-
nalisierung: Wissen um
die Komplexität des
Geschehens und die Illu-
sion der „Machbarkeit",
professionelle Hand-
lungsschemata

Didaktik kann zu einer – im engeren Sinne – **didaktischen Professionalisierung** beitragen, indem sie Elemente des Berufswissens für Lehrpersonen bereitstellt und Möglichkeiten des didaktischen Kompetenzerwerbs reflektiert und verfügbar macht. Zur Natur der didaktischen Aufgabe gehört, dass es keine „deterministische Technologie" und keinen Algorithmus für den Umgang mit Lehr-Lern-Situationen gibt, dass aber sehr wohl „professionelle Schemata" verfügbar sind, um den Herausforderungen der Praxis zu entsprechen. Professionals wissen um die Komplexität des Geschehens und sind gegen einfache Erklärungsmuster immunisiert. Sie lösen sich von der Illusion der „Machbarkeit", im Besonderen von der Vorstellung, dass alles was gelehrt, auch angeeignet wird.

Heinz-Elmar TENORTH – Professionelle Schemata (2006)   **Zitat 23**

So „lautet mein Vorschlag, damit der Bruch mit der Wissensanalogie radikal wird – nicht mehr von Wissen, auch nicht vom ‚impliziten Wissen', sondern von ‚professionellen Schemata' zu sprechen und die Organisation der Praxis, d.h. die Bewältigung und das Gelingen des professionellen Alltags als das Lernen, Konstruieren und Prozedieren von Schemata zu sehen. Damit sind neben Wissens- und Erfahrungsbeständen oder normativen Orientierungen auch operative Routinen eingeschlossen, damit ist auch die – erwünschte – Assoziation einbegriffen, dass die Handhabung der Schemata nicht Reflexivität zu jedem Moment unterstellt, dass manches wirklich ‚schematisch' geht, vor allem aber ist gesagt, dass es Koordinations- und Entscheidungsprobleme gibt, die nicht vom Wissen und Erkennen (gar vom Forschen und seiner Logik, wie beim Wissenschaftler) bestimmt sind, sondern vom Handeln und seinen Zwängen. Diese Probleme werden dann gelöst im Lichte von Erfahrung und mithilfe von Schemata, die sich bewährt haben, wenngleich man diese als ‚Notbehelf' oder im Lichte einer Theorie (...) als ‚Rezept' kritisieren mag." [60]

Die **Wirkungen beruflicher Verhaltensweisen** von Lehrpersonen sind einer empirischen Prüfung zugänglich. Für Lehrende an Schulen wurde beispielsweise erhoben:

▶ **Identifikation:** Wer sich stark mit Fach und Beruf identifiziert, nimmt seine Berufsarbeit eher als sinnvoll wahr und erträgt belastende Anteile der Berufsarbeit besser.

▶ **Aktive Arbeitsgestaltung:** Wer widrige Arbeitsbedingungen nicht passiv hinnimmt, sondern sich aktiv um die Gestaltung seines Arbeitsumfeldes bemüht, fördert sein gesundheitliches Befinden.

▶ **Berufsethos:** Wer allen Widrigkeiten zum Trotz eine grundsätzliche pädagogische Solidarität mit den anvertrauten Schülern übt, fördert sein berufliches Wohlbefinden.[61]

Die Professionalisierung der lehrenden Berufe geschieht kontext- bzw. systembezogen. In einem Bildungssystem ist sie eines von mehreren Qualitätselementen (→ Infotafel 29). Professionelles Handeln

Professionalisierung der lehrenden Berufe: ein Qualitätselement in Bildungssystemen

ist beispielsweise auf die Qualität der Bildungskonzepte und das reibungslose Funktionieren der bildenden Organisation verwiesen. Aber auch das Engagement und die Vorkenntnisse der Lernenden spielen eine Rolle, ebenso die Form und gesellschaftliche Akzeptanz von Abschlüssen. Didaktische Professionalisierung ist somit auf ein professionelles Bildungssystem angewiesen, gleichsam trägt sie zur **Qualität** desselben maßgeblich bei.

Infotafel 29 | **Qualitätselemente für die berufliche Bildung**
▼

Input-Qualität	Throughput-Qualität	Output-Qualität
▶ Pädagogisch fundiertes Bildungskonzept	▶ professionelle Didaktik	▶ anerkannte Abschlüsse
▶ teilnehmerorientierte Curricula	▶ teilnehmer- und erfahrungsorientierte Lernprozesse	▶ erworbene Fachkompetenz
▶ fachlich u. didaktisch kompetente Lehrende	▶ Reflexion der Lernprozesse	▶ erworbene Schlüsselqualifikationen, z.B. Selbständigkeit, Leistungsbereitschaft
▶ lernförderliche Räume	▶ professionelle Organisation	

Zitat 24 | **Ewald TERHART – Berufliches Weiterlernen (2008)**
▼

„Lehrer sind nicht nur Experten für das Lernen der Schüler (...), sie werden in wachsendem Maße auch Experten für ihr eigenes berufliches Weiterlernen in gezielter Fortbildung werden müssen."[62]

3.2 | Didaktische Kompetenzen

Didaktische Kompetenzen: basieren auf bestimmten Annahmen, z.B. Vorstellungen von „guter Lehre" und der Rolle der Lehrperson

Professionalisierung drückt sich auch in der **Kriterienorientiertheit** didaktischen Handelns aus. Als Kriterien gelten häufig bestimmte Kompetenzen, um das Handeln unterscheidbar zu machen. **Professionals** verfügen über diese Kompetenzen, Laien und Angehörige anderer Professionen nur eingeschränkt. Didaktische Kompetenzen sind weitgehend einer empirischen Überprüfung zugänglich und können systematisch gefördert werden. Damit sind sie eine Voraussetzung für wirksame Berufsausübung. Allerdings sind

Kompetenzen nicht voraussetzungslose Setzungen, sondern sie basieren auf unterschiedlichen Annahmen. Einige Beispiele:

▶ **Vorstellungen von „guter Lehre":** In der Regel sind die festgestellten Lernleistungen ein zentraler Maßstab, darüber hinaus ist zu fixieren, ob auch die Verständlichkeit beim Erklären, das Erzeugen eines angenehmen Sozialklimas oder die geschickte Förderung der Lernenden zu den möglichen Merkmalen „guter Lehre" zählen.

▶ **Vorstellungen von der Rolle der Lehrpersonen:** Das Aufgabenbündel der Lehrenden ist zu bestimmen, d.h. es ist zu klären, ob die Lehrpersonen primär Wissen vermitteln, Lernprozesse anleiten und begleiten, Lernende coachen oder den Austausch von Erfahrungen moderieren.

▶ **Orientierungen des Lehrens:** Hier sind Entscheidungen im Spannungsfeld zwischen dozentenzentrierter Informationsvermittlung und teilnehmerorientierter Unterstützung des Lernens zu fällen, die lernpsychologisch den Paradigmen der Instruktion und der Konstruktion entsprechen.

Didaktische Kompetenzen in der Schule   **Infotafel 30**

Wolfgang HALLET macht die folgenden Kompetenzbereiche aus:

▶ Fachliche Kompetenz: fachliches Wissen und fachliche Methoden auf dem jeweils neuesten Stand der fachlichen Diskussion;

▶ fachdidaktische Kompetenz: fachliche Inhalte so auswählen und zuschneiden, dass sie aktive Lernprozesse anhand zentraler Inhalte ermöglichen;

▶ diagnostische Kompetenz: Ermittlung von individuell unterschiedlichen Lernständen und Voraussetzungen in einer Lerngruppe, zusätzlich Diagnose von Fähigkeiten und Kompetenzen der Lernenden;

▶ Beherrschung von Lehr-Lern-Formen: „methodische Großformen", d.h. von Unterricht über Projektlernen bis zu Blended Learning;

▶ methodische Kompetenz: Inszenierungsformen bzw. „methodische Kleinformen"; Formen der Organisation von Lehr-Lern-Prozessen innerhalb einer methodischen Großform;

▶ Beurteilungs- und Evaluationskompetenz: Formen und Funktionen der Leistungsbeurteilung, Rückmeldungen für Lernende und Lehrende, Entwicklung einer Evaluationskultur, Fremd- und Selbstevaluation der Lehre;

▶ erzieherische Kompetenz: Rolle der Lehrperson nicht nur als Wissensvermittler, sondern auch als Erzieher, Ratgeber, Wertevermittler;

▶ personale und soziale Kompetenzen: Kontaktpflege mit Lernenden, Eltern, Kollegium; Herstellung eines konstruktiven Arbeitsklimas;

▶ Planungs- und Managementkompetenz: Management von Ressourcen, zeitlichen Abläufen und materiellen bzw. medialen Voraussetzungen;

▶ Entwicklungskompetenz: Schulentwicklung betreiben, Schule als ‚lernende Organisation‘, Rahmenbedingungen entwickeln;

▶ kommunikative Kompetenzen: von Unterrichtskommunikation über Partnerschaftsprojekte bis hin zu fachlichen und gesellschaftlichen Diskursen.[63]

Abstraktionsgrad der Kompetenzen: hohe Abstraktionsgrade führen zu überschaubaren Kompetenzprofilen, geringe Abstraktionsgrade fokussieren konkretes Handeln

Die Begriffe Kompetenzen und Standards werden häufig parallel verwendet. **Kompetenzen** bezeichnen berufsbezogene Fähigkeiten einer Person, **Standards** dienen als Maßstäbe für den Ausprägungsgrad dieser Kompetenzen bei einzelnen Personen, z.B. geringe Ausprägung – im Regelfall zu erwartende Ausprägung – hohe Ausprägung. In der Praxis werden die beiden Begriffe miteinander verwoben, häufig sind Standards nichts anderes als Teilkompetenzen. Kompetenzen und Standards lassen sich hinsichtlich ihres **Abstraktionsgrads** unterscheiden, wie das folgende Beispiel zum Thema Reduktion zeigt:

▶ hoher Abstraktionsgrad: bei der Vorbereitung und Durchführung von Lehr-Lern-Prozessen eine zielgruppenspezifische Reduktion der Lerninhalte vornehmen,

▶ mittlerer Abstraktionsgrad: bei in sich geschlossenen Themenbereichen Strukturen mithilfe des Instruments Fachlandkarte aufzeigen,

▶ geringer Abstraktionsgrad: für jede halbtägige Seminareinheit einen zentralen Merksatz formulieren.

Die Wahl der Kompetenzebene bei der Beschreibung von Lehrprofilen hat unterschiedliche Wirkungen: Kompetenzprofile auf einer hohen Ebene (z.B. „Planen und Gestalten von Unterricht") wirken unter Umständen wenig konkret und teilweise sogar etwas beliebig. Das gesamte Kompetenzprofil ist dafür überschaubar. Kompetenzprofile auf einer eher niedrigen Ebene (z.B. „Kompetenz zum Abschluss eines Gesprächs, d.h. ein Gespräch zu einem gewählten Zeitpunkt so abzuschließen, dass die aufgebauten Aspekte zusammengefasst, ‚auf den Punkt gebracht' und so für weitere Gespräche greifbar gehalten werden") geben konkrete Vorgaben, sind dafür aber möglicherweise so umfangreich, dass die Gesamtaufgabe aus dem Blick gerät.

Didaktische Kompetenzen in der Erwachsenenbildung Infotafel 31

▼

Für Horst SIEBERT ist didaktische Kompetenz in der Erwachsenenbildung:

▶ eine didaktische berufsethische Haltung, d.h. ein Interesse für die Teilnehmer/innen, ein Engagement für das Thema und die ‚Idee' der Aufklärung, aktive Toleranz für Andersdenkende und eigene Weiterbildungsbereitschaft.

▶ ein didaktisches Problembewusstsein, d.h. die Wahrnehmung von Lernschwierigkeiten und der eigenen Anteile daran, die Sensibilität für biografisch und soziokulturell bedingte Lerndifferenzen und für die Verwendungssituation der Lerninhalte.

▶ ein didaktisches empirisches Wissen, d.h. die Kenntnis wichtiger Forschungsergebnisse über Lehren und Lernen, Sozialisation und Motivation Erwachsener sowie über Wirksamkeit und Grenzen der Erwachsenenbildung, aber auch über neue Entwicklungen und Forschungsergebnisse in dem eigenen Fachgebiet.

▶ ein didaktisches Know-how, d.h. die Beherrschung von Techniken und Methoden der Lerndiagnostik, der Lernhilfen und der Evaluation, der didaktischen Reduktion und Rekonstruktion." [64]

Vergleich Kompetenzmodelle Aufgabe 12

▼

Die vorgestellten didaktischen Kompetenzen für die Bereiche Schule (Wolfgang HALLET) und Erwachsenenbildung (Horst SIEBERT) unterscheiden sich (→ Infotafel 30, Infotafel 31) inhaltlich und formal. Untersuchen Sie bei beiden Modellen:

▶ Vorstellungen von „guter Lehre", von der Rolle der Lehrpersonen sowie Orientierungen des Lehrens: Welche Aufgaben haben Lehrende in den beiden didaktischen Feldern mit welchen Kompetenzen zu erfüllen? Welche (Teil-) Kompetenzen sind dazu erforderlich?

▶ Kompetenzebene und Differenzierungsgrad: Vergleichen Sie bei beiden Ansätzen, wie konkret und praktisch umsetzbar die Vorgaben erfolgen!

3.3 | # Kompetenzentwicklung

Handlungswissen von
Lehrpersonen: hochgra-
dig individualisiert und
stark verdichtet

Professionelles didaktisches Handeln, das eine entsprechende didaktische Expertise mit einschließt, ist auf eine bestimmte Organisation des Interpretations- und **Handlungswissens** von Lehrenden angewiesen. Die folgenden Merkmale sind empirisch gestützt:

▶ Wissen ist hochgradig **individualisiert:** Selbst bei gleichen Lehrplänen zeigen sich große Unterschiede des didaktischen Zugangs bei unterschiedlichen, aber gleichermaßen erfolgreichen Lehrenden. Dies ist ein Hinweis auf ausgeprägt individuelle Wissensstrukturen bei professionellen Lehrkräften.[65]

▶ Wissen ist hochgradig **verdichtet:** Experten nutzen hochgradig verdichtetes Situations- und Handlungswissen. So lassen sich große Informationsmengen verarbeiten, ohne den Arbeitsspeicher zu überfrachten.[66]

Infotafel 32   **„Verzahnung" von Situation und Handlung**

Situation: Einige Schüler „schwatzen" bzw. „tratschen" im Unterricht

Wahrnehmung einer Situation

Wahl einer Handlung

Handlung: Lehrperson unterbricht Erklärung und blickt Schüler an.

Handlungssteuernde
Strukturen: Situations-
und Handlungsauffas-
sungen sind eng mitein-
ander verbunden

Einen besonderen Stellenwert bei der Ausbildung didaktischer Kompetenz haben handlungssteuernde Strukturen. Experten verfügen über spezifische Situations- und Handlungsauffassungen, die eng miteinander „verzahnt" sind. Die enge **„Verzahnung" von Situation und Handlung** (→ Infotafel 32) geht darauf zurück, dass Handlungswissen so „verdichtet" ist, dass ein erfolgreiches Handeln in Bruchteilen von Sekunden möglich wird. Das vielfältige Wissen zu einer bestimmten Situation wird „en bloc" abgerufen, und die situationsbezogenen Informationen werden so untereinander verknüpft, dass sie letztendlich zu einer einzigen Informationseinheit verschmelzen.[67]

Weingartner Appraisal Legetechnik (WAL, Beispiel)[68]   **Infotafel 33**

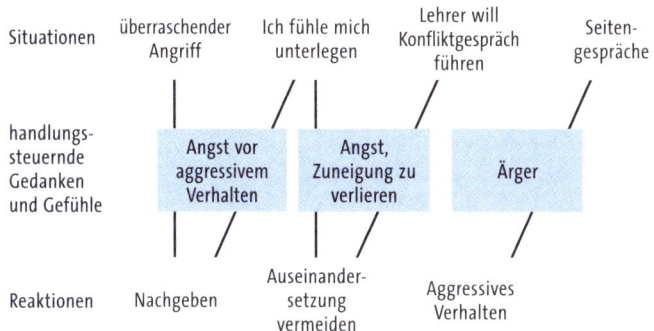

Wie Situationen und Handlungen miteinander „verzahnt" sind, lässt sich mithilfe der sogenannten **Weingartner Appraisal Legetechnik** (WAL; engl. appraisal = Abschätzung, Taxierung) nachvollziehen. Der Kerngedanke besteht darin, die Wahrnehmung bestimmter Situationen (= Situationsauffassung) mit möglichen Handlungen (= Handlungsauffassung bzw. Aktionsplanung) in Verbindung zu bringen (→ Infotafel 33). Der Ablauf gestaltet sich wie folgt:

▶ Situationen sammeln,
▶ Situationen berichten,
▶ Ordnen der Kärtchen und Oberbegriffe bilden,
▶ eine Struktur legen,
▶ handlungssteuernde Gedanken und Gefühle hinzufügen,
▶ Veränderungsziele festlegen

Diese „Verzahnung" von Situationen und Handlungen ist Teil eines Prozesses, der sich als **Expertiseerwerb** in drei Stufen vollzieht:

▶ Problemlösen als **Suche in umfangreichem Lehrbuchwissen:** In diesem Stadium erwirbt die zukünftige Lehrperson ein umfangreiches faktisches Wissen. Beispielsweise erlangen Lehramtsstudierende die Fähigkeit, Teilnehmervoraussetzungen umfassend zu analy-

Expertiseerwerb in drei Phasen: von Faktenwissen über prototypische Situationen hin zu spezifischen Fällen

sieren und methodische Alternativen zu entwickeln. Dies bedeutet allerdings nicht, dass sie damit in der Praxis handlungsfähig wären, denn unterrichtliche Situationen sind meist so komplex, dass ein umfangreicher Suchprozess im „Lehrbuchwissen" zeitintensiv ist.

► Problemlösen als **zunehmend routinisierter Prozess:** Die zukünftige Lehrperson sammelt nun zunehmend praktische Erfahrungen. Durch die wiederholte Praxis findet sie Abkürzungen und erkennt für „klassische" Situationen recht schnell hilfreiche Handlungsmuster. Sie bildet also prototypische „Lehrbilder" aus, die direkte Hinweise für ein angemessenes Handeln geben. Detaillierte Erklärungen werden nicht mehr entwickelt. Gleichzeitig werden viele Handlungsabläufe automatisiert.

► Problemlösen als **Orientierung an spezifischen Fällen:** Durch weitere Handlungspraxis reichert der Lehrende sein prototypisches Wissen mit spezifischen, fallbasierten Erfahrungen an. Er erwirbt zunehmend auch Wissen über Ausnahmen von den Standardfällen und orientiert sich bevorzugt an früheren, ähnlich gelagerten Fällen. Dieses Stadium ist kennzeichnend für den Erwerb wirklicher Expertise und geschieht sehr individuell, da die situationsbezogenen Erfahrungen in der Regel nicht von mehreren Experten in gleicher Weise gemacht werden.[69]

| Infotafel 34 | **Wissensgeleitete Wahrnehmung von Unterrichtssituationen** |

▼

David BERLINER konnte nachweisen, dass konkrete Lehr-Lern-Situationen von Anfängern und Experten in der Lehre unterschiedlich wahrgenommen werden. In einer Studie wurden den Probanden fotografierte Unterrichtssituationen, Videoaufzeichnungen und schriftliche Informationen über Schüler vorgestellt. Während die Anfänger eher die einzelnen Schüler unabhängig voneinander im Blick hatten, war die Sicht der Experten durch Konzepte über typische Lehr-Lern-Situationen und eine Betrachtung der ganzen Klasse gekennzeichnet. Die Experten interpretierten eher erfahrungsgeleitet, während die Anfänger die Szenen nur beschrieben.[70]

Die Art und Weise des Expertiseerwerbs macht deutlich, dass allgemeine didaktische Leitlinien und Prinzipien mit universellem Geltungsanspruch wenig hilfreich sind. Der Aufbau didaktischer Kompetenzen geht über Situationen und Handlungen. Die enge

„Verzahnung" von Situationen und Handlungen wirkt auch in späteren Entwicklungsphasen der Lehrenden (→ Infotafel 34). Aufgrund der festen Situations- und Handlungsmuster führt ein Erwerb isolierten didaktischen Wissens bestenfalls zu einem besseren didaktischen Erklärungs- und Begründungsverhalten, bleibt aber in der Lehrpraxis nutzlos. Demzufolge sind spezielle Lernumgebungen notwendig, die handlungssteuernde Strukturen modifizieren helfen (→ Infotafel 35).

Eine Lernumgebung für den Weg vom Wissen zum Handeln   Infotafel 35

Diethelm WAHL hat ein Konzept beschrieben, das den „langen Weg vom Wissen zum Handeln" bewältigbar macht.[71] Handlungssteuernde Strukturen werden im ersten Schritt bearbeitbar gemacht, anschließend verändert und schließlich in Gang gesetzt. Dies lässt sich auch durch den Dreischritt Unfreeze, Move und Refreeze (Kurt LEWIN) beschreiben:

Unfreeze: vorhandene handlungssteuernde Prozesse und Strukturen „außer Kraft setzen", d.h. innehalten und sich mit den eigenen Gedanken, Gefühlen, mit Routinen beim Handeln auseinandersetzen. Mögliche Techniken sind:

▶ Verbalisation des eigenen Handelns,
▶ Szene-Stop-Reaktion (Reaktion auf eine Filmszene, die an einem bestimmten Punkt unterbrochen wird)
▶ Feedback-Verfahren (Micro-Teaching-Settings, Hospitation im eigenen Praxisfeld, Feedback durch Teilnehmer).

Move: durch bewusstes, autonomes und reflexives Lernen die handlungssteuernden subjektiven Theorien modifizieren. Mögliche Techniken sind:

▶ Sandwich-Prinzip (Vermittlung von Expertenwissen und individuelle Auseinandersetzung mit diesem Lösungswissen),
▶ umfassende individuelle Phasen (Einzel-, Tandem- und Kleingruppenarbeit).

Refreeze: zu verändernde Situations- und Handlungstypen „bündeln" bzw. „verdichten", d.h. allgemeine Lösungsideen konkretisieren und „verdichten". Mögliche Techniken sind:

▶ konkrete Planung von Handlungen,
▶ Simulationen aller Art (Partnerrollenspiele, Szene-Stop-Reaktion, Micro-Teaching-Settings),
▶ Übung im Praxisfeld.

Aufgabe 13   **Möglichkeiten der Kompetenzentwicklung**
▼

Erich LEITNER, Professor für Hochschulpädagogik an der Universität Klagenfurt, äußert in einem Interview: „Die pädagogische Qualifikation der Lehrenden ist ein substanzieller Beitrag zur Steigerung der Qualität des Studiums. Es ist jedoch eine Illusion zu meinen, man könne gesetzte Lehrende, die schon in die Jahre gekommen sind, noch von den eingefahrenen Modalitäten ihres Verhaltens im Hörsaal und im Umgang mit den Studierenden abbringen."[72]

▶ Teilen Sie LEITNERS Auffassung, oder sehen Sie durchaus ernst zu nehmende Möglichkeiten der Kompetenzentwicklung für Hochschullehrer? Bitte begründen Sie Ihre Position!

▶ Gibt es hier Unterschiede hinsichtlich der Lehrenden in den verschiedenen Bildungsstufen?

Literatur: Professionalisierung

Blümcke, Karen, Encke, Birgit & Wildt, Johannes (Hrsg.): Professionalisierung der Hochschuldidaktik: Ein Beitrag zur Personalentwicklung an Hochschulen, Bielefeld 2003

Gnahs, Dieter: Kompetenzen – Erwerb, Erfassung, Instrumente: Studientexte für Erwachsenenbildung, Bielefeld 2007

Haas, Anton: Unterrichtsplanung im Alltag – Eine empirische Untersuchung zum Planungshandeln von Hauptschul-, Realschul- und Gymnasiallehrern, Regensburg 1998

Hallet, Wolfgang: Didaktische Kompetenzen – Lehr- und Lernprozesse erfolgreich gestalten, Stuttgart 2006

Jank, Werner & Meyer, Hilbert: Didaktische Modelle, 7. Aufl. Berlin 2005

Rheinberg, Falko, Bromme, Rainer, Minsel, Beate, Winteler, Adi & Weidenmann, Bernd: Die Erziehenden und Lehrenden. In: Krapp, Andreas & Weidenmann, Bernd (Hrsg.): Pädagogische Psychologie, 4., vollst. überarb. Aufl. Weinheim 2001, S. 271–355

Tenorth, Heinz-Elmar: Professionalität im Lehrerberuf – Ratlosigkeit der Theorie, gelingende Praxis, in: Zeitschrift für Erziehungswissenschaft, 9. Jg., Heft 4/2006, S. 580–597

Wahl, Diethelm: Lernumgebungen erfolgreich gestalten – Lehr- und Lernmethoden für Erwachsenenbildung, Hochschuldidaktik und Unterricht, Bad Heilbrunn 2005

Didaktische Theorien | 4

Drei zentrale didaktische Theorien werden dargestellt: Die bildungstheoretische Didaktik (4.1) ist in ihrer ursprünglichen Form primär eine Didaktik der Bildungsinhalte, die die Erschließbarkeit von fachlichen Inhalten thematisiert. Ihre Weiterentwicklung, die kritisch-konstruktive Didaktik, nimmt auch konkrete Fragen der Unterrichtsplanung in den Blick und will über sogenannte Schlüsselprobleme die Entwicklung der Selbst- und Mitbestimmungsfähigkeiten der Schüler fördern. Die lerntheoretische Didaktik (4.2) ist empirisch orientiert und entwickelt Strukturhilfen zur Planung und Analyse von Unterricht. Neben den inhaltlichen Aspekten werden insbesondere die Faktoren Ziele, Methoden und Medien erfasst. Die Weiterentwicklung zur lehrtheoretischen Didaktik ergänzt den ursprünglichen Ansatz um normative Orientierungen wie Solidarität und Autonomie und ein Handlungsmodell, das Lehrende und Lernende als Partner im Lehr-Lern-Prozess sieht. Die konstruktivistische Didaktik (4.3) begreift Lernen vor allem als individuelle Zuschreibung von Bedeutung, die aktiv, situativ und sozial eingebunden geschieht. Sie ist als Ermöglichungsdidaktik angelegt.

4.1 | Bildungstheoretische Didaktik

Bildungstheoretische
Didaktik: primär eine
Didaktik der Bildungs-
inhalte, die den Blick
auf die Erschließbarkeit
von fachlichen Inhalten
richtet

Wolfgang KLAFKI hat die bildungstheoretische Didaktik in den 50er-Jahren begründet. Sie ist primär eine Didaktik der **Bildungsinhalte** und fokussiert die Begegnung des Schülers mit der kulturellen Umwelt. Dies geschieht vor dem Hintergrund der **Hermeneutik,** einer wissenschaftstheoretischen Position, die die Interpretationskunst von Texten und pädagogischen Situationen in den Vordergrund stellt (→ Kap. 2.1). In den 80er-Jahren entwickelt er die bildungstheoretische Didaktik zur kritisch-konstruktiven Didaktik weiter.

Die bildungstheoretische Didaktik richtet ihre Aufmerksamkeit auf die **Erschließbarkeit** von fachlichen Inhalten für die Schüler. Um die Bildungsgehalte in den Unterrichtsinhalten zu bestimmen, hat KLAFKI 1958 ein unterrichtspraktisches Modell vorgestellt: die **„Didaktische Analyse** als Kern der Unterrichtsvorbereitung". Dieses Modell lieferte erstmals theoretisch fundierte Impulse für die Planung des Lehr-Lern-Geschehens (→ Infotafel 36).

| Infotafel 36 | **Didaktische Analyse nach KLAFKI** |

▶ Gegenwartsbedeutung: Welche Bedeutung hat der betreffende Inhalt bzw. die an diesem Thema zu gewinnende Erfahrung, Erkenntnis, Fähigkeit oder Fertigkeit bereits im geistigen Leben der Kinder meiner Klasse, welche Bedeutung sollte er – vom pädagogischen Gesichtspunkt aus gesehen – haben?

▶ Zukunftsbedeutung: Worin liegt die Bedeutung des Themas für die Zukunft der Kinder?

▶ Sachstruktur: Welches ist die Struktur des (durch die Fragen I und II in die typisch pädagogische Sicht) gerückten Inhalts? (Momente, Zusammenhang der Momente, Schichten des Inhalts, größerer sachlicher Zusammenhang, erschwerende Eigentümlichkeiten, Mindestwissen)

▶ Exemplarische Bedeutung: Welchen größeren bzw. welchen allgemeinen Sinn- oder Sachzusammenhang vertritt und schließt dieser Inhalt? Welches Urphänomen oder Grundprinzip, welches Gesetz, Kriterium, Problem, welche Methode, Technik oder Haltung lässt sich in der Auseinandersetzung mit ihm „exemplarisch" erfassen?

▶ Zugänglichkeit: Welches sind die besonderen Fälle, Phänomene, Situationen, Versuche, Personen, Ereignisse, Formen, Elemente, in oder an denen die Struktur des jeweiligen Inhalts den Kindern dieser Bildungsstufe, dieser Klasse interessant, fragwürdig, zugänglich, begreiflich, „anschaulich" werden kann?[73]

Nach welchem Modus Bildungsinhalte für die Lernenden erschlossen werden können, hat KLAFKI anhand dreier didaktischer Begriffe dargelegt. Diese thematisieren auch das Verhältnis zwischen dem **Allgemeinen** und dem **Besonderen** in Unterrichtsinhalten, wobei er davon ausgeht, dass jeder besondere Bildungsinhalt in sich einen allgemeinen Bildungsgehalt birgt. Grundsätzlich geht es darum, Erfahrungs- und Lernmöglichkeiten für die Schüler auszumachen:

Allgemeine und besondere Bildungsinhalte: das Elementare, das Fundamentale und das Exemplarische

▶ Das **Elementare:** Vermittlung eines allgemeinen Prinzips, z.B. eines physikalischen Gesetzes;

▶ das **Fundamentale:** Vermittlung von Grunderfahrungen und grundlegenden Einsichten, z.B. die Erfahrung der naturwissenschaftlichen Erkenntnissuche;

▶ das **Exemplarische:** Vermittlung und Vertiefung anhand von „fruchtbaren" Beispielen, die im Besonderen das Allgemeine abbilden, z.B. die musikalischen Grundideen des Cool Jazz anhand von Chet Bakers Version von „My funny Valentine"; Instrumentierung, Stimmung und vielleicht sogar das Lebensgefühl dieser Zeit lassen sich über diesen Titel erschließen.

In der bildungstheoretischen Didaktik gilt das **„Primat der Didaktik** im engeren Sinne im Verhältnis zur Methodik": Ein Nachdenken über Probleme des Einsatzes von Unterrichtsmethoden hat nur dann Sinn, wenn es auf bestimmte inhaltliche Aufgaben bezogen ist. Dies bildet sich auch in der Unterrichtsplanung ab: Zuerst erfolgt die „Didaktische Analyse", dann die methodische Vorbereitung.

Primat der Didaktik (im engeren Sinne) im Verhältnis zur Methodik: Methodische Fragen können erst dann geklärt werden, wenn sie sich auf bestimmte inhaltliche Aufgaben beziehen

Im Laufe der Zeit erfolgte eine **Kritik** an der starken inhaltlichen Ausrichtung der bildungstheoretischen Didaktik. Aus ideologiekritischer Sicht wurde dem Ansatz vorgehalten, er stabilisiere über die Bildungsidee die herrschenden Gesellschaftsverhältnisse. Aus empirischer Sicht wurde die fehlende empirische Unterrichtsforschung und aus unterrichtspraktischer Sicht die fehlende Bindung zur Unterrichtspraxis und Unterrichtsmethodik vorgehalten. Damit bildete sich auch die vor dem Hintergrund der sogenannten Realistischen Wende (= Hinwendung zu empirischen Forschungsmethoden, Praxiskritik, Reformversuche) vollzogene Kritik an der hermeneutisch orientierten Pädagogik ab.

Weiterentwicklung zur kritisch-konstruktiven Didaktik: kritische Zielstellungen und Problemunterricht mithilfe von „Schlüsselproblemen"

KLAFKI modifizierte seinen Ansatz in den 80er-Jahren hin zu einer **kritisch-konstruktiven Didaktik.** Seine geänderte wissenschaftstheoretische Position führte Elemente der hermeneutischen, empirischen und kritischen Wissenschaft zusammen. „Kritisch" bezieht sich auf die Forderung, den Unterricht so zu gestalten, dass er den drei grundlegenden Zielstellungen entspricht:

▶ Selbstbestimmungsfähigkeit
▶ Mitbestimmungsfähigkeit
▶ Solidaritätsfähigkeit.

„Konstruktiv" meint die Öffnung der Didaktik aus den starren Strukturen der etablierten Unterrichtsgestaltung und die Schaffung konkreter Utopien für eine sich verändernde Praxis. KLAFKI geht in der Neuorientierung seiner bildungstheoretischen Didaktik stärker auf die praktische Umsetzung seiner Vorstellungen ein, was sich in der Aufstellung sogenannter **Schlüsselprobleme** bemerkbar macht. Dies sind z.B. die Umweltfrage, die Frage nach der Ungleichheit der Menschen und die Probleme im Umgang mit neuen Technologien. Schlüsselprobleme werden in einer Art **Problemunterricht** bearbeitet.

Infotafel 37   **Perspektivenschema zur Unterrichtsplanung (KLAFKI)**

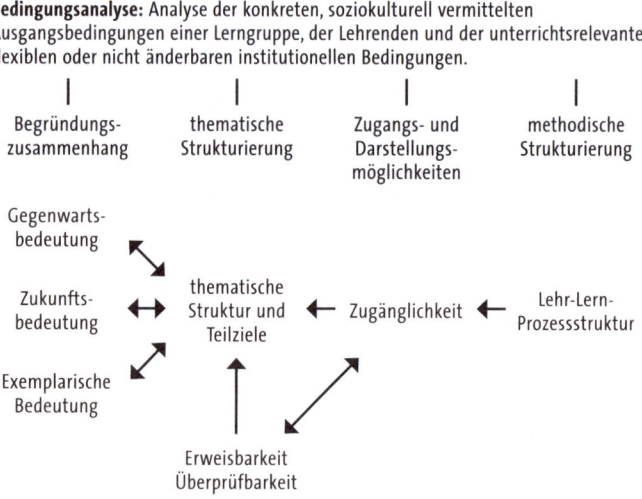

Bedingungsanalyse: Analyse der konkreten, soziokulturell vermittelten Ausgangsbedingungen einer Lerngruppe, der Lehrenden und der unterrichtsrelevanten flexiblen oder nicht änderbaren institutionellen Bedingungen.

Begründungs-zusammenhang | thematische Strukturierung | Zugangs- und Darstellungsmöglichkeiten | methodische Strukturierung

Gegenwartsbedeutung

Zukunftsbedeutung ↔ thematische Struktur und Teilziele ← Zugänglichkeit ← Lehr-Lern-Prozessstruktur

Exemplarische Bedeutung

Erweisbarkeit Überprüfbarkeit

Darüber hinaus entwirft KLAFKI ein „Perspektivschema zur Unterrichtsplanung" (→ Infotafel 37). Darin eingebettet sind die fünf Fragen der „Didaktischen Analyse", zu denen sich weitere unterrichtliche Aspekte gesellen:

▶ die **Bedingungsanalyse,** in der nach Voraussetzungen unterrichtlichen Handelns gefragt wird;

▶ die **Lehr-Lern-Prozessstruktur,** in der methodische und mediale Aspekte thematisiert werden;

▶ die Erweisbarkeit und **Überprüfbarkeit,** die die Feststellung des Lernerfolgs in den Blick nehmen.

Die bildungstheoretische und in der Folge die kritisch-konstruktive Didaktik unterstützen Lehrpersonen dabei, die inhaltlichen Voraussetzungen ihres Lehrhandelns zu klären, insbesondere die für die Lernenden relevanten Gehalte zu ermitteln und „freizulegen". Schlüsselprobleme und Problemunterricht machen die methodische Ausrichtung greifbarer, wenngleich der Ansatz nach wie vor nur eine schwache empirische Basis aufweist.

Exemplarität **Aufgabe 14**

▼

Reinhold NICKOLAUS schätzt die Leitfragen der „Didaktischen Analyse" als wertvollen Orientierungsrahmen für Lehrpersonen, gibt allerdings die teilweise nicht vorhandene empirische Fundierung zu bedenken: „So hat sich z.B. die Frage nach der Exemplarität als hoch komplex erwiesen, denn selbst wenn in speziellen Inhalten prinzipiell allgemeine Sinn- oder Sachzusammenhänge erkannt werden können, ist keineswegs sicher, dass diese auch erkannt werden. Ergebnisse aus der Lehr-Lern-Forschung zeigen vielmehr, dass Lernende erhebliche Probleme haben, Wissen, das in einem situationalen Kontext erworben wurde (...), auf andere Kontexte (...) zu übertragen."[74]

▶ Welche Fragen gilt es hinsichtlich der Exemplarität empirisch zu klären?

▶ Welche Konsequenzen könnten sich daraus für die didaktische Theoriebildung nach Wolfgang KLAFKI ergeben?

Lerntheoretische Didaktik 4.2

Paul HEIMANN gilt als Begründer der lerntheoretischen Didaktik. In seinem 1962 vorgestellten Entwurf rückt der Begriff „Lernen" in den Mittelpunkt. Dies ist der Gegenentwurf zur bildungstheoretischen Didaktik Wolfgang KLAFKIS, der er vorhält, sich zu stark auf den Bildungsbegriff und inhaltliche Aspekte auszurichten. Der Terminus „Stratosphärendenken"[75] illustriert die Vorhaltungen der lerntheoretischen Didaktik, die sich – im Gegensatz zur hermeneutisch ausgerichteten bildungstheoretischen Didaktik – **empirisch** orientiert

Im Zentrum der Überlegungen von HEIMANN und seinen Kollegen von der Pädagogischen Hochschule Berlin, Gunter OTTO und Wolfgang SCHULZ, steht ein Raster zur **Strukturanalyse von Unterricht.** In dem sogenannten **Berliner Modell** geht es um die Frage, welche Faktoren im Unterricht eine Rolle spielen und nach welchen Gesichtspunkten diese arrangiert werden sollen, damit nachhaltiges Lernen stattfinden kann. Die zentralen Faktoren werden in zwei Bedingungsfelder und vier Entscheidungsfelder aufgeteilt (→ Infotafel 38, → Infotafel 39).

▶ **Ziele:** Jeder Lehr-Lern-Prozess folgt ausgesprochenen oder unausgesprochenen Lernzielen. Die Ziele einer Lehr-Lern-Einheit können formuliert, also „explizit" gemacht werden, um ihren Erreichungsgrad für sich und andere transparent zu gestalten.

▶ **Inhalte:** In jedem Lehr-Lern-Prozess werden Inhalte be- und verarbeitet.

▶ **Methoden:** In Lehr-Lern-Prozessen werden Inhalte durch geeignete Methoden zugänglich gemacht bzw. erschlossen. Das methodische Repertoire zur Inszenierung von Lehr-Lern-Prozessen ist ein wesentliches Element der Professionalität von Lehrenden.

▶ **Medien:** Medien (z.B. Modelle, Lehrbücher, Overhead-Folien, Videos) unterstützen die Kommunikation zwischen Lehrenden und Lernenden sowie innerhalb der Lerngruppe, indem sie beispielsweise Sachverhalte visualisieren und anschaulich machen.

▶ **Anthropogene bzw. individuelle Voraussetzungen:** Lernende lassen sich u.a. hinsichtlich Vorkenntnis, Sprache, Lernfähigkeit und Lernbereitschaft unterscheiden, Lehrpersonen hinsichtlich Persönlichkeitsstruktur, politischer und gesellschaftlicher Orientierung, didaktischem Theorie- und Rezeptwissen, Berufs- und Fachsozialisation, Lehrstil, Methodenrepertoire.

▶ **Soziokulturelle Bedingungen:** Lehr-Lern-Prozesse werden durch Einzugsgebiet, Schultyp, Ausstattung, Gruppengröße, Kommunikationsweisen, persönliche Erfahrungsbereiche und gesellschaftliche Interessenlagen geprägt.

Strukturanalyse von Unterricht (Berliner Modell): zwei Bedingungsfelder (individuell und soziokulturell) und vier Entscheidungsfelder (Ziele, Inhalte, Methoden, Medien)

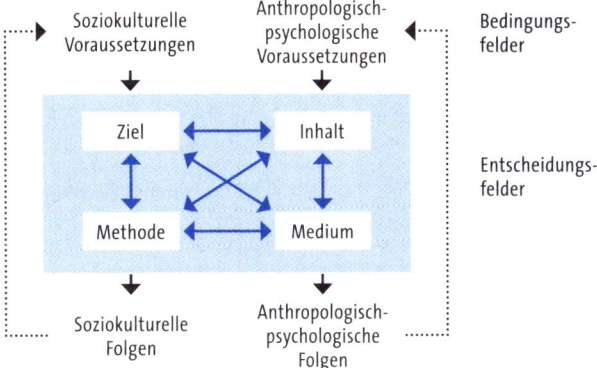

Im Anschluss an die Strukturanalyse, deren Aufgabe es ist, getroffene Entscheidungen klarzulegen und angenommene Voraussetzungen zu erfassen, erfolgt die sogenannte **Faktorenanalyse.** Diese zweite Reflexionsebene wird herangezogen, um die Faktoren des unterrichtlichen Geschehens auf wissenschaftlicher Grundlage zu beleuchten. Drei Klassen werden unterschieden:

Faktorenanalyse: Normenkritik, Faktenbeurteilung und Formenanalyse

► **Normenkritik:** Welche Normen und weltanschaulichen Prämissen beeinflussen Entscheidungen, und wie werden diese transportiert? Träger von Normen sind beispielsweise Staat, Wirtschaft, Parteien, Elternorganisationen, Kirchen, pädagogische Schulen.

► **Faktenbeurteilung:** Welche (objektiven) Tatbestände beeinflussen auf welche Weise das unterrichtliche Handeln? Fachwissenschaften, Einflüsse von Massenmedien, entwicklungsbedingte Phänomene.

► **Formenanalyse:** Welches unterrichtliche Vorgehen wird gewählt, und welche Historie hat es? Methodenkonzepte, mediengestützte Lernformen, Rollenverständnis der Lehrenden.

Das Berliner Modell der Didaktik bietet Strukturhilfen zur Planung und Analyse von Unterricht. Lehrpersonen sollen auf der Basis eines theoretisch fundierten Rasters didaktische Herausforderungen rational bearbeiten. Eine Lerntheorie, die beispielsweise die struktur- und faktorenanalytischen Raster fundiert, ist von der lerntheoretischen Didaktik allerdings nie herangezogen bzw. entwickelt worden.

Brigitta PFÄFFLI hat für den Hochschulbereich den Zusammenhang zwischen Lernzielstufen, Methoden und Aktivitäten hergestellt:

Ziele	Methoden	Aktivitäten der Studierenden
Wissen verstehen	▶ Vorlesungen ▶ Lektüre von Texten und Berichten ▶ schriftliche Arbeiten ▶ Recherche	▶ wahrnehmen ▶ verstehen ▶ schreiben ▶ fragen ▶ präsentieren
Wissen mit Erfahrungen verknüpfen	▶ simulierte und echte Fälle ▶ Betrachtungen, Interviews, Praxisbesuche	▶ eine Situation mit Bezug auf Wissen beschreiben ▶ Wissen an Beispielen nachvollziehen
Wissen beurteilen	▶ Beispiele, simulierte und echte Fälle ▶ Übungen ▶ Diskussionen ▶ schriftliche Arbeiten	▶ Situationen mithilfe von Wissen beurteilen ▶ wissensbezogene Lösung für ein Problem vorschlagen
Wissen erfinden, weiterentwickeln	▶ Aufträge mit konkreten neuen Aufgabenstellungen ▶ Diskussionen	▶ Fantasie entwickeln ▶ neue Gedanken formulieren ▶ wissensbezogene Argumente einbringen ▶ einen Standpunkt einnehmen[76]

Weiterentwicklung zur lehrtheoretischen Didaktik (Hamburger Modell): normative Orientierung, partnerschaftliches Handlungsmodell und Erfolgskontrollen

Das Berliner Modell der lerntheoretischen Didaktik wurde in den 80er-Jahren von Wolfgang SCHULZ (→ Infotafel 40) weiterentwickelt. Entstanden ist das sogenannte **Hamburger Modell,** das auch als lehrtheoretische Didaktik bezeichnet wird. SCHULZ greift die Bedingungs- und Entscheidungsfelder sowie die Wechselwirkungsthese des Berliner Modells auf, modifiziert und ergänzt diese:

▶ **Normative Orientierung:** Solidarität, Autonomie und Kompetenz werden als Richtlinien für didaktisches Handeln verstanden.

▶ **Handlungsmodell für Lehrende und Lernende:** Lehrende und Lernende werden nunmehr als partnerschaftliche Gestalter des Lehr-Lern-Prozesses aufgefasst.

▶ **Gemeinsames Entscheidungsfeld für Ziele und Inhalte:** Eine vollstän-dige Zielstellung lässt sich nur aus der gemeinsamen Berück-sichtigung von Zielen und Inhalten gewinnen.

▶ **Erfolgskontrollen:** Selbst- oder Fremdkontrollen werden explizit als Variable aufgenommen.[77]

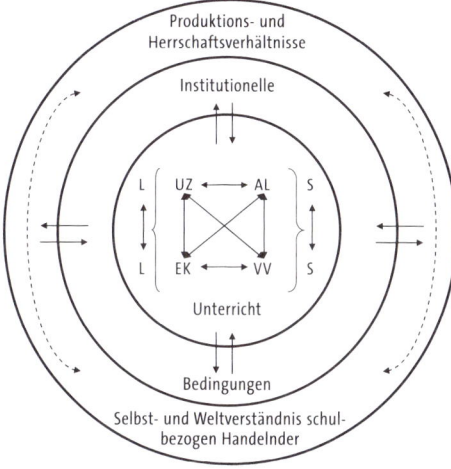

L = Lehrer

S = Schüler als Partner unterrichtsbezogener Planung

UZ = Unterrichtsziele: Intentionen und Themen

AL = Ausgangslage der Lernenden und Lehrenden

VV = Vermittlungs-variablen wie Methoden, Medien, schulorgani-satorische Hilfen

EK = Erfolgskontrolle: Selbstkontrolle der Schüler und Lehrer

Im Hamburger Modell ist das HEIMANN'sche **Wertfreiheitsprinzip** aufgegeben. Somit ist durchaus eine Nähe zur kritisch-konstrukti-ven Didaktik von KLAFKI auszumachen. Aus unterrichtspraktischer Sicht ist das Berliner Modell – vermutlich aufgrund seiner Einfach-heit und klaren Struktur – allerdings durchaus noch aktuell.

Konstruktivistische Didaktik

4.3

Der Konstruktivismus ist keine einheitliche Theorie, sondern ver-einigt verschiedene Spielarten. Aus didaktischer Sicht sind **gemä-ßigte konstruktivistische Positionen** bedeutsam. Sie begreifen Lernen weitgehend als Zuschreibung und Generierung von Bedeutungen, also als konstruktiv-kognitive Leistung. Dabei gehen sie nicht davon aus, dass Instruktion und Input vonseiten der Lehrpersonen

Lernen aus konstruk-tivistischer Sicht: aktiv, selbstgesteuert, kon-struktiv, situativ und sozial

automatisch Lernvorgänge nach sich ziehen. Im Unterschied zu radikal konstruktivistischen Ansätzen halten sie aber Lehre, als deren Folge sich kognitive Strukturen nachhaltig verändern, für grundsätzlich möglich. Gemäß der konstruktivistischen Position vollzieht sich Lernen wie folgt:

▶ **aktiv:** Lernende sind aktiv beteiligt und haben oder entwickeln Interesse, an dem was sie tun;

▶ **selbstgesteuert:** Lernende steuern und kontrollieren ihre Lernprozesse selbst, der Ausprägungsgrad variiert je nach Lernsituation;

▶ **konstruktiv:** Lernende greifen auf ihre Erfahrungs- und Wissensbasis zurück, interpretieren Wahrgenommenes und erweitern ihre Wissensnetze;

▶ **situativ:** Lernende befinden sich in einer Lernumgebung, die Anwendungsbezüge und Ankermöglichkeiten bereitstellt;

▶ ein **sozialer Prozess:** Lernende lernen interaktiv und bringen ihren soziokulturellen Hintergrund ein.

| Zitat 25 | **Kersten REICH – Lernende als Didaktiker (2005)** |

„Will man die Wende beschreiben, die eine konstruktivistische Didaktik für das Lernen und Lehren bedeutet, dann scheint es mir besonders wichtig zu sein, darauf hinzuweisen, dass aus konstruktivistischer Sicht die Didaktik nicht mehr eine Beschreibungstheorie und nicht mehr ein normatives Konstrukt mit methodischen Tipps und Regeln für Lehrende ist, sondern den Lerner als so zentral ansieht, dass dieser auch als eigener Didaktiker erscheint. Diese These (…) besagt, dass es im Lernen für jeden Lerner erforderlich ist, sich in seinen Lernprozessen zugleich eine Didaktik zu erfinden oder entdecken zu können, die auf seine Lernsituation passt."[79]

Primat der Konstruktion über die Instruktion: Lernende werden zu aktiven Gestaltern der eigenen Lernprozesse, Lehrende zu Coaches und Lernberatern

Der **Primat der Konstruktion über die Instruktion** impliziert veränderte Rollen in der gesamten Lehr- und Lernkultur: Lernende nehmen als Gestalter der eigenen Lernprozesse eine aktive Position ein. Lehrende werden zu Coaches und Lernberatern, die Lernumgebungen didaktisch gestalten. In Abgrenzung dazu wird beim Instruktionsparadigma – teilweise vereinfachend – unterstellt, eher passive Informationsempfänger würden von Wissensvermittlern instruiert, gesteuert und beurteilt (→ Infotafel 41).

Eine konstruktivistische Didaktik wird durch Untersuchungen zum sogenannten **trägen Wissen** gestützt. Demnach fehlt rein fachsystematisch aufbereiteten Inhalten der Anwendungsbezug, sodass das Wissen zwar erworben, nicht aber adäquat angewendet wird. Es entsteht eine Kluft zwischen Wissen und Handeln, die auch darauf zurückzuführen ist, dass das Wissen in abstrakten Bezügen angeeignet wurde, die mit der konkreten Anwendungssituation wenig zu tun haben. Neben der fehlenden Situierung werden die rezeptive Haltung der Lernenden, fehlendes Orientierungswissen und schlecht ausgebildete Lernstrategien (Metakognitionen) dafür verantwortlich gemacht.

Lehre aus konstruktivistischer Sicht · Infotafel 41

Verständnis vom lernenden Subjekt	Konsequenzen für die Lehre
Lernende können nicht von außen zu etwas veranlasst werden, weil Lebewesen informationell geschlossene Systeme sind. Auf welche Weise sich Lernende mit Impulsen aus der Umgebung auseinandersetzen, ist (intern) strukturdeterminiert, also von der internen Struktur bestimmt.	Lehren heißt Selbstlernen anzuregen. Es ist der Versuch, die komplexen affektiv-kognitiven Systeme anzuregen, die nach einer eigenen Logik operieren.
Lernende beziehen sich nur auf ihre eigene Struktur. Sie handeln selbstreferenziell, d.h. dass ihre Handlungen auf ihre Struktur zurückwirken und ihre Wirklichkeitskonstruktionen überprüfen, um sie dann zu bestätigen, zu verändern oder zu verwerfen.	Die Lernumwelt einschließlich der Lehrpersonen hat „Anregungscharakter" für die Lernenden, die daraufhin ihre Wirklichkeitskonstruktionen adaptieren können. Lehren heißt, Lernende anzuregen, die Konstruktionen zu hinterfragen und ggf. weiterzuentwickeln.
Lernende Organismen agieren aufgrund ihrer Geschichtlichkeit und strukturellen Dynamik nicht-trivial. Es existiert also keine linear-kausale Struktur zwischen Input und Output.	Auf welche Weise Interventionen auf Lernende wirken, hängt von der situativen Strukturdeterminierung ab. Lehre berücksichtigt Muster der Wahrnehmung und Interpretation.

Kersten REICH hat eine Didaktik der Konstruktionen entwickelt, die das konstruktive Moment des Lernprozesses in das didaktische Zentrum rückt. Re-, De- und Konstruktion werden im Sinne des interaktionistischen Konstruktivismus von REICH als mögliche Lernhandlungen aufgefasst, für die das Zusammenspiel mit der sozial-kulturellen Lernumgebung bedeutungsvoll ist. Er unterscheidet:

Didaktik der Konstruktionen: Konstruktion, Rekonstruktion und Dekonstruktion

► **Konstruktion:** Gefordert wird, die selbsttätige Wissenskonstruktion in den Mittelpunkt didaktischen Handelns zu stellen. „Wir sind die Erfinder unserer Wirklichkeit."

► **Rekonstruktion:** Gefordert wird, das vorgefundene Wissen aktiv zu erschließen und dahinterliegende kulturelle und historische Entwicklungen nachzuvollziehen. „Wir sind die Entdecker unserer Wirklichkeit."

► **Dekonstruktion:** Gefordert wird, eine kritische Haltung mit der Möglichkeit neuer Perspektiven einzunehmen. „Es könnte auch anders sein."

Ermöglichungsdidaktik versus Erzeugungsdidaktik

Rolf ARNOLD entwickelt – mit speziellem Fokus auf die Erwachsenenbildung – die Grundlagen einer **Ermöglichungsdidaktik.** Dieser Ansatz baut auf der Einsicht in die begrenzte Machbarkeit von Lernprozessen und die starke Eigendynamik des Menschen beim Lernen auf (→ Zitat 26). Die Ermöglichungsdidaktik unterscheidet sich hier deutlich von einer **Erzeugungsdidaktik,** die Aktivität und Entscheidungsbefugnis überwiegend bei den Lehrenden belässt.

Zitat 26   Rolf ARNOLD & Claudia GÓMEZ TUTOR – Ermöglichungsdidaktik (2007)
▼

„Aus dieser Perspektive heraus geht es dann darum, einen Weg zu finden zwischen vollständiger Anleitung und gänzlicher Selbststeuerung und die Freiheitsgrade zwischen Führen und Wachsenlassen sukzessive zu erhöhen." [80]

Beispiele konstruktivistisch geprägter Methoden: „Anchored Instruction" (Lernen mithilfe von Geschichten, Problemen) und „Cognitive Apprenticeship" (anwendungsorientiertes Lernen in der Tradition der Handwerkslehre)

Beispielhaft seien zwei konstruktivistisch geprägte Methoden vorgestellt: **„Anchored Instruction"** bettet Lerninhalte in Geschichten ein. Realistische Situationen und Probleme sind der Boden für das eigenständige Erkennen und Bearbeiten von Problemen. Dies geschieht in einem konkreten Anwendungskontext wie etwa einer Abenteuergeschichte für Schüler. **„Cognitive Apprenticeship"** baut auf anwendungsorientiertes Lernen in der Tradition der Handwerkslehre. Experten, die ihr kognitives Handeln verbalisieren, dienen als Modell für die Lernenden. Anschließend versuchen sich die Lernenden selbst an der Aufgabenbearbeitung, wobei sie strukturiert unterstützt werden; die Hilfe wird allmählich reduziert. Die Lernenden explizieren ihr eigenes Vorgehen und vergleichen es mit dem Expertenmodell.

Konstruktivistische Didaktiken betonen die subjektive Seite des Lernens und die individuellen Konstruktionsleistungen. Diese deutliche **Subjektorientierung** unterscheidet sie von anderen Ansätzen, zudem bieten sie lernpsychologisch und neurophysiologisch gestützte Argumentationen an. Die Forderung nach unterrichtsmethodischer Vielfalt ist ebenso wenig neu wie der Hinweis auf die veränderte Rolle von Lehrpersonen, die nunmehr lernberatend agieren. Eine bildungstheoretische Grundlegung erfolgt nicht, weil das Aushandeln von Lernzielen und Inhalten den Beteiligten überlassen wird.

Rolf ARNOLD und Claudia GÓMEZ TUTOR – Planbarkeit und Professionalität (2007)   Zitat 27

▼

„Der Erfolg des professionellen Handelns ist (…) nicht vorausplanbar, selbst wenn die Aspekte der Zielgerichtetheit und Planmäßigkeit, der Wissenschaftsorientiertheit, des begründeten und reflektierten Handelns, der Übernahme von Verantwortung, der Einhaltung eines Berufsethos sowie der Weiterentwicklung der eigenen Persönlichkeit beachtet werden. Gerade diese Unplanbarkeit macht eine Haltung nötig, die auch das Scheitern des pädagogischen Handelns in den Blick nimmt."[81]

Szenarien des Lehrens und Lernens   Aufgabe 15

▼

Matthias HORX beschreibt die aktuelle Situation in den Schulen wie folgt: „Vorn steht einer und erzählt. Die anderen müssen stillsitzen und zuhören. 20, 30 junge Menschen versuchen verzweifelt, die Motorik ihrer von Hormonen und Bewegungsdrang getriebenen Körper in den Griff zu bekommen. Der Lehrer stellt Fragen, um die Schüler an die Lösung zu führen. Er betreibt ‚Osterhasen-Pädagogik': Ich weiß die einzige Lösung, aber ich verstecke mein Wissen! Das ist die klassische, deprimierende Situation der industriellen Schule. Eben keine *Lern*situation, sondern eine *Belehr*situation."
Für die Zukunft prophezeit HORX: „Aus Bildungs*abschlüssen* werden Bildungs*anschlüsse*, die zu lebenslangem Weiterlernen befähigen. In diesem Kontext wird Hochbildung radikal entakademisiert: ‚Hochgebildet' ist nun nicht jemand mit drei Professorentiteln, sondern jemand mit einem hohen Potenzial von Um-, Weiter- und Wiederlernen. (…) Dass Lehrer in diesem Prozess radikal ihre Rolle ändern, liegt auf der Hand. Sie sind in Zukunft keine Dealer mehr, die den Schüler mit vorgefertigten Wahrheiten und monströsen Curricula anfixen (‚Stoffvermittler'!). Das erniedrigt nicht die Rolle des Lehrers, sondern wertet sie – endlich – auf. Er ist nicht mehr der Statthalter hermetischer Wahrheit,

sondern kann endlich selbst dazulernen. Das ist ungleich erfüllender als jenes Sisyphos-Spiel, das unsere Lehrer heute in Frühpension, Depression und Burn-out treibt."[82]

▶ Wie realistisch schätzen Sie das HORX'sche Szenario ein?

Literatur: Didaktische Theorien

Arnold, Rolf: Ich lerne, also bin ich – Eine systemisch-konstruktivistische Didaktik, Heidelberg 2007

Arnold, Rolf & Gómez Tutor, Claudia: Grund-linien einer Ermöglichungsdidaktik, Augsburg 2007

Heimann, Paul: Didaktik als Theorie und Lehre. In: Die Deutsche Schule, 54, 1962, S. 409–427

Heimann, Paul; Otto, Gunter & Schulz, Wolf-gang: Unterricht – Analyse und Planung, Hannover 1965

Klafki, Wolfgang: Studien zur Bildungstheorie und Didaktik, Weinheim u.a. 1963

Klafki, Wolfgang: Neue Studien zur Bildungs-theorie und Didaktik – Zeitgemäße All-gemeinbildung und kritisch-konstruktive Didaktik, 5. Aufl. Weinheim u.a. 1996

Klingberg, Lothar: Einführung in die Allge-meine Didaktik – Vorlesungen, 7., 1981 bearbeitete Aufl. Berlin 1989

Nickolaus, Reinhold: Didaktik – Modelle und Konzepte beruflicher Bildung, 2. Aufl. Hohengehren 2007, S. 25–94

Peterßen, Wilhelm H.: Lehrbuch Allgemeine Didaktik, 6. Aufl. München u.a. 2001

Reich, Kersten: Konstruktivistische Didaktik – Lehr- und Studienbuch mit Methoden-pool, 3., völlig überarb. Aufl. Weinheim 2006

Schulz, Wolfgang: Unterrichtsplanung – Mit Materialien aus Unterrichtsfächern, 3., erw. Aufl. München 1981

Bildung

Der Bildungsidee (5.1) liegt ein humanistisches Konzept vielseitiger Persönlichkeitsentfaltung zugrunde. Sie zielt auf Handlungsfähigkeit für frei gesetzte Zwecke. Bildungsentwürfe lassen sich danach unterscheiden, ob sie eher die Inhalte und Bildungsgüter oder die zu erwerbenden methodischen Kompetenzen fokussieren. Zudem ist Bildung dadurch gekennzeichnet, dass sie einerseits auf das gesellschaftliche Leben vorbereitet und andererseits das Subjekt auch dem gesellschaftlichen Verfügungsdruck entziehen kann. Bildung konkretisiert sich für unterschiedliche Zielgruppen (5.2) in Abhängigkeit von den spezifischen Lebensformen und -welten. Sie berücksichtigt zudem Lernvoraussetzungen wie etwa die soziale Herkunft und die Lernbiografie.

Bildungsentwürfe 5.1

Bildung verweist auf ein **humanistisches Konzept** vielseitiger Persönlichkeitsentfaltung und vernünftiger Selbstbestimmung vor dem Hintergrund einer demokratischen und gerechten Gesellschaft. Die Frage lautet: Wie kann der Mensch angeregt werden, die Möglichkeit zu vernünftiger Selbstbestimmung wahrzunehmen und die dafür erforderlichen Fähigkeiten auszubilden? Das Konzept Bildung
▶ zielt auf die Befähigung zu vernünftiger **Selbstbestimmung** und „Selbstaufklärung";

Bildung: Anregung des Menschen, die Möglichkeit zu vernünftiger Selbstbestimmung wahrzunehmen und die erforderlichen Fähigkeiten auszubilden

▶ ist darum zuallererst **Selbstbildung,** die jeder nur für sich selbst
erwerben kann;

▶ wird in der **Gemeinschaft** im Rahmen historisch-gesellschaftlicher
Gegebenheiten erworben.

Zitat 28   **Hartmut VON HENTIG – Bildung (1996)**
▼

„Bildung kann erstens einen Stoff bezeichnen, eine kanonisierte Seite von
Kenntnissen; die dazugehörigen Verben lauten ‚haben' und ‚wissen'. Bildung
kann zweitens ein Vermögen bezeichnen, die Fähigkeit oder Fertigkeit zu etwas;
die dazugehörigen Verben lauten ‚können' und ‚tun'. Bildung kann drittens einen
Prozess bezeichnen, eine Formung der Person; die kennzeichnenden Verben lauten ‚sein', ‚werden', ‚sich bewusst werden'. Die letzte Bedeutung ist nur denkbar
als ‚Sich-Bilden', jene Humboldt'sche Figur von der Wechselwirkung zwischen
Individuum und Welt, zu der mir die Formulierung ‚die Menschen stärken, die
Sachen klären' eingefallen ist. Das hat jedes Fach nun für sich zu prüfen: ‚wie
die Klärung seiner Sache zur Stärkung des jungen Menschen beiträgt'." [83]

Ziele von Bildung:
Handlungsfähigkeit für
frei gesetzte Zwecke in
wechselnden Situati-
onen, erworben in der
Auseinandersetzung
mit Selbst, Gesellschaft
und Welt

Bildung zielt auf **Handlungsfähigkeit** für frei gesetzte Zwecke in
wechselnden Situationen. Dies ist eine Kompetenz zur Auseinandersetzung mit Selbst, Gesellschaft und Welt, d.h. mit sich selbst,
mit den anderen und mit der außersubjektiven Wirklichkeit. In
den einzelnen Bildungsbereichen wird dieses Konzept unterschiedlich konkretisiert:

▶ **Schule:** „Das ganz und gar Fremde wird sich der Aneignung entziehen. Das Nahe und Vertraute bedarf ihrer nicht. Das Objekt
der Aneignung muss Anlass zu Staunen, Frage, Forschung,
Selbstprüfung geben." [84]

▶ **Erwachsenenbildung:** Bildung ist ständige „Suchbewegung",
„lebenslange Anstrengung" und „Ausdruck kritischer Beschei-
denheit". Bestimmte Themen sind für Bildung zwar bedeutungsvoll, doch lässt sie sich keineswegs nur über einen inhaltlichen
Kanon begreifen. [85]

In den Bildungstheorien werden **materiale** und **formale Ansätze**
unterschieden. Materiale Bildungstheorien fokussieren Inhalte
und Bildungsgüter, formale Theorien beschreiben zu erwerbende
Methoden und Kompetenzen (→ Infotafel 42). KLAFKI hat beide Ansätze
in der sogenannten kategorialen Bildung verbunden: Der Mensch

erschließt konkrete Bildungsinhalte einer Wirklichkeit, gleichzeitig wird er selbst für diese Wirklichkeit über allgemeine Einsichten und Erfahrungen erschlossen.[86]

Bildungstheorien[87] Infotafel 42

Materiale Bildungstheorien (Bezugspunkt: Objekt)		Formale Bildungstheorien (Bezugspunkt: Subjekt)	
Bildungstheoretischer Objektivismus	Bildungstheorie des Klassischen	Theorie der funktionalen Bildung	Theorie der methodischen Bildung
Gebildet ist, wer möglichst viel **Wissen** enzyklopädisch angehäuft hat, z.B. Septem artes liberales	**Tradierte Inhalte:** Gebildet ist, wer Goethe und Schiller gelesen und Beethovens IX. gehört hat und an ihnen sittlich gereift ist	Gebildet ist, wer die in ihm schlummernden körperlichen, geistigen und seelischen **Kräfte** tatsächlich entfaltet hat	Gebildet ist, wer das Lernen gelernt hat, **Methoden** beherrscht und instrumentelle Fähigkeiten aufgebaut hat

Heinz-Elmar TENORTH – Bildung (1994) Zitat 29

„‚Bildung' als Merkmal und Produkt eines Prozesses, in dem ‚gebildete Persönlichkeiten' sich bilden und entstehen, bezeichnet dann eine spezifische Form der subjektiven Repräsentation von Lernfähigkeit, einen zum Habitus verfestigten Stil des Umgangs mit der Welt, mit den Menschen und der Kultur."[88]

Bildung schafft Voraussetzungen für den **Umgang mit Selbst, Welt und Gesellschaft,** kontrolliert aber nicht das konkrete Handeln. Dementsprechend sind die Anlässe für Bildung vielfältig und entziehen sich einer genauen Bestimmung (→ Zitat 30). Maßstäbe wie beispielsweise „Abscheu und Abwehr von Unmenschlichkeit" beschreiben, woran sich erkennen lässt, ob Bildung stattgefunden hat. Konkrete Anweisungen für Lehrpersonen sind ihnen nicht zu entnehmen.

Hartmut VON HENTIG – Bildungsanlässe (1996) Zitat 30

„Was bildet den Menschen? (…) ‚Alles' – Alles, selbst wenn es langweilt oder gleichgültig lässt oder abschreckt. Dann ist dies die bildende Wirkung. (…) Tatsächlich bildet d. i. veredelt ihn jedoch nur weniges, fast nichts".[89]

Ökonomische versus pädagogische Vernunft: Instrumentelles und reflexives Lernen unterscheiden sich hinsichtlich ihrer didaktischen Spielräume und Szenarien

Wenn Lernen zur gesellschaftlichen Selbstverständlichkeit wird, stellt sich die Frage, mit welchen Bildungszielen und -inhalten dies zu geschehen hat. Insbesondere ist damit auch das Verhältnis von **ökonomischer** und **pädagogischer Vernunft** berührt (→ Zitat 31, Zitat 32). Ökonomische Verwertungszwänge lassen sich nicht notwendig mit bildungstheoretischen Überlegungen zusammenbringen. Instrumentelles und reflexives Lernen unterscheiden sich hinsichtlich ihrer didaktischen Szenarien und Spielräume, Methoden und Medien.

Zitat 31   **Erhard MEUELER – Qualifikationslernen versus Bildung (1993)**

„Der Druck auf den einzelnen, immer wieder seine Qualifikationen zu erweitern und neue Qualifikationen zu erwerben, hat aus dem ‚lebenslangen' Lernen (klingt gut!) ein ‚lebenslängliches' Lernen (klingt weniger gut!) gemacht." – „Ich möchte dem betrieblichen Qualifikationslernen den Ehrentitel ‚Bildung' verweigern." [90]

Zitat 32   **Rolf ARNOLD – Qualifikationen als Teil von Bildung (1994)**

„‚Selbständigkeit' und ‚Kommunikative Kompetenz' (...) erhöhen nämlich eher die Wahrscheinlichkeit, dass (...) Mitarbeiter sich auch Gedanken darüber machen und sich darüber verständigen, dass es in den Betrieben auch ganz anders sein könnte." [91]

Anpassung und Widerstand: Bildung bereitet einerseits auf das Leben in einer (auch) von Zwängen geprägten Gesellschaft vor, andererseits orientiert sie auf Handlungsfähigkeit und Selbstermächtigung

Bildung hat eine Art **„Doppelcharakter"**: Einerseits bereitet sie auf das Leben in einer von Verwertungs- und Konkurrenzzwängen geprägten Gesellschaft vor, andererseits wird sie zur Voraussetzung dafür, sich dem gesellschaftlichen Verfügungsdruck zu entziehen, indem sie auf Handlungsfähigkeit und Selbstermächtigung orientiert. Dies wird in der Erwachsenenbildung in der Formel von „Anpassung und Widerstand"[92] ausgedrückt.

Zitat 33   **Heinz-Elmar TENORTH – Schule und Bildung (2006)**

„Die Rede vom ‚Kerngeschäft' besagt zugleich, dass alle Ansprüche jenseits des systematischen Lernens nur im Medium der Arbeit an den Problemen mit bedient werden, die systematisches Lernen aufwirft: ‚Bildung des Subjekts' ist dem Prozess nicht fremd, aber sie ist Leistung des Subjekts und Schule ist dafür nur ein ‚Lernanlass' neben anderen, ohne Anspruch auf Priorität oder besondere Leistungsfähigkeit." [93]

Zielgruppen

Didaktik hat immer auch eine gesellschaftliche und zielgruppenspezifische Dimension. Dies gilt insbesondere angesichts des Umstands, dass nicht nur die **Lebensformen und -welten** vielfältig geworden sind, sondern auch entsprechend vielgestaltige Bildungsnormen mit entsprechenden Begründungen entstanden sind (→ Zitat 34).

Zielgruppenorientierung: Vielfalt an Lebenswelten, Lebensformen und Lernpräferenzen berücksichtigen

---

Wolfgang KLAFKI – Erziehungsziele (1970)   Zitat 34

▼

„Die meisten Erziehungsziele, die bislang in der pädagogischen Literatur formuliert oder in der Erziehungspraxis verfolgt wurden, waren bewusst oder unbewusst an bestimmte gesellschaftlich-kulturelle Gruppen gebunden, selbst wenn diese Ziele sprachlich so formuliert wurden, als gälten sie für den Menschen schlechthin oder mindestens für alle Menschen eines Volkes, einer Kultur- oder Sprachgruppe. In Wahrheit waren die Grenzen der Geltung bestimmter Erziehungsziele oder ganzer Zielsysteme oder Bildungsideale jeweilig viel enger gezogen." [94]

Unterschiedliche **Lebensstile,** Alltagsästhetiken und Geschmacksrichtungen wirken sich auf Bildung in vielfältiger Weise aus: Sie lenken das Interesse an Weiterbildung, bestimmen Bedarfe und führen zu bestimmten Institutionen und Themen. Aus didaktischer Perspektive wichtig ist, dass sie sich auch auf die Wahl von Veranstaltungsformen, Methoden und Medien, Umgangsformen und Kommunikationsstilen auswirken (→ Infotafel 43).

Erwartungen an Bildung   Infotafel 43

▼

Eine durch die Friedrich-Ebert-Stiftung beauftragte Untersuchung des Heidelberger SINUS-Instituts zur Milieustruktur und zu Motivationen von Teilnehmern der politischen Bildung macht folgende Zuordnungen aus:

▶ Zur „Stammklientel" der politischen Bildung gehört weniger die traditionelle Arbeiterschaft, sondern vor allem die „vom Wertewandel besonders stark geprägten Milieus: technokratisch-liberales Milieu, hedonistisches Milieu, alternatives Milieu und Neues Arbeitnehmermilieu".

▶ Diese Milieus unterscheiden sich nicht nur hinsichtlich ihrer inhaltlichen Interessen, sondern auch hinsichtlich ihrer didaktischen und ästhetischen

Präferenzen, d.h. ihrer bevorzugten Lernmethoden, Kommunikationsstile, wissenschaftlichen Ansprüche, Erwartungen an das Ambiente.

▶ Die Bewertung der Veranstaltungen hängt nur zum geringeren Teil von der didaktischen Qualität ab. Stärker fließen die zwischenmenschlichen Beziehungen, die Arbeitsatmosphäre und der „Unterhaltungswert" in die Bewertung ein.

▶ Führungskräfte aus dem technokratisch-liberalen Milieu erwarten eher neue wissenschaftliche Erkenntnisse, Teilnehmer aus dem ökologisch-alternativen Milieu sind mehr an kreativer Eigentätigkeit interessiert.[95]

Gesellschaftliche Gruppen fokussieren, z.B. Kinder vor Schuleintritt, Jugendliche mit Migrationshintergrund, ältere Menschen

Eine konsequente **Zielgruppenorientierung** hat die Zugangsmöglichkeiten unterschiedlicher gesellschaftlicher Gruppen und deren jeweilige Motivationslage im Blick. Bestimmte Personengruppen sind etwa besonders gefährdet, aus dem Prozess des lebenslangen Lernens ausgeschlossen zu werden bzw. zu bleiben:

▶ bestimmte Altersgruppen, z.B. Kinder vor Schuleintritt, ältere Menschen;

▶ Personengruppen mit bestimmten Sozialisationen und berufsbiografischen Verläufen, z.B. Schüler mit Migrationshintergrund, Schüler mit Lernproblemen;

▶ Jugendliche ohne Schul- oder Lehrabschluss.

Eine früh einsetzende Förderung auf allen Ebenen kann dazu beitragen, dass der Entstehung bzw. Verbreiterung **bildungsferner Schichten** entgegengesteuert wird. Eine konsequente Zielgruppenorientierung drückt sich auch darin aus, dass Personen mit **besonderen Begabungen** (z.B. Hochbegabte) spezielle Formen der Förderung erfahren.

Erwachsene als Zielgruppe: Unterschiede bei sozialer Herkunft, Lernbiografie und Erwartungen

Erwachsene als Zielgruppe machen es notwendig, die mitgebrachten Lernvoraussetzungen genau zu beleuchten. Beispielsweise unterscheiden sich soziale Herkunft, Lernbiografie und Erwartungen der Lernenden teilweise deutlich voneinander (→ Infotafel 44). Didaktische Arrangements in der Erwachsenenbildung tragen diesen Bedingungen des Lehrens und Lernens Rechnung. Sie ergänzen Unterricht in schulischer Tradition – das planmäßige und zielorientierte Lehren und Lernen in curricularer und sozialer Ordnung – durch andere Formen des Lernens von Coaching und Sokratischem Gespräch bis hin zu E-Moderation und open university.

Bedingungsanalyse in der Erwachsenenbildung   Infotafel 44

▼

Rolf ARNOLD, Antje KRÄMER-STÜRZL & Horst SIEBERT analysieren die Voraussetzungen des Lernens Erwachsener:

▶ Aus welchen Sozialmilieus und aus welchen Bildungskarrieren kommen die Teilnehmerinnen und Teilnehmer?

▶ Welche Einstellungen, Sichtweisen und Deutungsmuster haben sie dort erworben? Wie sieht ihr persönlicher und beruflicher Erfahrungsbereich aus?

▶ Wie ist die Adressatengruppe intern strukturiert (Geschlecht, Alter, berufliche Position)?

▶ Wie verlief die bisherige Bildungsgeschichte der Teilnehmerinnen und Teilnehmer? Welche Lehr- und Lernformen wurden kennengelernt?

▶ Welche fachlichen und methodischen (z.B. Lernstrategien) Voraussetzungen bringen die Teilnehmerinnen und Teilnehmer mit, um die Lernziele zu erreichen?

▶ Welche Erwartungen haben die Teilnehmerinnen und Teilnehmer an den Gegenstand, an ihre Weiterbildung und an ihre zukünftige berufliche oder persönliche Entwicklung?

▶ Mit welchen extremen Lernverhaltensweisen (Lernschwierigkeiten, Sonderbegabungen, mangelnde Belastbarkeit usw.) ist in der Adressatengruppe zu rechnen? [96]

Erwachsenenbildung – mehr als Unterrichten   Aufgabe 16

▼

Peter FAULSTICH und Christine ZEUNER führen in die didaktischen Modelle der Erwachsenenbildung ein: „Erwachsenenbildung als Lernvermitteln – mehr als Unterrichten" heißt der Titel ihres Kompendiums. Dort schreiben sie: „Verglichen mit Schule muss Erwachsenenbildung deshalb von Anfang an einen weiteren Horizont entfalten. Es geht hier nicht um ‚Unterricht' in einem eingeschränkten Sinn von Vermittlung von Vorgegebenem, sondern um Lernvermitteln für aktive Individuen – zumindest wird in der Erwachsenenbildung klarer, was eigentlich auch für Schule gilt. Es geht auch nicht um ‚Stoff' im Sinne feststehender Inhalte, sondern um Interessen und Probleme aus den Lebenszusammenhängen der Teilnehmenden. Die Scheuklappen, die sich eine schulbezogene Didaktik eigentlich auch schon lange nicht mehr anlegen kann, fallen weg, und es entsteht ein hohes Maß an Offenheit, aber auch an Ungeklärtheit." [97]

▶ Warum gehen FAULSTICH und ZEUNER auf Distanz zu der Tätigkeit des „Unterrichtens"?

▶ Was kann „Lernvermitteln" in der didaktischen Praxis bedeuten?

Literatur: Bildung

Arnold, Rolf, Krämer-Stürzl, Antje & Siebert, Horst: Dozentenleitfaden – Planung und Unterrichtsvorbereitung in Fortbildung und Erwachsenenbildung, Berlin 1999, S. 9–72

Klafki, Wolfgang: Das pädagogische Problem des Elementaren und die Theorie der kategorialen Bildung, Weinheim 1957

Liessmann, Konrad Paul: Theorie der Unbildung – Die Irrtümer der Wissensgesellschaft, Wien 2006

Meueler, Erhard: Die Türen des Käfigs, Stuttgart 1993

Siebert, Horst: Didaktisches Handeln in der Erwachsenenbildung – Didaktik aus konstruktivistischer Sicht, 5., überarbeitete Aufl. Augsburg 2006

Siebert, Horst: Lernmotivation und Bildungsbeteiligung, Bielefeld 2006

Tenorth, Heinz-Elmar: „Alle alles zu lehren" – Möglichkeiten und Perspektiven allgemeiner Bildung, Darmstadt 1994

von Hentig, Hartmut: Bildung, München u.a. 1996

Lernen | 6

Drei Lerntheorien (6.1) werden vorgestellt: Der behavioristische Ansatz fasst das lernende Individuum als unzugängliche „black box" auf, der kognitivistische Ansatz nimmt die internen Prozesse der Informationsaufnahme und -verarbeitung in den Blick, und der konstruktivistische Ansatz betont die subjektive Genese von Wissen. Die Gedächtnis- und Lernforschung (6.2) liefert – teilweise auch mit Bezug zur Neurobiologie – didaktisch relevante Erkenntnisse: Dazu zählen unter anderem das Drei-Speicher-Modell des Gedächtnisses, der Zusammenhang zwischen Gedächtnisleistung und Verarbeitungstiefe, die Links-Rechts-Organisation des Gehirns und der Einfluss von Emotionen auf den Lernprozess. Die Unterrichtsforschung (6.3) beschäftigt sich mit der theoriegeleiteten Beschreibung, Erklärung und Optimierung von institutionalisierten Lernprozessen. Gütekriterien für Unterricht werden mit Bezug auf empirische Belege formuliert. Eine besondere Rolle spielen die Aspekte Lernmotivation und Transfer: Der erste ist zugleich Voraussetzung und Ergebnis von Lernprozessen, der zweite fokussiert Fragen der Umsetzung und Anwendung des Gelernten.

6.1 | Lerntheorien

Lerntheorien beschreiben Vorstellungen davon, wie Lernen (→ Definition 4) stattfindet und welche Variablen dabei in welcher Weise beteiligt sind. Je nach Lerntheorie ergeben sich unterschiedliche Konsequenzen für die Lehre. So gibt es beispielsweise einen Zusammenhang zwischen einer konstruktivistischen Lerntheorie, die Lernen als selbstgesteuerten Konstruktionsprozess beschreibt, und einer konstruktivistischen Didaktik, die Lehren als das Gestalten von anregenden Lernumgebungen begreift.

Definition 4　　　**Lernen**
▼

Lernen ist ein Vorgang, der zu relativ stabilen Veränderungen im Verhalten oder im Verhaltenspotenzial führt und auf Erfahrung aufbaut. Dieser Prozess ist nicht direkt zu beobachten, sondern muss aus den Veränderungen des beobachtbaren Verhaltens erschlossen werden.[98]

In der Reihenfolge ihres Entstehens lassen sich drei **lerntheoretische Ansätze** unterscheiden:
▶ der Behaviorismus (ca. 1920er-Jahre)
▶ der Kognitivismus (ca. 1960er-Jahre)
▶ der Konstruktivismus (ca. 1990er-Jahre.

Behaviorismus: Reiz-Reaktions-Lernen und Verstärkung

Der **behavioristische Ansatz** fasst das Individuum als „black box" auf, die einen Reiz als Input erhält und hierauf reagiert. Von Interesse sind ausschließlich die beobachtbaren Verhaltensweisen, nicht jedoch die intern ablaufenden Prozesse. Der Behaviorismus nimmt an, dass Menschen ein bestimmtes Verhalten am wahrscheinlichsten zeigen, wenn dieses über Belohnungen positiv verstärkt wird. Demzufolge werden die einzelnen Lernschritte so gestaltet, dass der Lernstoff aktiv zu bearbeiten ist, eine hohe Erfolgswahrscheinlichkeit besteht und eine Rückmeldung erfolgt. Die Inhalte werden in kleinste Lernschritte zerlegt und meist linear gereiht.

Diese Lerntheorie geht auf Experimente des russischen Physiologen Iwan PAWLOW zurück, der Ende des 19. Jahrhunderts das Prinzip der klassischen **Konditionierung** formulierte. Durch Kombination eines natürlichen Reizes mit einem neutralen Reiz zeigte er, dass eine Reiz-Reaktions-Verbindung zu einem konditionierten, d.h. neu erlernten Reflex führt. Parallel hierzu fand der amerikanische Wissenschaftler Edward L. THORNDIKE heraus, dass sich Reaktionen einprägen, wenn sie belohnt werden. Burrhus F. SKINNER übertrug diese Reiz-Reaktions-Erkenntnisse auf das Lernverhalten von Menschen und die Gestaltung von Unterricht.

Der in den späten 50er-Jahren entstandene **kognitivistische Ansatz** nimmt die internen Prozesse der Informationsaufnahme und -verarbeitung in den Blick: Erwartung und Motivation, Aufnahme und Speicherung, Erinnerung und Transfer. Ein Individuum verarbeitet – abhängig vom jeweiligen Entwicklungs- und Erfahrungsstand – Reize aktiv über die jeweiligen Wahrnehmungs- und Verarbeitungsschemata. Lernen wird somit als Prozess aufgefasst, bei dem neue Informationen nicht nur aufgenommen, sondern intern verwendet und mit dem bisherigen Wissen in Verbindung gebracht werden. Durch diese netzwerkartigen Verknüpfungen erweitern sich die kognitiven Strukturen.

Kognitivismus: kognitive Strukturen und Informationsverarbeitung

Das für die kognitive Lerntheorie charakteristische **Problemlöseparadigma** stützt sich auf diese kognitiven Strukturen. Mit ihrer Hilfe werden Probleme erfasst und neue Zusammenhänge gebildet. Jedes Problem bedeutet eine Neuorganisation bisheriger Erfahrungen. Zur Anwendung kommt diese Lerntheorie auch beim Erlernen von Regeln, die Relationen zwischen Fakten aufdecken und beschreiben.

Der **konstruktivistische Ansatz** geht davon aus, dass es keine objektive Realität gibt bzw. diese nicht direkt zugänglich ist. Wissen ist demzufolge nicht Abbild externer Realitäten, sondern Ergebnis eines Erkenntnisprozesses. Es entsteht durch die eigenständige Interpretation des Individuums in einem konstruktiven Prozess. Ausschlaggebend ist, dass hier ein geschlossenes System der Informationsverarbeitung angenommen wird, obwohl sich das Individuum mit seiner Umwelt austauscht. Dieses geschlossene Lernsystem kann sehr wohl „irritiert", keineswegs aber direkt gesteuert werden.

Konstruktivismus: geschlossenes Lernsystem, Irritation und subjektive Konstruktionen

Vertreter des Konstruktivismus nehmen an, dass Wissen im Lernprozess subjektiv und individuell konstruiert wird. Das neu aufgebaute Wissen schließt immer an das jeweilige Vorwissen an und ist mit diesem auf das Engste verwoben. Eine direkte „Weitergabe" oder „Übermittlung" von Wissen an andere Personen ist unmöglich, an die Stelle von „Lehren" tritt die „Gestaltung von Lernszenarien". Konstruktivistisch orientierte Ansätze bieten

Lernumwelten, in denen vielfältige Konstruktionsleistungen möglich sind. Zudem wird die menschliche Interaktion betont, da der Aufbau von Wissen als Prozess der Interpretation und des Aushandelns aufgefasst wird.

Infotafel 45   **Lerntheorien**

▼

 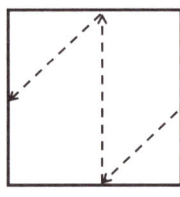 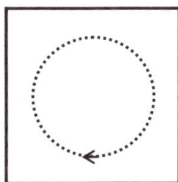

Behaviorismus
Fokus: „Black box"

Kognitivismus
Fokus: Interne
Verarbeitungsprozesse

Konstruktivismus
Fokus: Selbstreferenz,
d.h. die eigenen
Zustände werden nur
intern gesteuert

Vereinbarkeit von Behaviorismus, Kognitivismus und Konstruktivismus: schließen sich hinsichtlich ihrer Folgerungen nicht grundsätzlich aus

Die drei genannten Lerntheorien schließen einander nicht grundsätzlich aus, jedenfalls nicht hinsichtlich ihrer **Folgerungen.** Zwar ist beispielsweise eine Vorstellung, die Lernen unter dem Reiz-Reaktions-Paradigma sieht und interne Verarbeitungsprozesse ausklammert, nicht mit kognitivistischen oder konstruktivistischen Ansätzen vereinbar. Diese betonen in unterschiedlich starkem Maße die individuellen Konstruktionsleistungen. Doch taucht bei allen drei Ansätzen beispielsweise der Hinweis auf, die Lernenden zu aktivieren – wenn auch in unterschiedlich starkem Maße und auf unterschiedliche Weise. Und obgleich eine rein behavioristische Sichtweise des Lernens heute stark kritisiert wird, hat diese Theorie weiterhin ihre Berechtigung. Gerade zum Erlernen von Grundlagen oder Fakten, die keine hohen Ansprüche an die kognitive Verarbeitung stellen, kann eine kleinschrittige, lineare und belohnungsorientierte Vorgehensweise sinnvoll sein (→ Infotafel 46).

Anwendung der Lerntheorien (Beispiele) Infotafel 46

▼

Behaviorismus: Kleinschrittiges Lernen mit Wiederholungen und Verstärkungen bestimmen diesen Ansatz, z.B. im Sprachunterricht. Vokabeln und teilweise auch die Grammatik werden durch schrittweise Wiederholungen und direkte Rückmeldungen aufgenommen.

Kognitivismus: Die kognitive Verarbeitung und der Aufbau bzw. die Modifikation kognitiver Strukturen prägen diesen Ansatz, z.B. bei Software-Lernprogrammen. Nach einer kurzen Erklärung der Funktionen werden die Lerner aufgefordert, das neue Wissen auszuprobieren. Bei Bedarf gibt es gezielte Hilfestellungen.

Konstruktivismus: Realistische Situationen und ein konkreter Anwendungskontext bilden die Basis für das eigenständige Erkennen und Bearbeiten von Problemen, z.B. bei Fallstudien im Tourismus. Die Lerner analysieren das Problem, formulieren Lernfragen und beschaffen sich Informationen im Selbststudium.

Konsequenzen für die Lehre ergeben sich nicht nur aus den Lerntheorien, sondern auch aus **Entwicklungstheorien.** Diese beschreiben beispielsweise die geistige und kognitive Entwicklung des Menschen in Kindheit, Jugend und Erwachsenenalter und implizieren damit bestimmte Möglichkeiten des Lernens in ebendiesen Lebensphasen.

Entwicklungstheorien: beschreiben Entwicklungen des Menschen in Kindheit, Jugend und Erwachsenenalter

Die Entwicklungstheorie von Jean Piaget Infotafel 47

▼

Besonders bekannt sind die Stufen der kognitiven Entwicklung von Kindern und Jugendlichen nach Jean PIAGET.[99] Ohgleich dieses Modell inzwischen in Teilen korrigiert bzw. ergänzt wurde, hat es doch immer noch eine besondere Stellung unter den entwicklungspsychologischen Ansätzen. PIAGET unterschied vier Stufen:

▶ Sensumotorische Stufe (0–2 Jahre): sensumotorische Koordination, praktische Intelligenz und Objektpermanenz;

▶ Präoperationales Denken (2–7 Jahre): Vorstellungsvermögen (anschauliches Denken) und Sprechvermögen (egozentrisches Sprechen);

▶ Konkret-operationales Denken (7–11 Jahre): logisches Denken (begrenzt auf konkrete Dinge);

▶ Formal-operationales Denken (ab 12 Jahre): Erfassen von abstrakten Inhalten.

Aufgabe 17   **Lerntheorien und Motivation**

Die drei lerntheoretischen Ansätze Behaviorismus, Kognitivismus und Konstruktivismus deuten Lernprozesse unterschiedlich. Je nach Deutungsvariante ergeben sich unterschiedliche Konsequenzen hinsichtlich der Motivation von Lernenden (→ Infotafel 45).

▶ Welche Standpunkte lassen sich hinsichtlich der prinzipiellen „Herstellbarkeit" von Motivation unterscheiden?

▶ Nennen und erläutern Sie für den jeweiligen Ansatz Vorgehensweisen und Techniken, die Motivation herstellen oder befördern.

6.2 | Gedächtnis- und Lernforschung

Lernforschung: keine direkte Ableitung didaktischer Handlungsregeln, aber auch keine Beliebigkeit des Lehrens und Lernens

Aus Lern- und Gedächtnispsychologie und – seit den 90er-Jahren verstärkt auch aus Neurophysiologie und Gehirnforschung – kommen Erkenntnisse, die didaktisch relevant sind. Eine direkte Ableitung didaktischer Handlungsregeln ist zwar nicht möglich (→ Kap. 2.4), doch gibt es umgekehrt auch keine Beliebigkeit des Lehrens und Lernens. Abhängig von der jeweiligen didaktischen Situation, der Art der Forschungsergebnisse und dem Grad der empirischen Bewährung lassen sich Zusammenhänge ausmachen (→ Zitat 35).

Zitat 35   **Manfred SPITZER – Lehren und das Organ des Lernens (2003)**

„Jeder Koch sollte über Ernährung und Verdauung Bescheid wissen, und jeder Trainer sollte wissen, wie Muskeln funktionieren. Der Frisör weiß etwas von Haaren, und die Kosmetikerin kennt sich aus mit der Haut und den Nägeln. Wer lehrt, sollte etwas vom Lernen und dem Organ des Lernens, dem Gehirn, verstehen." [100]

Im Folgenden werden exemplarisch drei Beiträge aus der Gedächtnis- und Gehirnforschung vorgestellt:

▶ das Konzept der Verarbeitungstiefe,

▶ das Drei-Speicher-Modell des Gedächtnisses,

Konzept der Verarbeitungstiefe: Intensität der Verarbeitung korreliert mit Gedächtnisleistung

▶ die Links-Rechts-Organisation des Gehirns

Viele Forschungsergebnisse weisen darauf hin, dass Lernen als Aktivität aufzufassen ist und dass die Qualität des Lernens von der

Verarbeitungstiefe (→ Infotafel 48) abhängt. Wer sich mit bestimmten Inhalten intensiv auseinandersetzt, hat große Chancen, diese auch erfolgreich zu lernen. In Experimenten wurden Versuchspersonen gebeten, sich mit bestimmten Wörtern unterschiedlich intensiv zu beschäftigen. Es konnte gezeigt werden, dass die Intensität der Verarbeitung mit der Gedächtnisleistung korreliert.

Die Verarbeitungstiefe	Infotafel 48

Versuchspersonen wird eine Liste von Wörtern gezeigt, je eines nach dem anderen für jeweils eine Sekunde. Eine Liste sieht beispielsweise wie folgt aus:

MENSCH, buch, wand, fließen, HÖREN, sehen, auto, rose, FALLEN, LAUFEN, erwärmen, HAND, STUHL, SPIEGEL, spielen, katze, VOGEL, DREHEN, regnen, leuchten, HIMMEL, TRINKEN, SPRECHEN, ast

Die Versuchspersonen haben die Aufgabe, (aufgeteilt nach einzelnen Gruppen) jeweils eine Frage hinsichtlich dieser Wortlisten zu beantworten:

▶ Gruppe 1: Ist es mit Großbuchstaben oder mit Kleinbuchstaben geschrieben?
▶ Gruppe 2: Ist es ein Substantiv oder ein Verb?
▶ Gruppe 3: Bezeichnet es etwas Belebtes oder etwas Unbelebtes?

Ergebnis: Wer eher formal nach Groß- und Kleinschreibung unterscheiden muss, erinnert wenig. Wer hinsichtlich Substantiv und Verb unterscheiden muss, erinnert besser. Wer feststellen muss, ob das Wort etwas Belebtes oder Unbelebtes darstellt, erinnert am besten. Die Intensität der Verarbeitung von Informationen hat einen nachweisbaren Einfluss auf den Lernerfolg. [101]

Das **Drei-Speicher-Modell** (→ Infotafel 49) beschreibt drei Gedächtnisarten mit unterschiedlicher Kapazität und Speicherdauer:

▶ **Sensorischer Speicher:** Wahrnehmungen gelangen in den sensorischen Speicher und werden dort – abhängig vom Eingangskanal – für Zehntelsekunden gespeichert. Beispiel: Beim Anschauen eines (analogen) Films nimmt der Betrachter eine Vielzahl von Einzelbildern wahr. Diese erscheinen zusammenhängend, da der sensorische Speicher die visuellen Informationen so lange bereitstellt, bis das nächste Bild gezeigt wird.

▶ **Kurzzeitgedächtnis:** Informationen werden für die Dauer von Sekunden bis hin zu wenigen Minuten gespeichert. Ein bewusstes Wiederholen der Informationen – dies ist der Mechanis-

Drei-Speicher-Modell: Sensorischer Speicher, Kurzzeit- und Langzeitgedächtnis

mus der sogenannten Wiederholungsschleife – sorgt für eine längerfristige Präsenz. Das Arbeitsgedächtnis ist nicht nur von begrenzter Verweildauer, sondern auch von begrenzter Kapazität. Gespeichert werden sieben +/- zwei gebündelte Informationseinheiten, z.B. ein Satz anstelle einzelner Wörter oder eine Zahl anstelle von Ziffern. Beispiel: Der Gehalt eines längeren Satzes lässt sich nur begreifen, wenn auch der Satzanfang erinnert wird. Oder: Kopfrechnen ist dadurch möglich, dass das Ergebnis einer Zwischenrechnung für eine längere Zeit verfügbar ist.[102]

▶ **Langzeitgedächtnis:** Informationen, die einmal in das Langzeitgedächtnis gelangt sind, werden dauerhaft gespeichert. Ist ein Erinnern an zuvor langzeitgespeicherte Informationen nicht mehr möglich, so ist davon auszugehen, dass der assoziative Zugriff nicht gelingt. Eine kapazitive Begrenzung des Langzeitspeichers ist nicht bekannt. Beispiel: Beim Erinnern eines Liedinterpreten geht es darum, den Zugang zu dieser langzeitgespeicherten Information zu finden. Vielfältiges Probieren, z.B. Anfangsbuchstabe des Sängers, Titel ähnlichen Musikstils, Situation des erstmaligen Hörens usw., führt häufig zum gewünschten Erfolg. Beim richtigen Erinnern signalisiert ein Aha-Gefühl, dass die gefundene mit der gesuchten Information identisch ist.

Infotafel 49	Drei-Speicher-Modell

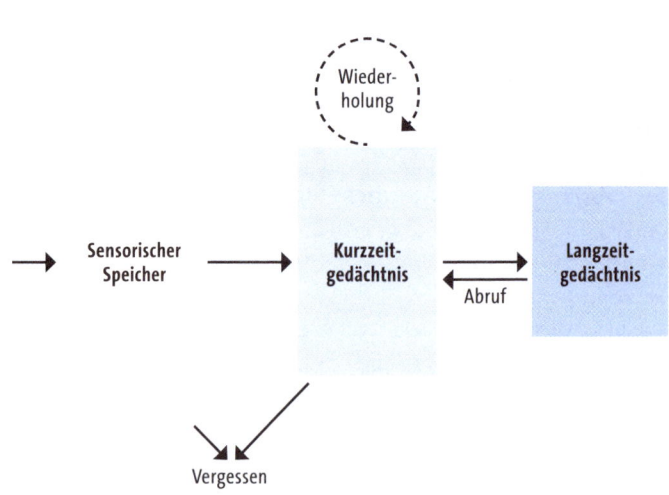

Frederic VESTER – „Flaschenhals der Datenreduktion" (1999)   Zitat 36

„Das Ziel der Gehirnaktivität ist eine Minimierung von Daten und nicht die Erfassung einer möglichst großen Datenmenge. Auf diese Weise wird der von außen über die Sinnesorgane einfließende Informationsstrom durch Auswahl und Verarbeitung – ohne dass wir uns dessen bewusst würden – zunächst auf ein Millionstel der Menge reduziert und dann durch Assoziationsvorgänge und Resonanz mit gehirneigener Information wieder aufgestockt. Dadurch wird die ankommende externe Information erst einmal von irrelevantem Ballast entkleidet und dann durch im Gehirn vorhandene Information unbewusst mit einem neuen Outfit versehen, sozusagen personalisiert. Eine Gehirnwäsche im umgekehrten Sinn: nicht das Gehirn wird gewaschen, sondern es selbst wäscht den hindurchströmenden Informationsfluss. Dieser ‚Flaschenhals der Datenreduktion' symbolisiert eine zentrale Aufgabe aller Lebewesen, die darauf abzielt, die Wirklichkeit schon mit wenigen Ordnungsparametern in ihrer Gesamtheit zu erfassen, gleichsam ihr ‚Gesicht' zu erkennen." [103]

Links-Rechts-Organisation des Gehirns   Infotafel 50

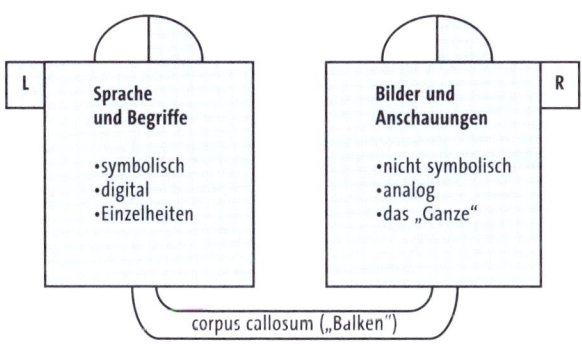

Ein – auch in Lernratgebern – häufig besprochenes Thema ist die sogenannte **Links-Rechts-Organisation des Gehirns** (→ Infotafel 50). Die beiden Hemisphären des Großhirns haben unterschiedliche Funktionen, die allerdings weit weniger stark ausgeprägt sind, als dies häufig angenommen wird. Während die linke Hirnhälfte mehr für gesprochene und geschriebene Sprache sowie mathematische Fähigkeiten zuständig ist, liegt die Kompetenz der rechten im

Links-Rechts-Organisation des Gehirns: gesprochene und geschriebene Sprache (eher links) und räumliches Vorstellungsvermögen (eher rechts)

räumlichen Vorstellungsvermögen und dem Erkennen von Mustern. Eindeutige Zuordnungen sind nur schwer möglich, was sich am Beispiel der Sprache nachvollziehen lässt: In der linken Gehirnhälfte sind Laute und Wortbedeutungen lokalisiert, in der rechten die Sprachmelodie und der emotionale Bestandteil von Sprache.[104]

Die vorgetragenen Ergebnisse aus der Gedächtnis- und Lernforschung sind in manchen Fällen nicht unproblematisch, was sich an zwei Beispielen nachvollziehen lässt: Die Darstellung zur **Behaltenswirkung von Sinnesmodalitäten** (→ Infotafel 51) findet sich seit Jahren in der populärwissenschaftlichen Literatur, obgleich wissenschaftlich fundierte Belege ausstehen. Die Untersuchungen zum **Regellernen** (→ Infotafel 52) haben zwar ein empirisches Fundament, doch ist keineswegs klar, ob die Befunde hinsichtlich ihres empirischen Gehalts so stark sind, dass sich daraus didaktische Konsequenzen ergeben. Zudem wäre die Beschaffenheit der didaktischen Handlungsregeln für unterschiedliche Zielgruppen und Situationen genau auszumachen.

Infotafel 51	**Populäre Darstellung zur Behaltenswirkung von Sinnesmodalitäten**

▼

Die folgende Darstellung findet sich in unterschiedlichen Spielarten seit Jahrzehnten in der populärwissenschaftlichen Literatur. Eine wissenschaftliche Quelle dazu gibt es nicht:

Modalitäten	Behaltenswirkung
Lesen	ca. 10 %
Hören	ca. 20 %
Sehen	ca. 30 %
Hören und Sehen	ca. 50 %
Nacherzählen	ca. 70 %
Tun	ca. 90 %

Die Tabelle täuscht eindeutige Forschungsergebnisse vor. Bernd WEIDENMANN argumentiert: „Es ist wissenschaftlich nicht gesichert, dass etwa bei visueller und auditiver Darbietung mehr als doppelt so viel behalten wird als bei lediglich auditiver Präsentation. Die Lernpsychologie geht eher davon aus, dass der Wissenserwerb von einer Vielzahl von Bedingungen abhängt und die Sinneskanäle dabei eher eine zweitrangige Rolle spielen." [105]

„Regelabstraktionsmaschinen"   Infotafel 52

▼

Manfred SPITZER stellt die Hypothese auf, dass sich Lernende aus Beispielen ihre Regeln selbst entwickeln. So konnte beispielsweise in Untersuchungen mit Säuglingen gezeigt werden, dass bereits in diesem frühen Alter sprachliche Strukturen gelernt werden. Die Säuglinge waren in der Lage, Strukturen der Art ABA (z.B. „ga ti ga") von solchen der Struktur ABB (z.B. „li na na") zu unterscheiden. Es entwickelte sich ein regelhaftes Vorgehen, ohne dass die Kinder nach Regeln gelernt hätten. SPITZER bezeichnet Gehirne als „Regelabstraktionsmaschinen", die auf das Lernen von Allgemeinem ausgerichtet sind. Objekte, z.B. ein Gesicht, oder Regeln, z.B. die Diagnose einer baustatischen Zeichnung, gehören zu diesem Allgemeinen und werden durch bestimmte Muster von Neuronen repräsentiert. Während das Lernen von Allgemeinem eher der neurophysiologische Normalfall ist, ist das Lernen von isolierten Einzelheiten, z.B. bestimmten Orten oder Ereignissen, eher die Ausnahme. [106]

Neben den bereits exemplarisch vorgestellten Aspekten aus der Lernpsychologie und Gehirnforschung gibt es weitere für das Lernen bedeutsame Forschungsergebnisse, die nur angedeutet werden können:

▶ **Emotionen:** Lernen wird durch Emotionen vielfältig beeinflusst. Sie regen an, steuern die Aufmerksamkeit, erschließen Erinnertes und fördern die Ordnung von Denkinhalten (→ Infotafel 53).

▶ **Bauchhirn:** Das Verdauungssystem – auch als Bauchhirn bezeichnet – begleitet alle emotionalen Prozesse und bildet eine Art „Gefühlsteppich", der über die sogenannten somatischen Marker Entscheidungen beeinflusst (→ Zitat 37).[107]

▶ **Entwicklungspsychologische Lernforschung:** Erkenntnis zu Lernstilen, Lerntechniken und Lerninteressen Erwachsener werden hier zusammengetragen (→ Infotafel 54).

Weitere Themen aus der Lernforschung: Emotionen, Bauchhirn, entwicklungspsychologische Lernforschung u.a.

Emotionen und Lernen   Infotafel 53

▼

Luc CIOMPI hat beschrieben, in welch vielfältiger Weise Emotionen Lernprozesse beeinflussen:

▶ Emotionen liefern Energie, z.B. befördern Wünsche und Ängste Lernprozesse.

▶ Emotionen steuern die Aufmerksamkeit, z.B. sorgen Stimmungen dafür, dass die Welt „mit anderen Augen" wahrgenommen wird.

▶ Emotionen öffnen oder schließen den Zugang zu Gedächtnisinhalten, z.B. werden emotional besetzte Ereignisse gut erinnert.

▶ Emotionen fördern die Ordnung von Denkinhalten, z.B. entsprechen übersichtliche und widerspruchsfreie Strukturen dem Bedürfnis nach Ordnung.[108]

Zitat 37	**Antonio DAMASIO – Somatische Marker (2004)**

„Somatische Marker nehmen uns das Denken nicht ab. Sie helfen uns beim Denken, indem sie einige (gefährliche oder günstige) Wahlmöglichkeiten ins rechte Licht rücken und sie rasch aus allen weiteren Überlegungen ausklammern. Sie können sich das Ganze als ein automatisches System zur Bewertung von Vorhersagen vorstellen, das die außerordentlich verschiedenen Szenarien Ihrer antizipierten Zukunft beurteilt, ob Sie es wünschen oder nicht. Es handelt sich gewissermaßen um einen Tendenzapparat." [109]

Infotafel 54	**Entwicklungspsychologische Lernforschung für Erwachsene**

▶ Die Lernprozesse sind störanfällig, kurzfristig Gelerntes kann schlechter erinnert werden, im Gegensatz dazu sind früher gelernte Inhalte gut abrufbar.

▶ Das Lerntempo verringert sich im Alter. Unter Zeitdruck liefern Ältere meist schlechtere Testergebnisse als Jüngere.

▶ Die Unterschiede der Lernstile und Lerninteressen nehmen im höheren Alter noch zu.

▶ Ältere haben vielfältige Erfahrungen gemacht und ein Lebenswissen erworben, das es ihnen erleichtert, zwischen wichtigen und unwichtigen Informationen zu unterscheiden und neues Wissen in ihre Wissensnetze zu integrieren.

▶ Ältere verfügen meist über weniger Lerntechniken als Jüngere.[110]

Aufgabe 18	**Didaktische Konsequenzen aus der Gedächtnisforschung**

Die vorgestellten Gedächtnismodelle beleuchten unterschiedliche Aspekte des Lernprozesses (→ Infotafel 49, Infotafel 50). Prüfen Sie hinsichtlich des jeweiligen Modells, welche didaktischen Handlungen mit den bezeichneten Bedingungen des Lernens verträglich sind:

▶ das Konzept der Verarbeitungstiefe,

▶ das Drei-Speicher-Modell des Gedächtnisses,

▶ die Links-Rechts-Organisation des Gehirns.

Unterrichtsforschung | 6.3

Ewald TERHART – Didaktik und Lehr-Lernforschung (2005) Zitat 38

„Fremde Schwestern – Zum Verhältnis von Allgemeiner Didaktik und empirischer Lehr-Lern-Forschung (...) Sicherlich sind die historischen Entstehungskontexte und die gegenwärtigen Aufgaben unterschiedlich – bei der Allgemeinen Didaktik ist die Ausbildungsaufgabe für eine normativ-praktische Berufstätigkeit dominierend, bei der Lehr-Lern-Forschung der szientifische Aspekt der Gewinnung von Erkenntnissen, aber gleichwohl gibt es letztlich den gemeinsamen Auftrag der Weiterentwicklung der Unterrichts- und Schulqualiät." [111]

Zentraler Gegenstand der Unterrichtsforschung ist die theoriegeleitete Beschreibung, Erklärung und Optimierung von institutionalisierten Lehr-Lern-Prozessen. Damit richten die Forscher ihr Augenmerk beispielsweise auf den Zusammenhang von Aufgabenstellung, Lernphasen, Lernproblemen und Lernergebnissen oder auf die Förderung und Entwicklung selbstregulativer Fähigkeiten.

Unterrichtsforschung: theoriegeleitete Beschreibung, Erklärung und Optimierung von institutionalisierten Lehr-Lern-Prozessen

Franz E. WEINERT – Erfolgreicher Unterricht (1996) Zitat 39

„Lehrer können auf eine sehr unterschiedliche, aber nicht beliebige Art und Weise gleichermaßen guten und erfolgreichen Unterricht halten." [112]

Werner JANK und Hilbert MEYER haben aus Meta-Analysen zentrale didaktische **Gütekriterien** ermittelt, für die sich ihrer Auffassung nach ausreichende empirische Belege finden lassen. Sie haben folgende Gütekriterien für schulischen Unterricht zusammengetragen:

Gütekriterien für Unterricht nach JANK/MEYER: Strukturierung, „echte" Lernzeit, Methodenvielfalt, Schülerfeedback u.a.

▶ Klare **Strukturierung** des Unterrichtsablaufs, d.h. Aufgabenstellung, Ablauf und Rollenverteilung sind allen Beteiligten klar.
▶ Hoher Grad **„echter" Lernzeit** der Schüler, d.h. organisatorische Absprachen und notwendige Interventionen geschehen quasi nebenbei.
▶ **Fachliche Korrektheit.**

▶ Klar formulierte und kontrollierte **Leistungserwartungen,** d.h. das Schülerverhalten richtet sich daran aus.

▶ Erfolgreiche Steuerung der **Schüleraufmerksamkeit,** d.h. den Lehrern gelingt es, das Interesse didaktisch zu lenken.

▶ **Lernfreundliche Arbeitsatmosphäre.**

▶ **Methodenvielfalt,** d.h. es werden vielfältige Lernaktivitäten gesetzt.

▶ Regelmäßiges und folgenreiches **Schülerfeedback,** d.h. das didaktische Handeln wird unterrichtliches „Thema".[113]

Gütekriterien für Unterricht nach DUBS: anspruchsvolle Lernziele, Üben, strukturierter Aufbau der Lernprozesse, gehaltvolle Lernumgebungen u.a.

Rolf DUBS hat ebenfalls verschiedene Forschungsergebnisse zur Frage des „guten" Unterrichts zusammengetragen. Seine Kriterien des „guten" Unterrichts lauten:

▶ Bedeutsame und **anspruchsvolle Lernziele** (Lernziele sind verständlich und im Hinblick auf die Lernvoraussetzungen der Lernenden bedeutsam).

▶ Aufbau von **kohärenten Wissensstrukturen.**

▶ Möglichkeiten zum **Üben** (Routinisierung von Wissen und Fertigkeiten).

▶ **Anwendung** von Wissen (in wechselnden Kontexten).

▶ Strukturierter, systematischer **Aufbau des Lernprozesses** (Aufbau auf Vorwissen, „roter Faden" ist erkennbar).

▶ **Sinngebung** für das Lernen (Bedeutung und Sinn der Lerngegenstände werden deutlich).

▶ **Gehaltvolle Lernumgebungen** (herausfordernd, sinnstiftend, relevant und anschaulich).

▶ Förderung von **anspruchsvollen Denkprozessen** (analytisches, kritisches, kreatives Denken).

▶ Ausbalancierte **methodische Unterstützung** der Lernprozesse (Methodenvielfalt; Mix von rezeptiven und konstruktiven Lernphasen; Wechsel von systematischem und kasuistischem, fremd- und selbstgesteuertem Lernen).

▶ Förderung von **selbstgesteuertem Lernen** und Metakognition.

ATI-Ansatz: unterstellt Zusammenhang zwischen individuellen Lernvoraussetzungen (aptitude) und verwendeten Lehrmethoden (treatment)

▶ Geeignete Unterstützung durch **Medien.**

▶ **Enthusiasmus,** Motivation und hohe Leistungsorientierung im Verhalten der Lehrpersonen.[114]

Die aufgeführten Kriterien guten Unterrichts gelten für das gesamte Lehr-Lern-Szenario mit allen Beteiligten. Ein Forschungsansatz, der einen Zusammenhang zwischen den individuellen

Lernvoraussetzungen (aptitude) und den verwendeten Lehrmethoden (treatment) unterstellt, ist der sogenannte **ATI-Ansatz** (Apti-
tude-Treatment-Interaction). So lernen beispielsweise Schüler bei
ungünstigen Lernvoraussetzungen (z.B. hohes Angstpotenzial,
niedriges Intelligenzniveau) besser bei lehrerzentriertem, hoch
strukturiertem Frontalunterricht. Bei günstigen Lernvoraussetzun-
zungen kontrollieren und setzen die Schüler die Lernziele besser
selbstständig (z.B. Diskussionsgruppen).[115] Die ATI-Forschung
kann auf einige empirisch gesicherte Befunde verweisen, wonach
bestimmte Lehr-Lern-Situationen von unterschiedlichen Lernenden
sehr verschieden erlebt und genutzt werden. Das **Verarbeitungs-
potenzial** lässt sich grundsätzlich danach unterscheiden, ob Lehr-
Lern-Situationen

▶ geringe oder umfangreiche **Informationsmengen** anbieten,
▶ einfache oder komplexe **Aufgaben** stellen,
▶ wenig verbal, stark **mediengestützt** oder vor allem verbal, wenig
   mediengestützt sind,
▶ Information bieten oder zum Untersuchen bzw. **Entdecken** anregen,
▶ eine mäßige oder hohe **Lerngeschwindigkeit** fordern,
▶ vereinfachte Demonstrationen oder Modelle bieten oder **selbstgesteuertes Lernen** fordern.[116]

Motivation und Motiv   **Definition 5**
▼

Bezogen auf Lernhandlungen, bezeichnet Motivation die *aktuelle Bereitschaft*
(= Zustand) einer Person, sich in einer konkreten Lernsituation intensiv mit
einem Gegenstand auseinanderzusetzen. Als Motiv wird die *zeitlich überdauernde Bereitschaft* (= Disposition) eines Lerners bezeichnet, sich mit Lernaufgaben zu befasse.

Lernmotivation ist keine feste Eigenschaft, sondern immer mit einer
bestimmten Lernsituation verbunden und abhängig von den wechselnden Beziehungen zwischen den Motiven der Lernenden und
den Anreizen, die Lehrende in einer Lernsituation zu schaffen vermögen (→ Definition 5). Im Einzelnen können dies sein:

▶ **Motive des Lernenden,** z.B. vorhandene Fähigkeiten, Erwartungs-
   haltungen, handlungsbegleitende Emotionen wie z.B. Lern-
   freude, Interesse;

*Lernmotivation: zugleich
Voraussetzung und
Ergebnis von Lernpro-
zessen*

▶ **Anreize der Lernsituation,** z.B. Inhalte mit Sinn- und Praxisbezug, methodische Szenarien mit Struktur und Anregungscharakter, motivierendes Lehrverhalten über Wertschätzung, Engagement.

Die Beziehung zwischen Motivation und Lernen ist immer wechselseitig: Motivation ist Voraussetzung, aber auch Ergebnis von Lernprozessen. Erfolg beim Lernen kann über eine Motivationsverstärkung die Lernleistung positiv beeinflussen. Empirisch lässt sich nur ein geringer Zusammenhang zwischen Motivation und schulischer Leistung nachweisen, wobei dies angesichts der hochkomplexen Lernsituation auch auf forschungsmethodische Grenzen rückführbar sein könnte. Der Zusammenhang zwischen Interesse und Leistung ist vergleichsweise stärker ausgeprägt.[117]

Wirkfaktoren der Selbstbestimmungstheorie nach DECI/RYAN: Wirksamkeit, Autonomie, soziale Eingebundenheit

Erfolgreiche Lernprozesse sind tendenziell interessegeleitet und selbstbestimmt. Die **Selbstbestimmungstheorie** nach DECI und RYAN (1985) postuliert drei Bedürfnisse, die sie zur „Grundausstattung" des Menschen rechnen:

▶ **Kompetenz** bzw. **Wirksamkeit** (effectance): Menschen wollen sich beim Lernen als effektiv und wirksam erleben.

▶ **Autonomie** bzw. **Selbstbestimmung:** Sie wollen sich dabei als persönlich autonom und initiativ erfahren.

▶ **Soziale Eingebundenheit** (social relatedness): Sie wollen sich dabei mit anderen Personen sozial verbunden fühlen.

In empirischen Studien fanden sich Hinweise, dass die von Schülern, Studierenden und Auszubildenden genannten „Gründe für das Lernen" umso eher einer höheren Stufe selbstbestimmter Lernmotivation zuzuordnen sind, je stärker sich die Befragten als „Verursacher" ihrer Handlungen erleben, je mehr sie sich von den Bezugspersonen (Lehrern, Ausbildnern) akzeptiert fühlen und je häufiger sie im Unterricht einen persönlichen Lernfortschritt erkennen können.[118]

Infotafel 55	**ARCS-Modell**

Von John M. KELLER (1987) stammt das ARCS-Modell, das Bedingungen für Motivation in Instruktionsdesigns aufzeigt. Es gibt empirische Belege für die im Folgenden genannten motivationalen Faktoren:

▶ Aufmerksamkeit erlangen (Attention): Orientierungsverhalten provozieren, Neugier bzw. Fragehaltungen anregen, emotionale oder persönliche Botschaften, interessante Beispiele.

▶ Bedeutsamkeit des Lehrstoffs vermitteln (Relevance): Lernziel muss im lebensweltlichen Kontext der Lerner als relevant erkennbar sein, Anpassung an Motivationsprofile.

▶ Erfolgszuversicht (Confidence): Ziel scheint erreichbar, aber dennoch herausfordernd, Gelegenheit für Erfolgserlebnisse bieten.

▶ Zufriedenheit (Satisfaction): Lernerfolg muss während der Lernphase wahrnehmbar sein, Lernprozess muss den Erwartungen entsprechen, Gerechtigkeit.[119]

Lerntransfer	**Definition 6**

Lerntransfer bezeichnet den Prozess der Übertragung von Gelerntem auf eine neue Anwendungssituation. Er umfasst alle diesbezüglichen Interventionen vor, während und nach einer Maßnahm.

Ein weiterer wichtiger Aspekt der Unterrichtsforschung bezieht sich auf die Frage nach der **Umsetzung** und **Anwendung** des Gelernten (→ Definition 6). Ergebnisse aus der Lehr-Lern-Forschung zeigen, dass Lernende erhebliche Probleme haben, Wissen, das in einem situativen Kontext erworben wurde, auf andere Kontexte zu übertragen. So liegen beispielsweise Forschungsergebnisse zur **„Trägheit"** wissenschaftlichen Wissens vor, die belegen, dass das im Studium von Studierenden der Wirtschaftswissenschaften und der Medizin erworbene Wissen in der Praxis nicht bzw. nur bedingt zur Anwendung gebracht werden kann. Folgende transferförderliche Faktoren wurden für Lehr-Lern-Situationen ermittelt:

Lerntransfer: Förderung der Umsetzung und Anwendung des Gelernten, z.B. durch authentische Anwendungsaufgaben und problemorientiertes Lernen

▶ authentische Anwendungsaufgaben,

▶ problemorientiertes Lernen (vorteilhafter als faktenorientiertes Lernen),

▶ gemeinsame Elemente von Lern- und Transferaufgaben,

▶ multiple Kontexte zur Flexibilisierung des Wissens,

▶ abstrakte Problemrepräsentationen, die vom Konkreten zum Abstrakten erworben werden,

▶ Metakognitionen, die es den Lernenden ermöglichen, ihre Lern- und Lösungsstrategien zu überwachen und zu reflektieren.[120]

Die Frage nach den Transferchancen von Lerninhalten ist auch insofern bedeutsam, als sich diese Problematik bei Überlegungen hinsichtlich der **Exemplarität** von Inhalten stellt. Denn selbst wenn an speziellen Inhalten prinzipiell allgemeine Sinn- oder Sachzusammenhänge erkannt werden können, ist offensichtlich keineswegs gesichert, dass diese auch erkannt werden (→ Zitat 40). Der Vollständigkeit halber sei angemerkt, dass es neben den transferförderlichen Maßnahmen im Lernfeld auch noch solche gibt, die vor oder im Anschluss an eine Maßnahme gesetzt werden, z.B. eine Zielklärung im Vorgesetzten-Mitarbeitergespräch oder eine Praxisbegleitung.

Zitat 40   **Heinz-Elmar Tenorth – Transferchancen (1994)**

▼

Es lässt sich festhalten, „dass die großen Erwartungen der Theoretiker des formalen Lernens sich nicht einlösen lassen, dass Transferchancen in alltäglichen Lernprozessen vielmehr relativ begrenzt sind und dass sich auch bestimmte Fächer von anderen nur marginal in dieser Hinsicht unterscheiden – keine großen Prämien für Latein oder Mathematik also." [121]

Aufgabe 19   **Unterrichtliche Gütekriterien**

▼

Werner Jank / Hilbert Meyer sowie Rolf Dubs haben verschiedene Forschungsergebnisse zur Frage des „guten" Unterrichts zusammengetragen:
▶ Vergleichen Sie die „Gütekriterien" von Jank und Meyer mit den „Kriterien des ‚guten' Unterrichts" von Dubs. Welche Unterschiede stellen Sie fest?
▶ Prüfen Sie einige der Gütekriterien auf „Griffigkeit". Wie handlungspraktisch ist das jeweilige Kriterium?

Literatur: Lernen

Aebli, Hans: Zwölf Grundformen des Lehrens – Eine Allgemeine Didaktik auf psychologischer Grundlage, 5. Aufl. Stuttgart 1990

Dubs, Rolf: Qualitätsmanagement für Schulen, St.Gallen 2003

Edelmann, Walter: Lernpsychologie, 6. Aufl. Weinheim 2000

Klauer, Karl Josef & Leutner, Detlev: Lehren und Lernen – Einführung in die Instruktionspsychologie, Weinheim u.a. 2007

Kron, Friedrich W.: Grundwissen Didaktik, 4. Aufl. München u.a. 2000, S. 156–199

Scheunpflug, Annette: Biologische Grundlagen des Lernens, Berlin 2001

Spitzer, Manfred: Lernen – Gehirnforschung und die Schule des Lebens, Heidelberg u.a. 2003

Tulodziecki, Gerhard, Herzig, Bardo & Blömeke, Sigrid: Gestaltung von Unterricht – Eine Einführung in die Didaktik, Bad Heilbrunn 2004, S. 173–192

Wild, Elke, Hofer, Manfred & Pekrun, Reinhard: Psychologie des Lerners. In: Krapp, Andreas & Weidenmann, Bernd (Hrsg.): Pädagogische Psychologie, 4., vollst. überarb. Aufl. Weinheim 2001, S. 207–270

7 | Ziele und Inhalte

Inhalt

Didaktisch handelnde Personen orientieren sich an Zielen, die für Lernabschnitte oder -einheiten formuliert werden. Ein Zusammenhang zwischen übergeordneten Normen und Zielen (7.1) besteht insofern, als dass Ziele auf ihre Stimmigkeit mit Normen geprüft werden können; eine logische Ableitung ist jedoch nicht leistbar. Lernziele (7.2) lassen sich nach Lernzielbereich, Abstraktionsniveau und Lernzielstufe unterscheiden. Neuere Taxonomien ergänzen die Zieldimension um eine Wissensdimension. Die Aufgabe von Lehrplänen (7.3) besteht darin, Bildungs- und Lernprozesse zu vereinheitlichen. Zu diesem Zweck werden Lehrpläne in der Regel nach den Merkmalen Inhalt, Ziel, zeitliche und inhaltliche Ordnung differenziert. Inhalte (7.4) lassen sich mithilfe didaktischer Prinzipien in Lerngegenstände transformieren. Eine besondere Aufgabe besteht darin, die Komplexität so zu reduzieren, dass die Inhalte für die Lernenden fasslich und verarbeitbar sind. Dieser Prozess wird durch eine besondere inhaltliche Anordnung (7.5), die beispielsweise sachlogisch, arbeitsprozessorientiert oder dramaturgisch sein kann, gestützt. Strukturhilfen wie Advance Organizer, Fachlandkarten oder die Strukturlege-Technik fördern die Klärung der inhaltlichen Ordnung.

Normen und Ziele | 7.1

Didaktisches Handeln orientiert sich an Zielstellungen. Auf unterschiedlichen Ebenen – z.B. Erziehungsziele für ganze Lernabschnitte oder Lernziele für einzelne Lerneinheiten – werden Ziele festgelegt, wobei diese explizit formuliert oder implizit gedacht werden (→ Zitat 41). Dabei ist zu klären, auf welche Weise didaktisch handelnde Personen zu diesen Zielen kommen.

Kurt BEUTLER – Pädagogische Ziele (1996) **Zitat 41**

▼

„Diejenigen, die pädagogisch tätig werden, können ganz verschiedene Vorstellungen von der Förderung ihrer Adressaten haben (...). Pädagogen sind sich nämlich keineswegs darüber einig, was erreicht werden soll." [122]

In der Geschichte der Didaktik ist immer wieder versucht worden, Ziele aus übergeordneten Normen abzuleiten. Eine konsistente Legitimierung von Normen ist nach Hans ALBERT jedoch nicht möglich, wie er anhand des sogenannten **Münchhausen-Trilemmas** [123] erläutert: ALBERT beschreibt drei Möglichkeiten, wie ein Begründungsverfahren scheitern kann:

▶ **unendlicher Regress:** Jede Begründung ist nicht letztgültig und verweist somit auf eine weitere Begründung.
▶ **Abbruch des Verfahrens an einem bestimmten Punkt:** Es wird auf eine Lehrmeinung Bezug genommen, die angeblich evident ist.
▶ **Zirkelschluss:** Die Aussage ist bereits in der Voraussetzung enthalten. [124]

Leistbar sind bestenfalls **Normenprüfungen:** Zum einen ist es möglich, die geschichtlichen Voraussetzungen und Implikationen der vorliegenden Zielformeln zu prüfen. Dies geschieht, um zu klären, ob die in den Zielen steckenden **historischen Voraussetzungen** mit den gegenwärtigen Bedingungen von Individuum und Gesellschaft vereinbar sind. Zum anderen lässt sich prüfen, ob die den Zielformeln zugrunde liegenden Annahmen mit dem **erfahrungswissenschaftlichen Kenntnisstand** harmonieren, das heißt, ob die normativen Vorgaben zweckmäßig sind.

Ziele lassen sich nicht aus übergeordneten Normen ableiten (Münchhausen-Trilemma), leistbar sind Normenprüfungen

Zitat 42   **Hilbert MEYER und Werner JANK – Normen (2005)**
▼

„Die einzig vernünftige Norm, an der didaktische Modelle und unterrichtspraktisches Handeln von Lehrern und Schülern zu messen sind, ist die Ver-
pflichtung zur Aufklärung und Mündigkeit.[125]

Lernziele „kleinarbeiten":
Entscheidungen auf den
einzelnen Abstraktions-
ebenen treffen

Gut machbar sind hingegen Entscheidungen auf einzelnen **Abstrak-
tionsebenen.** Stets gibt es mehrere Lernziel-Alternativen, und jede
Entscheidung für ein bestimmtes Ziel hat Auswirkungen auf den
Gang der Lernprozesse, klammert bestimmte methodische Möglichkeiten aus und legt bestimmte Inhalte nahe. Da eine Deduk-
tion von Zielen aus übergeordneten Normen logisch unmöglich
ist, schlagen Werner JANK und Hilbert MEYER vor, interpretations-
bedürftige Zielformeln, z.B. Mündigkeit, „kleinzuarbeiten". Dies
bedeutet, sie so zu konkretisieren, dass gleichsam Zielbezug und
Handlungsorientierung erkennbar sind (→ Infotafel 56). Auch das
umgekehrte Szenario ist möglich: Bezüglich konkreter Unterrichtssituationen lässt sich fragen, welche allgemeinen Normen
bzw. Ziele hier erreicht werden können. Auf diese Weise lässt sich
auch der „heimliche Lehrplan" von organisierten Lernprozessen,
die sogenannte „hidden agenda", ermitteln.

Infotafel 56   **Übergeordnete Ziele „kleinarbeiten"**
▼

Wechselwirkungsthese:
Ziele, Inhalte und Metho-
den beeinflussen sich
wechselseitig

Die Frage nach Ableitungen und Begründungen zielgerichteten
didaktischen Handelns verweist auf die Komplexität des Hand-
lungsfeldes, insbesondere die **Wechselwirkung** von Zielen, Inhalten

und Methoden. Lange Zeit bestimmte ein eher naives Stoffvermitt-lungsdenken die didaktischen Überlegungen, die in einem Modell, dem **didaktischen Dreieck,** abgebildet wurden. Hiernach bereiten Lehrpersonen Inhalte vor, vermitteln diese an die Lernenden, und diese wiederum lernen, was gelehrt wird. Wechselwirkungen zwi-schen Inhalten und Methoden sind ebenso wenig vorgesehen wie ein methodisches Handeln der Lernenden (→ Infotafel 57).

Didaktisches Dreieck und Wechselwirkungsthese **Infotafel 57**

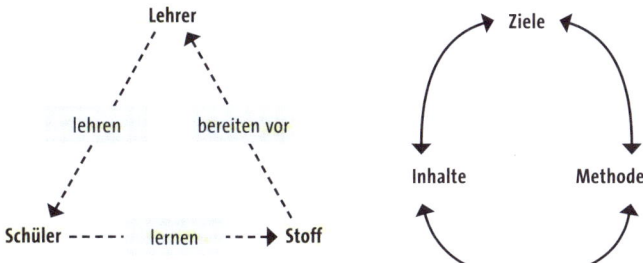

Demgegenüber geht man heute von einer vielschichtigen Bezie-hung zwischen Zielen, Inhalten und Methoden aus. Beispielhaft seien genannt:

► Methoden haben einen Einfluss darauf, in welcher Weise Inhalte aufgenommen und verarbeitet werden.

► Die Zielerreichung ist auf Inhalte angewiesen, die die Vorausset-zungen der Lernenden berücksichtigen.

► Ziele lassen sich methodisch stützen.

Übergeordnete Zielformeln „kleinarbeiten" **Aufgabe 20**

Werner JANK und Hilbert MEYER haben vorgeschlagen, übergeordnete Ziele „kleinzuarbeiten" (→ Infotafel 56).

► Bestimmen Sie je ein übergeordnetes Ziel für die Bereiche Schule und Erwachsenenbildung.

► Brechen Sie das jeweilige Ziel auf (a) konkrete Handlungssituationen und (b) entsprechende Ziele für die Lernenden herunter.

7.2 | Lernziele

Funktionen von Lernzielen: Transparenz, Verständigung und didaktische Passung

Lernziele geben an, was ein Lernender nach dem Besuch einer Lehrveranstaltung zu tun in der Lage ist bzw. sein sollte. Sie bezeichnen **Handlungen** und sind damit eher auf der Ebene von Fertigkeiten, Fähigkeiten und Kompetenzen anzusiedeln als auf der Ebene der Inhalte. In bestimmten Bildungsbereichen wird auch dezidiert von **„learning outcomes"** gesprochen. Lernziele erfüllen mehrere Funktionen:

▶ **Transparenz:** Lernziele sorgen für Orientierung beim Lernen und liefern eine Basis für Prüfungen, darüber hinaus machen sie heimliche Bevorzugungen oder Weglassungen deutlich.
▶ **Verständigung:** Lernziele bieten einen Anhaltspunkt für die inhaltliche Abstimmung zwischen Lehrenden und Lernenden, darüber hinaus sind sie die Grundlage für Diskussionen mit Eltern, Politikern und anderen Interessierten.
▶ **Didaktische Passung:** Lernziele helfen, erforderliche Vorkenntnisse der Lernenden zu bestimmen und Inhalte methodisch angemessen aufzubreiten.

Lernziele beschreiben das angestrebte Verhalten am Ende eines Lernvorganges. Sie lassen sich durch die Angabe von **Inhalten** und erwünschtem **Verhalten** bezeichnen. Sprachlich geschieht dies durch die Verwendung von Nomen und Verb (→ Infotafel 58). Das System der Lernziele lässt sich durch die Angabe der Lernzielbereiche, des verwendeten Abstraktionsniveaus und der jeweiligen Lernzielstufen genauer klassifizieren.

Infotafel 58   **Lernziel (Beispiel)**

Lernziel = *Inhalt* + **Verhalten**
Die Lernenden sind in der Lage, die *Steuerung* einer *Wärmepumpe* **aufzubauen** und auf *Funktion* zu **prüfen!**

Lernzielbereiche: kognitiv, affektiv, psychomotorisch

Lernziele können für verschiedene **Lernzielbereiche** formuliert werden. Traditionell unterscheidet man wie folgt:

▶ **Kognitiver Bereich:** Wissen, Denken
▶ **Affektiver Bereich:** Gefühle, Einstellungen
▶ **Psychomotorischer Bereich:** Bewegungsabläufe, Motorik.

Je nach zeitlicher und inhaltlicher Bezugsgröße (z.B. gesamter Bildungsprozess, einzelne Abschnitte, einzelne Stunden) lassen sich Lernziele verschiedenen **Abstraktionsniveaus** bzw. **Lernzielebenen** zuordnen. Üblich ist die folgende Unterscheidung:

▶ **Richtziele oder übergreifende Lernziele,** z.B. Vorbemerkungen im Rahmenlehrplan,

▶ **Grobziele,** z.B. Lernziele in Lehrplänen;

▶ **Feinziele oder ausdifferenzierte Lernziele,** z.B. einzelne Ausbildungsinhalte oder vom Lehrer für einzelne Lehrveranstaltungen festgelegte und mit dem Lehrplan abgestimmte Lernziele (Faustregel: ca. 5 Lernziele für 90 Min. Unterricht) (→ Infotafel 59).

Abstraktionsniveaus: Richtziele, Grobziele, Feinziele

Besonders im Anschluss an die Lernziel-Euphorie der 70er-Jahre wurden sogenannte **operationalisierte Lernziele** favorisiert, die eine präzise Angabe des gewünschten Endverhaltens, dafür erforderliche Bedingungen und einen Maßstab für das Endverhalten enthielten. In den aktuellen didaktischen Debatten spielen detailliert ausdifferenzierte Zieltaxonomien keine Rolle mehr, da sie sehr aufwendig sind und als Begleiterscheinung zu einer Vernachlässigung der anspruchsvolleren Ziele wie z.B. Handlungskompetenz geführt haben. Zudem sind sie eher für den Wissensbereich geeignet.

Abstraktionsniveau (Beispiel)   Infotafel 59

Niveau zu hoch: Die Studierenden können ingenieurwissenschaftlich relevante Konstruktionsaufgaben lösen.
Niveau zu niedrig: Die Studierenden können mithilfe des Programms X und der Methode Y die Aufgabe einer Konstruktion eines Kühlkreislaufes unter den Bedingungen a, b und c innerhalb von n Minuten unter Zuhilfenahme der Instrumente der mathematischen Tools v und w so lösen, dass alle relevanten Rahmenbedingungen z(1) bis z(n) erfüllt werden.[126]

Bei der Formulierung von Lernzielen ist das **Anspruchsniveau** bzw. die **Eindringtiefe** zu berücksichtigen. Dies führt dann zu den verschiedenen Lernzielstufen. Ein vierstufiges Anspruchsniveau unterscheidet beispielsweise nach:

Lernzielstufen: Wissen, Verständnis, Anwendung und Problemlösen

▶ **Wissen,** d.h. ein Wiedergeben gelernter Inhalte aus dem Gedächtnis. Beispiel: Alle chemischen Elemente nennen können, die Edelgase sind, eine Formel richtig wiedergeben.

▶ **Verständnis,** d.h. ein Neuanordnen des Gelernten, Verarbeiten oder Umformen auf andere Sachverhalte. Beispiel: Auswahl der richtigen technischen Verbindungsart für zwei Bauteile.

▶ **Anwendung,** d.h. Grundprinzipien eines Lerngegenstandes auf ähnliche, neue Aufgaben übertragen. Beispiel: Prozentwertberechnung anhand einer gestellten Textaufgabe durchführen.

▶ **Problemlösen,** d.h. verschiedene gelernte Inhalte analysieren, bewerten und zu etwas Neuem kombinieren. Beispiel: Neue Aspekte zu einem Sachverhalt finden, Fehlerursachen analysieren und Störungen in einer neuen Situation beseitigen.

Infotafel 60   **Wissensdimensionen**[127]
▼

Wissensdimension	Untertypen
Faktenwissen: Wissen über Sachverhalte, meist Detailwissen	▶ Kenntnis der fachlichen Terminologie (z.B. das technische Vokabular kennen) ▶ Kenntnis spezifischer Details (z.B. Quellen verlässlicher Informationen)
Konzeptionelles Wissen: Wissen über (größere) Zusammenhänge	▶ Kenntnis der fachspezifischen Klassifikationen (z.B. die verschiedenen geologischen Zeitperioden) ▶ Kenntnis der Prinzipien und Verallgemeinerungen (z.B. Theoreme, Gesetze) ▶ Kenntnis der Theorien, Modelle und Strukturen (z.B. Evolutionstheorie, DNA)
Verfahrensorientiertes Wissen: Wissen über Abläufe	▶ Kenntnis fachspezifischer Fähigkeiten und Algorithmen (z.B. Algorithmen zur Lösung einer quadratischen Gleichung) ▶ Kenntnis fachspezifischer Techniken und Methoden (z.B. Techniken der Problemlösung) und entsprechender Kriterien
Metakognitives Wissen: Wissen über Prozesse und Strategien des Lernens und persönlichen Erkenntniszuwachs	▶ Strategisches Wissen (z.B. Kenntnis allgemeiner Lern- und Problemlösestrategien) ▶ Wissen über die Funktionen kontextuellen und bedingten Wissens (z.B. Funktion von Arbeitsstrategien wie Zusammenfassen oder Paraphrasieren) ▶ Wissen über die eigenen Stärken und Schwächen (z.B. Lern- und Prüfungspräferenzen)

Gerhard TULODZIECKI, Bardo HERZIG und Sigrid BLÖMEKE – Lernziele (2004)   Zitat 43
▼

„Entscheidend für gewünschte Lernwirkungen ist nicht in erster Linie ein wohldefinierter Katalog von Richt-, Grob- und Feinzielen, sondern die Frage, ob es gelingt, die Lernenden zu einer handlungsrelevanten Auseinandersetzung mit bedeutsamen Lerninhalten anzuregen und die Auseinandersetzung in geeigneter Weise zu unterstützen."[128]

Diese vier Lernzielstufen basieren auf der ursprünglich sechsstufigen **Taxonomie** nach Benjamin BLOOM. Analyse, Bewertung und Synthese lauten die Stufen vier bis sechs, die hier aus Gründen der Nutzerfreundlichkeit zur Stufe Problemlösung gebündelt sind. Die Lernzieltaxonomie von KRATHWOL und ANDERSON greift wieder auf das sechsstufige Modell von BLOOM zurück und ergänzt es um die **Wissensdimension** (→ Infotafel 60). In dieser Weiterentwicklung werden vier Wissenstypen beschrieben: Faktenwissen, konzeptionelles Wissen, verfahrensorientiertes Wissen und metakognitives Wissen. Die Wissensdimensionen werden dann tabellarisch mit der **Zieldimension** gekreuzt: Erinnern, Verstehen, Anwenden, Analysieren, Bewerten und Schaffen (→ Infotafel 61).

Taxonomie-Tabelle nach ANDERSON/KRATHWOL   Infotafel 61
▼

Lernziel: Die Studierenden sind in der Lage, die physikalischen Grundlagen für die ingenieurwissenschaftlichen Anwendungen zu verstehen und auf unbekannte Situationen zu übertragen.

Nomen: Verben:
physikalische Grundlagen   verstehen, übertragen

Wissen \ Ziele	Erinnern	Verstehen	Anwenden	Analysieren	Bewerten	(Er)schaffen
Faktenwissen						
Konzeptionelles Wissen		✕	✕			
Verfahrens-orientiertes Wissen						
Metakognitives Wissen						

<table>
<tr><td>

Kompetenzorientierung: bezeichnet Fähigkeit der Lernenden, Wissen und Fertigkeiten in unterschiedlichen Kontexten selbstgesteuert anzuwenden

</td><td>

Seit den 90er-Jahren geht die Entwicklung in Richtung Kompetenzorientierung. Dieser Begriff bringt die Fähigkeit der Lernenden zum Ausdruck, Wissen und Fertigkeiten in unterschiedlichen Kontexten selbstgesteuert anzuwenden (→ Definition 7). **Kompetenzen** zielen stark auf die Anwendung des Gelernten und sind als übertragbare Fähigkeiten auf einem mittleren Abstraktionsniveau formuliert.[129] Eine derartige Leistung wäre zwar prinzipiell auch über Lernziele erfüllbar, jedoch ist die Praxis der Lernzielorientierung tendenziell kognitiv, kleinschrittig und fachimmanent gehalten. Von daher hat die Kompetenzorientierung programmatischen Charakter und steht einer Verbindung von Lernziel- und Kompetenzorientierung nicht im Weg.

</td></tr>
</table>

Definition 7   Kompetenzen

Kompetenzen charakterisieren die Fähigkeit von Menschen, sich in offenen und unüberschaubaren, komplexen und dynamischen Situationen zurechtzufinden. (...) Kompetenzen lassen sich damit als Selbstorganisationsdispositionen beschreiben. (...) Es handelt sich also – verallgemeinert – um Fähigkeiten, selbstorganisiert zu denken und zu handeln: In Bezug auf sich selbst (P: personale Kompetenzen), mit mehr oder weniger Antrieb, Gewolltes in Handlungen umzusetzen (A: aktivitätsbezogene Kompetenzen), gestützt auf fachliches und methodisches Wissen, auf Erfahrungen und Expertise (F: fachlich-methodische Kompetenzen) und unter Einsatz der eigenen kommunikativen und kooperativen Möglichkeiten (S: sozial-kommunikative Kompetenzen).[130]

Infotafel 62   Lernziel und Kompetenz (Beispiel)

Lernziel: „Schülerinnen und Schüler lernen Merkmale des Mythos kennen und können den Begriff ‚Mythos‘ definieren.“
Kompetenz: „Die Schülerinnen und Schüler erweitern ihre Fähigkeit und Bereitschaft, sich auf der Basis eines Textes mit existentiellen Themen, wie z.B. ‚Schuld‘ und ‚Freiheit‘, auseinander zu setzen.“[131]

Aufgabe 21   Lernziele und Lernnachweise

In Anlehnung an Benjamin BLOOM haben ANDERSON und KRATHWOL eine sechsstufige Lernzieltaxonomie für den kognitiven Bereich formuliert: Erinnern, Verstehen, Anwenden, Analysieren, Bewerten, (Er)schaffen.
▶ Überlegen Sie für jede Lernzielstufe, mit welcher Form von Lernnachweis sich die entsprechende Leistung feststellen lässt.

Lehrpläne

| 7.3

Eine zentrale Funktion von Lehrplänen besteht darin, Bildungs- und Lernprozesse zu vereinheitlichen, d.h. dafür zu sorgen, dass die Lernenden eines bestimmten Bildungssystems sich in etwa mit den gleichen Inhalten auseinandersetzen bzw. ein vergleichbares Wissen und Können erwerben. In der schulischen Praxis sind **Lehrpläne** beispielsweise die Gelenkstelle zwischen inhaltlichen Vorgaben der Bildungspolitik und der tatsächlichen Lehr- und Lernpraxis in den öffentlichen Bildungseinrichtungen. Lehrpläne weisen in der Regel die folgenden Merkmale auf, wenn auch in sehr unterschiedlicher Ausprägung:

Funktion von Lehrplänen: Bildungs- und Lernprozesse vereinheitlichen

▶ **Inhalte:** Lehrgut, Lehrinhalt, Stoffgebiet;

▶ **Ziele:** Lehrzweck, Bildungs- und Lernziele;

▶ **zeitliche und inhaltliche Ordnungen:** zeitliche Aufteilung und Anordnung, Reihenfolge, Methoden, Umfang;

▶ **personelle und inhaltliche Zuordnungen:** nach Altersstufen, Schularten und -stufen, fachlichen und gesellschaftlichen Aspekten.

Lehrpläne verschiedener Schularten und Fächer aus verschiedenen Epochen sind mit einer Vielzahl unterschiedlicher Bezeichnungen versehen worden, die oft synonym verwendet werden, z.B. Bildungsplan, Lehrplan, Rahmenrichtlinien, curricularer Lehrplan. Als Richtschnur gilt: Traditionelle Lehrpläne sind stark stoffbezogen, curriculare Lehrpläne verweisen eher auf lernzielorientierten Unterricht.

Der Begriff **Curriculum** ist eng mit dem Namen Saul B. ROBINSOHN verbunden, der dafür sorgte, dass die Curriculumentwicklung in den 60er-Jahren eine Renaissance erfuhr. Ein Curriculum ist ein systematischer Rahmen für die beabsichtigte Lehre und dient dem Zweck der optimalen Vorbereitung, Durchführung und Evaluation des Unterrichts. Es soll durch ein möglichst wissenschaftlich abgesichertes Verfahren zustande kommen, klare und eindeutige Vorgaben für den Unterricht machen und auf ständige Überprüfung und Revision hin angelegt sein.

Curricula: im Unterschied zu (eher) stoffbezogenen Lehrplänen (eher) lernzielorientiert

Geschlossene Curricula schreiben alle Aspekte wie z.B. Inhalte, Ziele sowie Unterrichtsstunden vor, während **offene Curricula** einen geringen Festlegungsgrad besitzen. Zudem lassen sich zwei Formen des Curriculums unterscheiden:

▶ **Spiralförmiges Curriculum:** Ein Thema wird über einen größeren Zeitraum so verteilt, dass die Komplexität des Themas in den aufeinander folgenden Abschnitten zunimmt. Bestimmte thematische Begriffe, Strukturen und Konzepte werden wiederholt aufgegriffen und weiterentwickelt.

▶ **Gestuftes Curriculum:** Verschiedene, in sich abgeschlossene Themen folgen aufeinander, wobei die thematische Komplexität zunimmt. Nachdem also ein Thema komplett abgeschlossen ist, beginnt ein neues Thema mit einer höheren Komplexität.

Infotafel 63	Jahrgangsstufen-Lehrplan (Beispiel)

Der Mathematikunterricht der 6. Jahrgangsstufe in Bayern (Deutschland: 6. Klasse Gymnasium; Österreich: 2. Klasse AHS, d.h. allgemein bildende höhere Schule; Schweiz: 6. Klasse Gymnasium bzw. Kantonsschule) ist so angelegt, dass die Schüler das folgende Grundwissen erwerben:

▶ Sie können den Flächeninhalt von Dreiecken sowie von daraus zusammengesetzten Figuren berechnen.
▶ Sie können die Grundlagen der Raummessung anwenden. (...)

Thema: Flächen- und Rauminhalt
In Jahrgangsstufe 5 standen beim Thema Flächenmessung das Rechteck bzw. darauf zurückführbare Figuren im Vordergrund. Diese Kenntnisse bilden den Ausgangspunkt für die genauere Untersuchung weiterer Figuren, deren Flächeninhalt durch Formeln erfasst wird. (...)
Abschnitt: Volumen (ca. 12 Std.)
Anknüpfend an die bei den Themen Länge und Flächeninhalt erworbenen Kenntnisse über das Grundprinzip des Messens, wird der Begriff Volumen erarbeitet. (...)

▶ Grundprinzip der Volumenmessung
▶ Volumenformel des Quaders, Volumenbestimmung durch Zerlegen und Ergänzen von Körpern.[132]

Lernfeldkonzept: Unterricht ist nicht in traditionellen Fächern organisiert, sondern in Form von Lernfeldern strukturiert, die sich auf berufliche Handlungsfelder beziehen

Lehrpläne bzw. Curricula gibt es in sehr unterschiedlichen Ausprägungen. Ein Jahrgangsstufen-Lehrplan für die 6. Klasse Mathematik (→ Infotafel 63) bezeichnet Grobziele für einen Jahrgang sowie inhaltliche Pakete für ein bestimmtes Zeitbudget. Das zweite Beispiel (Lehrplan Mechatronik) (→ Infotafel 64) bildet das sogenannte **Lernfeldkonzept** ab, ein neues didaktisches Konzept für die berufliche Bildung. Dort wird der Unterricht nicht mehr in traditionellen Fächern organisiert, sondern in Form von Lernfeldern strukturiert, die aus beruflichen Handlungsfeldern abgeleitet sind. Auf diese Weise entsteht ein fächerübergreifender Lehrplan, der konkrete Lernsituationen bezeichnet.

Lehrplan Mechatroniker (Beispiel)   Infotafel 64

▼

Lernfeld 4: Untersuchen der Energie- und Informationsflüsse in elektrischen, pneumatischen und hydraulischen Baugruppen
Schul-/Ausbildungsjahr: 1; Zeitrichtwert: 60 Std.
Angestrebte Kompetenzen
▶ Schaltpläne von steuerungstechnischen Grundschaltungen lesen, skizzieren und ändern
▶ Schaltpläne mithilfe fachspezifischer Software erstellen und Steuerungsabläufe simulieren
▶ Elektrische, pneumatische und hydraulische Baugruppen in ihren Wirkungsweisen unterscheiden und aufgabengerecht auswählen
▶ Verfahren zur Erzeugung der Hilfsenergien beschreiben (...)

Mögliche Lernsituationen
▶ Anpassung einer Versorgungseinheit an geänderte Betriebsbedingungen
▶ Fehlerdiagnose und Instandsetzung in einem Steuerungssystem
▶ Änderung einer Steuerung durch Erweiterung der Randbedingungen
▶ Umrüstung einer bestehenden Anlage auf eine andere Steuerungstechnologie

Fächer	Inhaltsbereiche
Wirtschafts- und Betriebslehre	▶ Ökonomische Aspekte, Umweltschutz, Recycling ▶ Arbeitsschutz
System- und Betriebstechnik	▶ Pneumatische und hydraulische Größen und deren Zusammenhänge ▶ Versorgungseinheiten der Elektrotechnik, Pneumatik und Hydraulik (...)
Betriebliche Kommunikation	▶ Technische Unterlagen für Steuerungssysteme als Kommunikationsmittel ▶ Dokumentation von Messergebnissen[133]

7.4 | Inhalte und Lerngegenstände

Die Auswahl von Inhalten ist curricular, bildungstheoretisch oder didaktisch geleitet: Der Lehrplan einer bestimmten Schulstufe, Inhalte mit Bildungspotenzial wie etwa die KLAFKI'schen Schlüsselprobleme oder didaktische Entscheidungen wie etwa eine zielgruppenspezifische Auswahl sorgen für eine inhaltliche Basis. Vorausgesetzt, die meist groben Lernziele des Lehrplanes sind in eindeutige Beschreibungen des erwünschten Verhaltens umgesetzt, stellt sich nun die Herausforderung, **Inhalte** mithilfe didaktischer Prinzipien in **Lerngegenstände** zu transformieren. Dies ist auf verschiedene Weise möglich, lässt sich aber in der einfachsten Form als Zwei-Schritt von der Fachlichkeit zur Fasslichkeit beschreiben.

Definition 8	Thema und Inhalt

Das Thema akzentuiert eine Lerneinheit in Bezug auf die jeweilige Zielstellung. Inhalte sind von den Lernenden erschlossene Sachverhalte.

Im ersten Schritt geht es um die (eher) **fachwissenschaftliche Sicht.** Sie mündet in die Darstellung der fachwissenschaftlichen Struktur, z.B. als Wissensgefüge oder Fachsystematik. Dabei ist zu klären:

▶ Welche fachwissenschaftlichen **Grundlagen** sind für den Lerngegenstand bedeutsam?

▶ Welche größeren fachwissenschaftlichen **Zusammenhänge** gilt es zu bedenken?

▶ Wie ist der historische **Hintergrund,** und welche fachlichen Besonderheiten sind zu berücksichtigen?

Im zweiten Schritt geht es dann um die (eher) **didaktische Sicht.** Ganz wesentlich hierbei ist die Ermittlung des didaktischen Stellenwertes bzw. der didaktischen Funktion der Einzelelemente. Zu bestimmen ist auch, welche Begriffe, Symbole, Abkürzungen, Vorschriften, Abläufe, Prinzipien, Methoden, Definitionen, Formeln, Theorien usw. für die Lernenden von Bedeutung sind. Die didaktische Sicht mündet in die Darstellung der didaktischen Struktur, z.B. als didaktisches Wissensgefüge. Dabei ist zu klären:

▶ Welche **Zugänge** zum Lerngegenstand lassen sich nutzen?

▶ Aus welcher **Perspektive** sollen die Inhalte erschlossen werden?

▶ In welcher zeitlichen **Reihenfolge** sollen die Inhalte erschlossen werden?

▶ Nach welcher **Sachlogik** bzw. **didaktischen Logik** werden die Inhalte erschlossen? (→ Kap. 8.4)

Wolfgang KLAFKI – Inhalte (1969)   Zitat 44

▼

„Der Praktiker muss die in den Lehrplaninhalten verborgene pädagogische Vorentscheidung der Lehrplangestalter gleichsam noch einmal vollziehen. Er muss der Frage nachsinnen, welche Momente es denn gewesen sein mögen, die dazu geführt haben, einen bestimmten Inhalt oder ein bestimmtes Grundproblem in den Lehrplan aufzunehmen, d.h. sie als mögliche und in der praktischen Unterrichtsarbeit zu verlebendigende Bildungsinhalte auszuwählen." [134]

Fachspezifische Elemente und Strukturen (Beispiel)   Infotafel 65

▼

Für das fachspezifische Denken und Handeln in der Elektrotechnik sind diese Elemente und Strukturen des Unterrichtsstoffs charakteristisch:

▶ ausgewählte Fachbegriffe (physikalische Größen oder Effekte),

▶ wichtige Gesetze,

▶ charakteristische Vorgänge und Wirkprinzipien,

▶ typische Geräte und Anlagen,

▶ wesentliche Bauelemente und Schaltungen,

▶ elementare Untersuchungsmethoden und

▶ gebräuchliche Darstellungsmethoden.[135]

Eine besondere Rolle spielen bei diesem Schritt die didaktischen Prinzipien der **Inhaltsauswahl.** Mit ihrer Hilfe lassen sich die didaktische Funktion der Inhalte und ihr Stellenwert für die jeweilige Zielgruppe bestimmen. Typische Prinzipien der Inhaltsauswahl sind:

Didaktische Prinzipien der Inhaltsauswahl: Situationsbezug, Handlungsorientierung, Wissenschaftsorientierung, Exemplarik und Struktur

▶ **Situationsbezug:** Lerninhalte sind auf konkrete gegenwärtige und oder zukünftige Situationen hin angelegt.

▶ **Handlungsorientierung:** Lerninhalte bieten Hilfestellung und Orientierung für konkrete Handlungen.

▶ **Wissenschaftsorientierung:** Lerninhalte orientieren sich (auch) am Kenntnisstand sowie den Inhalten und Methoden der jeweiligen Fachwissenschaft.

► **Exemplarik:** Lerninhalte werden so ausgewählt, dass sich die Fülle des Wissens an wenigen typischen Fällen (stellvertretend für ähnliche Sachverhalte) abbildet.

► **Struktur:** Lerninhalte transportieren (auch) strukturelles Wissen wie Grundbegriffe, Theorieelemente, Modelle, Erklärungsschemata usw.

Zitat 45   **Werner JANK und Hilbert MEYER – Sachanalyse (2005)**
▼

„Es gibt keine ‚reine Sachanalyse‘. Sie erfolgt immer schon im Horizont einer didaktischen Fragestellung." [136]

Bei der Aufbereitung von Inhalten ist es nie möglich – gleichgültig in welcher Disziplin – die ganze, umfassende Wirklichkeit mit all ihren Details vollständig an die Lernenden zu vermitteln. Es gilt also, den umfangreichen und differenzierten Bestand an Wissen für Lehr- und Lernzwecke aufzubereiten. Dies ist die Aufgabe der **didaktischen Reduktion:** die Komplexität so zu reduzieren, dass die Inhalte für die Lernenden fasslich und verarbeitbar werden (→ Definition 9).

Definition 9   **Didaktische Reduktion**
▼

Didaktische Reduktion umschreibt eine zentrale Aufgabe von Didaktik: die Rückführung komplexer Sachverhalte auf ihre wesentlichen Elemente, um sie für Lernende überschaubar und begreifbar zu machen.

Didaktische Reduktion: Unterscheidung von Vollständigkeit und Gründlichkeit

Zum Verständnis dieser Problematik ist die Unterscheidung von Vollständigkeit und Gründlichkeit, wie sie Martin WAGENSCHEIN vollzogen hat, hilfreich. In diesem Begriffspaar bildet sich auch ein unterschiedliches Rollenverständnis der Lehrenden ab – ihre Expertise ist primär fachlicher oder didaktischer Natur:

► **Vollständigkeit:** Dieser Ansatz lässt sich als eher fachsystematisch, chronologisch und quantitativ kennzeichnen. Systematiken sind in der Regel erst im Nachhinein entstanden. Beispiele: Enzyklopädien; Ausprägung von E-Learning, das sich darauf beschränkt, große Informationsmengen elektronisch verfügbar zu machen.

► **Gründlichkeit:** Dieser Ansatz nimmt das Wesentliche einer Thematik in den Blick; es geht um den inhaltlichen Kern, das zentrale Anliegen und die Art des fachlichen Denkens. Beispiele: Exemplarisches Lernen; Techniken der inhaltlichen Konzentration wie z.B. Merksätze (→ Zitat 46).

Ein hoher Zeitdruck in der Lehre kann dazu führen, dass gemäß der Idee der Vollständigkeit Bildung als additiver Vorgang begriffen wird, in dem es darum geht, die „Vorratskammern" der weitgehend passiven Lernenden zu füllen. Methodisch führt dies zu einer **„Vortragsdidaktik"** oder „Durchzugs-Didaktik" (WAGENSCHEIN), bei der der Lehrvortrag – meist in Verbindung mit vielen Folien oder „Slides" – das didaktische Geschehen bestimmt.

Martin WAGENSCHEIN – Systematik (1968)   Zitat 46

▼

„Gerade, indem er sich an die Systematik klammert, begräbt er sie, und verstopft den Durchblick. Er verwechselt Systematik des Stoffes mit Systematik des Denkens." [137]

Gustav GRÜNER unterscheidet zwei Formen der didaktischen Reduktion, abhängig davon, ob es sich um ein eher quantitatives oder qualitatives Vermittlungsproblem handelt:

- ▶ **Vertikale didaktische Reduktion:** Die Ausgangsaussage ist zu komplex oder zu differenziert (quantitatives Problem). Die vertikale Reduktion zielt auf eine Mengeneingrenzung oder -einschränkung ab. Beispiele: Physik (ohmsches Gesetz als Sonderfall der maxwellschen Gleichungen), Geschichte (bestimmte Epochen anstelle einer umfassenden Menschheitsgeschichte).
- ▶ **Horizontale didaktische Reduktion:** Die Ausgangsaussage ist zu abstrakt (qualitatives Problem). Die horizontale Reduktion zielt auf eine Konkretisierung oder Veranschaulichung ab. Beispiele: verbale Erläuterungen oder Merkregeln anstelle mathematischer Gleichungen, Veranschaulichung durch Prinzipskizzen, Experimente oder Analogien.[138]

Formen der didaktischen Reduktion: vertikal (Ausgangsproblem zu komplex) und horizontal (Ausgangsproblem zu abstrakt)

Grenzen der Reduktion (Beispiel)   Infotafel 66

▼

An berufsbildenden Schulen wird zur Veranschaulichung (horizontale didaktische Reduktion) von Strom und Spannung häufig das Wassermodell herangezogen. Die Analogie von stromdurchflossenen Leitern zu Wasserrohren hat allerdings ihre Grenzen, da beispielsweise Leitungsbruch und Rohrbruch zu völlig unterschiedlichen Reaktionen führen. In einem unterbrochenen Leiter fließt kein Strom, während ein offenes Rohr leckt und Wasser in die Umgebung abgegeben wird.[139]

3Z-Formel: Zielgruppe, Zeitbudget, Zielstellung

Bei allen Reduktionsformen sind inhaltliche Entscheidungen zu fällen. Dabei gilt es auch zu beurteilen, ob eine vereinfachte Aussage wissenschaftlich zulässig ist (→ Infotafel 66). Ist der didaktisch motivierte Übergang in eine veranschaulichte Darstellung fachlich vertretbar? Des Weiteren ist zu bestimmen, welche inhaltlichen Aspekte als allgemein oder wesentlich ausgewiesen werden können. Derartige Entscheidungen werden vor dem Hintergrund von drei für die didaktische Reduktion relevanten Aspekten getroffen, die in der **3Z-Formel** zusammengefasst sind:

▶ einer bestimmten Zielgruppe mit ihren je spezifischen Voraussetzungen,
▶ dem verfügbaren Zeitbudget und
▶ der jeweiligen Zielstellung.

Zitat 47

Johann Wolfgang VON **G**OETHE **– Reduktion (1767)**

„Da ich keine Zeit habe, Dir einen kurzen Brief zu schreiben, schreibe ich Dir einen langen".[140]

Aufgabe 22

Stoffmengenproblem und „Vollständigkeitsfalle"

Martin L**EHNER** hat angesichts knapper werdender zeitlicher Ressourcen auf das sogenannte Stoffmengenproblem hingewiesen: Häufig ist die Stoffmenge so groß, dass manche Lehrende sich nicht anders zu helfen wissen, als in eine Art „Vortragsdidaktik" zu verfallen.

▶ Welches Verständnis von Lehre haben sich die Lehrenden zu eigen gemacht, und auf welches Phänomen weist dabei der Begriff „Vollständigkeitsfalle" hin?
▶ Warum wird das „keine Zeit haben" von manchen Lehrenden als Qualitätsmerkmal begriffen?[141]

Anordnung und Strukturhilfen

| 7.5

Inhalte lassen sich auf verschiedene Weise anordnen, wobei die **Inhaltsanordnung** von den Lernphasen bzw. der Artikulation zu unterscheiden ist. Es gibt unterschiedliche Ordnungsprinzipien, die sich entweder auf eine Sachlogik oder auf eine didaktische Logik beziehen. Die sachlogische und die geschäfts- bzw. arbeitsprozessorientierte Anordnung beziehen sich eher auf die Sachlogik, die didaktisch (-logisch)e und die dramaturgische Anordnung eher auf eine didaktisch sinnvolle Struktur. Im Einzelnen lassen sich unterscheiden:

> **Sachlogische Anordnung:** Beispiel: Erst werden einzelne chemische Elemente behandelt, dann ihre Verbindungen.
> **Geschäfts- bzw. arbeitsprozessorientierte Anordnung:** Beispiel: Der Lehr-Lern-Prozess folgt dem betrieblichen Ablauf: Kundenanfrage, Angebot, Herstellung, Lieferung, Inbetriebnahme, Rechnungsstellung und Wartung.
> **Didaktisch(-logisch)e Anordnung:** Beispiel: Erst werden bekannte Baumaterialien besprochen, dann neue Technologien vorgestellt (Prinzip: Vom Bekannten zum Unbekannten).
> **Dramaturgische Anordnung:** Beispiel: Ein Spannungsbogen wird aufgebaut: Experiment, Fragestellung, fachliche Reflexion und Lösung.[142]

Anordnung von Inhalten: sachlogisch oder geschäftsprozessorientiert, didaktisch-logisch oder dramaturgisch

Insbesondere gibt es viele Formen der didaktisch(-logisch)en bzw. **lernregelhaften Anordnung.** Dies sind beispielsweise:

> Vom Bekannten zum Unbekannten.
> Vom Nahen zum Entfernten.
> Vom Leichten zum Schweren.
> Vom Einfachen zum Zusammengesetzten (Komplizierten).
> Von Fakten zu Problemen.
> Vom Konkreten zum Allgemeinen (Abstrakten).
> Vom Emotionalen zum Rational-Begrifflichen.
> Von bewussten zu verinnerlichten, automatisierten Tätigkeiten.
> Vom angeleiteten zum selbstständigen Handeln.

Formen der didaktisch-logischen Anordnung: vom Bekannten zum Unbekannten, vom Einfachen zum Komplizierten u.a

Darüber hinaus lassen sich verschiedene Vorgehensweisen unterscheiden, die in ihren Grundzügen aus der Erkenntnistheorie oder der Sachlogik abgeleitet wurden:

> **Deduktives oder induktives Vorgehen:** Deduktiv bedeutet, das Besondere aus dem Allgemeinen abzuleiten, z.B. wird ein Gesetz auf

Vorgehensweisen: deduktiv oder induktiv, analytisch oder synthetisch, zyklisch oder spiralförmig

eine konkrete Problemstellung angewandt. Induktiv heißt, vom Einzelnen zum Allgemeinen voranzuschreiten, also z.B. aus mehreren experimentell bestätigten Einzelphänomenen eine allgemeine Folgerung zu ziehen.

▶ **Analytischer oder synthetischer Verlauf:** Analytisch bedeutet, das Gesamtsystem zu betrachten und es anschließend in Komponenten zu zerlegen. Synthetisch heißt, aus der Untersuchung von Einzelkomponenten ein Gesamtsystem zu erschließen.

▶ **Zyklisch oder spiralförmig:** Zyklisch bedeutet, dass das gleiche Schema wiederkehrt, z.B. Lerntheorien jeweils von ihren historischen Wurzeln bis zu den didaktischen Konsequenzen. Spiralförmig heißt, das gleiche Thema mit zunehmender Komplexität zu bearbeiten, also z.B. eine Literaturanalyse unter formalen, kulturellen und historischen Aspekten zu vollziehen.

Strukturhilfen: Advance Organizer, Fachlandkarten und Struktur-Lege-Technik

Als Spezialfall der inhaltlichen Anordnung erweisen sich die verschiedenen **Strukturhilfen.** Hier lassen sich unterscheiden:

▶ **Advance Organizer:** Dies ist – nach David AUSUBEL – eine früh im Lernprozess vermittelte Expertenstruktur, also ein „organizer in advance". Die im Voraus gegebene Lernhilfe hat die Funktion, Vorkenntnisse der Lernenden zu mobilisieren, Verknüpfungen zwischen vorhandenem und neuem Wissen zu ermöglichen und ein Verstehen anzubahnen (→ Infotafel 67).

Infotafel 67   **Advance Organizer (Beispiel)**[143]
▼

Mit großen Stoffmengen umgehen

▶ **Fachlandkarten:** Diese bieten – nach Klaus W. DÖRING – in Form von Begriffsnetzen eine Übersicht über ein Fachgebiet oder ein Thema. Sie ermöglichen die Ausbildung eines Übersichts- bzw. Strukturwissens und fördern das Erinnern über Verknüpfungen und Assoziationen. Es gibt empirische Hinweise, dass Begriffsnetzdarstellungen im Vergleich zur reinen Textdarstellung bessere Behaltensleistungen nach sich ziehen (→ Infotafel 68).[144]

Fachlandkarte (Beispiel)[145]   **Infotafel 68**

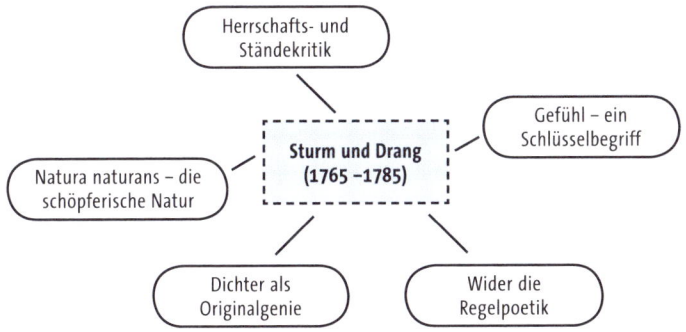

Die Begriffe Advance Organizer und Fachlandkarte werden wenig einheitlich gebraucht. Gebräuchlich ist zudem der Begriff **Lernlandkarte;** je nach Verwendungszweck bezeichnet er entweder eine von den Lehrenden gegebene Lernhilfe – häufig in Form eines Begriffsnetzes – oder ein spezifisches Lernergebnis der Lernenden.

Mithilfe der **Strukturlege-Technik** lassen sich inhaltliche Zusammenhänge methodisch erfassen. Dabei werden die zentralen Begriffe eines Sachgebiets auf Karten geschrieben. Die Lernenden haben anschließend im Rahmen der Strukturlege-Technik die Aufgabe, die Begriffe in Einzel- oder Kleingruppenarbeit so in eine Struktur zu bringen, wie sie ihrer Auffassung nach zusammengehören. Der Vergleich der unterschiedlichen Strukturen erlaubt Rückschlüsse auf die zugrunde liegenden Überlegungen (→ Infotafel 69).

Infotafel 69   Strukturlege-Technik (Beispiel)

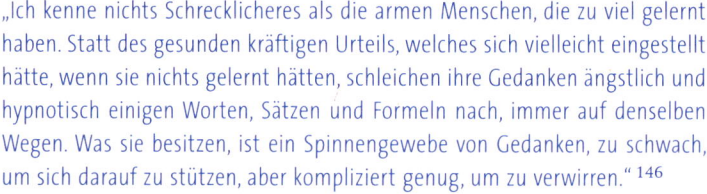

Das „Stoffmengenproblem"

Didaktische
Gretchenfrage

Vollständigkeits-   Alles-ist-wichtig-
falle   Illusion

Weniger   Einfach ist
ist mehr   Gründlichkeit   nicht simpel

Siebe der   Extrem-   Stories und
Reduktion   reduktion   Metaphern

Track One +   Substanz-
Track Two   check   Bilder

Zitat 48   Ernst MACH – Zu viel lernen (1886)

„Ich kenne nichts Schrecklicheres als die armen Menschen, die zu viel gelernt haben. Statt des gesunden kräftigen Urteils, welches sich vielleicht eingestellt hätte, wenn sie nichts gelernt hätten, schleichen ihre Gedanken ängstlich und hypnotisch einigen Worten, Sätzen und Formeln nach, immer auf denselben Wegen. Was sie besitzen, ist ein Spinnengewebe von Gedanken, zu schwach, um sich darauf zu stützen, aber kompliziert genug, um zu verwirren." [146]

Aufgabe 23   Funktion des Auswendiglernens

Von Steven PINKER stammt die Aussage: „Your knowledge determines your perception." Reflektieren Sie die Funktion von vorhandenem Wissen für künftige Lernprozesse. Betrachten Sie dabei insbesondere:

▶ Definitionen, historische Begebenheiten und Zitate,
▶ Fremdsprachen und Symbolsprachen,
▶ problembezogenes Wissen.

Literatur: Ziele und Inhalte

Bernd, Heike, Hippchen, Thomas, Jüngst, Karl
Ludwig & Strittmatter, Peter: Durcharbeiten von Begriffsstrukturdarstellungen in
unterrichtlichen und computergestützten
Lernumgebungen. In: Mandl, Heinz &
Fischer, Frank (Hrsg.): Wissen sichtbar
machen: Wissensmanagement mit Mapping-Techniken, Göttingen 2000, S. 15–36
Beutler, Kurt: Das Problem der Normsetzung
in der Pädagogik. In: ders., Horster, Detlef
(Hrsg.): Pädagogik und Ethik, Stuttgart
1996, S. 268–282
Döring, Klaus W. & Ritter-Mamczek, Bettina:
Lehren und Trainieren in der Weiterbildung, Weinheim 6. Aufl. 1997, S. 38–50,
184–192

Kron, Friedrich W.: Grundwissen Didaktik,
4. Aufl. München u.a. 2000, S. 200–224
Lehner, Martin: Viel Stoff – wenig Zeit, Wege
aus der Vollständigkeitsfalle, Bern u.a.
2006
Schüpbach, Jürgen: Nachdenken über das
Lehren – Vorder- und Hintergründiges zur
Didaktik im Schulalltag, 2. Aufl. Bern u.a.
2000, S. 193–213
Tulodziecki, Gerhard, Herzig, Bardo &
Blömeke, Sigrid: Gestaltung von Unter-
richt – Eine Einführung in die Didaktik,
Bad Heilbrunn 2004, S. 57–76
Wagenschein, Martin: Verstehen lehren,
2. Aufl. Weinheim 1999

8 | Methoden

Inhalt

Methoden lassen sich nach Sozial-, Handlungs- und Verlaufsformen (8.1) differenzieren. Sozialformen regeln die Beziehungsstruktur des Lehr-Lern-Prozesses, Handlungsformen bezeichnen die konkreten Tätigkeiten der Lehrenden und Lernenden, und Verlaufsformen beschreiben den zeitlichen Verlauf der Lernprozesse. Zu den grundlegenden Methoden (8.2) zählen der Lehrvortrag und das Lehrgespräch sowie die Einzel-, Partner- und Gruppenarbeit. Die eher neueren, handlungsorientierten Methoden (8.3) befördern die aktive Auseinandersetzung mit den Inhalten; Beispiele sind das projektorientierte Lernen und das Gruppenpuzzle. Medial gestützte Methoden (8.4) nutzen die Funktionen von traditionellen Medien, z.B. Veranschaulichung und Aktivierung, und ergänzen diese um die Merkmale moderner Medien, z.B. automatische Verarbeitung sowie Vernetzung asynchroner und synchroner Lernphasen. Dementsprechend liegen besondere Chancen für E-Learning in der freieren Verteilung der Lernzeiten und der Vernetzung asynchroner und synchroner Lernphasen. Klassische Lehrtechniken (8.5) sind unter anderem: Sachverhalte darstellen und erklären, Gespräche führen, dabei Fragen stellen und Impulse geben.

Sozial-, Handlungs- und Verlaufsformen | 8.1

Didaktische Methoden haben die Funktion, den Lernenden einen **Zugang zum Unterrichtsinhalt** zu ermöglichen und zur Erreichung der Unterrichtsziele beizutragen; dies geschieht abgestimmt auf die jeweilige Unterrichtsphase und die spezifischen Lern- und Arbeitsvoraussetzungen (→ Definition 10).

Methode	Definition 10
▼	

Methoden (von griechisch méthodos „Weg", „Gang einer Untersuchung") sind planmäßige Verfahren zur Erreichung bestimmter Ziele. Lehr-Lern-Methoden sind die Formen und Verfahren, in und mit denen sich Lehrende und Lernende die sie umgebende natürliche, soziale, berufliche und gesellschaftliche Wirklichkeit – meist unter institutionellen Rahmenbedingungen – aneignen.

Methodisches Handeln von Lehrenden und Lernenden ist zielgerichtete didaktische Arbeit und umfasst soziale Interaktionen genauso wie sinnstiftende Verständigung. Die entsprechende methodische Handlungskompetenz besteht in der Fähigkeit, einerseits mit planmäßigen Verfahren zu arbeiten und andererseits in nie genau vorhersehbaren Lernsituationen diesen Plan zielorientiert, selbstständig und unter Berücksichtigung der Rahmenbedingungen umzusetzen. **Methoden** werden gewöhnlich nach drei Aspekten differenziert:

Aspekte von Methoden: Sozialformen, Handlungsformen und Verlaufsformen

▶ **Sozialformen:** Beziehungsstruktur mit der äußeren (sozial-räumliche Gestaltung) und inneren (Beziehungslogik) Seite.

▶ **Handlungsformen:** Handlungsstruktur mit der äußeren (Lehr-Lern-Tätigkeiten) und inneren (Handlungslogik) Seite,

▶ **Verlaufsformen:** Prozessstruktur mit der äußeren (Lehr-Lern-Schritte) und inneren (Verlaufslogik) Seite (→ Kap. 1.4).

Sozialformen regeln die Beziehungsstruktur der Lehr-Lern-Prozesse. Im Wesentlichen gibt es vier Sozialformen: Frontal- bzw. Klassenunterricht, Gruppenunterricht, Partnerarbeit und Einzelarbeit. Die Sozialform zeigt sich in der äußerlichen Strukturierung der Arbeit durch die Lehrperson, am offensichtlichsten vielleicht in der Sitzordnung. Die innere Seite beschreibt die Kommunikationslogik des Unterrichts, z.B. ob die Lernenden stärker untereinander oder ausschließlich mit der Lehrperson kommunizieren.

Sozialformen: Regelung der Beziehungsstruktur

Handlungsformen: Tätig-
keiten der Lehrenden
und Lernenden

Handlungsformen bezeichnen die konkreten Formen und Verfahren von unterrichtsbezogenen Tätigkeiten der Lehrenden und Lernenden, z.B. Vortrag, Referat, Diskussion, Rollenspiel, Tafelarbeit, Experiment. Sie werden deshalb auch als **methodische Grundformen** bezeichnet. Die äußere Seite verweist auf die beobachtbaren Tätigkeiten, z.B. Vortragen, Diskutieren, Standpunkte benennen und Argumentieren. Die innere Seite bezeichnet die Handlungslogik, der Lehrende und Lernende entsprechen, indem sie die Handlungsformen ausführen. Am Beispiel einer Diskussion lässt sich nachvollziehen, dass diese sowohl zur Reflexion eines Sachverhalts aus unterschiedlichen Perspektiven, zur Unterstützung des sozialen Miteinander oder zur Förderung der kommunikativen Kompetenz eingesetzt werden kann.

Verlaufsformen: zeit-
licher Verlauf der Lern-
prozesse

Verlaufsformen bezeichnen den zeitlichen Verlauf des Lernprozesses mit seinen einzelnen Phasen, z.B. Einstieg, Erarbeitung, Ergebnissicherung, Kontrolle, Wiederholung. Mehrere solcher Phasen bzw. Schritte sind modellhaft in den sogenannten **Stufen- oder Artikulationsschemata** zusammengefasst. Die äußere Seite der Verlaufsformen bezeichnet den zeitlichen Ablauf mit Schrittfolge und Tempo, die innere Seite den methodischen Gang, der sich z.B. auf die didaktische Folgerichtigkeit der einzelnen Phasen bezieht.

Zitat 49   **Wolfgang HALLET – Methodisches Handeln (2006)**
▼

„Wie man sieht, ist es unmöglich, als Lehrender nicht methodisch zu handeln, auch wenn man sich für keine ‚besondere' Methode zu entscheiden glaubt. Allenfalls kann die Wahl von Methoden unsystematisch, unreflektiert, hinsichtlich der Inhalte und der intendierten kognitiven Prozesse unpassend oder im Hinblick auf die Zielorientierung wenig effektiv sein." [147]

Stufen- oder Artikula-
tionsschemata: Ablauf
einer Lerneinheit

Stufenschemata (→ Infotafel 70) bezeichnen den Ablauf einer Unterrichtsstunde oder einer anderen zeitlichen Lerneinheit. Sie orientieren das Lehr- und das Lernhandeln. Einwände gegen starre Verlaufsschemata verweisen darauf, dass es kein einheitliches Schema für jede Einheit geben kann und somit die Gefahr der Erstarrung besteht. Ein einfaches Phasenmodell – insbesondere im schulischen Bereich genutzt – differenziert nach:

▶ **Einstieg,** d.h. die Lernenden für das Thema und das Thema für die Lernenden erschließen.

▶ **Erarbeitung,** d.h. die Inhalte methodisch vielfältig erarbeiten und verarbeiten.

▶ **Ergebnissicherung,** d.h. die Lernergebnisse erheben und dokumentieren sowie Kenntnisse, Fertigkeiten und Fähigkeiten üben und vertiefen.

Im Bereich der Erwachsenenbildung ist das folgende Stufenschema denkbar:

▶ **Kontakt,** d.h. Vertrautwerden mit dem Thema, themenbezogenes Vorwissen aktivieren, Erfahrungen und Meinungen einholen.

▶ **Fragestellung,** d.h. relevante Themenaspekte ermitteln, Problem- bzw. Fragestellung identifizieren, Arbeitsschritte festlegen.

▶ **Erarbeitung,** d.h. Problemlösungen vorschlagen, Hypothesen erarbeiten, eigene Standpunkte bewusst machen, neue Informationen suchen und verarbeiten.

▶ **Präsentation,** d.h. Arbeitsergebnisse darstellen und kritisch diskutieren.

▶ **Festhalten bzw. Transfer,** d.h. Ergebnisse zusammenfassen und fixieren, Möglichkeiten der Anwendung bzw. Übertragung aufzeigen.

Historische Stufenschemata   Infotafel 70

▼

Wilhelm Dörpfeld (1853–1940)	Wilhelm Rein (1847–1929)	Georg Kerschensteiner (1854–1932)	Heinrich Roth (1906–1983)
	Vorbereitung	Schwierigkeits-analyse	Motivation
Anschauen			Schwierigkeit
	Darbietung		
		Lösungs-vermutung	Losungsversuche
	Verknüpfung		Tun und Ausführen
Denken		Prüfung der Lösungskraft	
	Zusammen-fassung		Behalten und Einüben
Anwenden		Verifikation: Bestätigung durch Ausführung	Bereitstellen, Übertragung und Integration
	Anwendung		

Infotafel 71 **Möglichkeiten des Einstiegs**
▼

Am Beginn eines Lehr-Lern-Verlaufs steht der Einstieg, der sich je nach didaktischem Ansatz unterschiedlich darstellen kann:
▶ Ziele und Nutzen erläutern bzw. erarbeiten;
▶ Erfahrungen der Lernenden aufgreifen und daran anschließen;
▶ Fallbeispiel;
▶ Gelerntes wiederholen, z.B. Übung, Lernspiel, Murmelgruppen;
▶ Übersicht und Orientierung bieten, z.B. Schema, Struktur, Modell;
▶ „Aufhänger", z.B. Presse-, Fernseh- oder Internet-Meldung;
▶ Aufbau des Lehr-Lern-Prozesses vorstellen.

Sozialformen, Handlungsformen und Verlaufsformen verfestigen sich im institutionellen Rahmen zu **methodischen Großformen,** kurz: den **Methoden.** Die Abgrenzung ist in der Regel nicht einfach zu vollziehen, da beispielsweise eine bestimmte Handlungsform sowohl Teil einer Methode als auch eine Methode selbst sein kann. Dies lässt sich am Beispiel des Vortrags nachvollziehen: Im Rahmen des selbstgesteuerten Lernens ist der Vortrag bzw. Impulsvortrag ein Bestandteil eines methodischen Gesamtentwurfs, als Vorlesung wird er selbst zur Methode.

8.2 | Grundlegende Methoden

Vor- und Nachteile einer Methode lassen sich nicht generell feststellen, sondern immer nur mit Bezug auf den jeweiligen Kontext, der auch die Lernziele und Lernvoraussetzungen umfasst. Demzufolge lässt sich eine für beliebig viele Kontexte **optimale Lehr-Lern-Methode** – nach dem derzeitigen Kenntnisstand – nicht ausmachen (→ Zitat 50), wenngleich es durchaus Merkmale guter Lehre gibt (→ Kap. 6.3).

Zitat 50 **Ewald Terhart – die „beste" Lehrmethode (1997)**
▼

„Die beste Methode gibt es nicht – sofern man die gemessene Lernleistung der Schüler als Effektivitätskriterium zugrunde legt. Mit schöner Regelmäßigkeit zeigten sich entweder keine Differenzen, oder aber die Resultate fielen nicht eindeutig genug zugunsten dieser oder jener Lehrmethode aus (...). Dieser Sachverhalt ist seit mehr als 20 Jahren bekannt und gehört zu den wenigen Erkenntnissen der Lehrmethodenforschung, die als gesichert gelten dürfen."[148]

Grundlegende Lehr- und Lernformen, die seit Jahrzehnten zum **Methoden-Repertoire** in Schule, Hochschule und Erwachsenenbildung zählen, sind beispielsweise:

► Lehrvortrag,
► Lehrgespräch,
► Einzel-, Partner- und Gruppenarbeit,
► Diskussion und Erfahrungsaustausch,
► Übung, Rollenspiel und Planspiel.

Differenzierung und Methoden	**Infotafel 72**

Differenzierung bedeutet, die unterschiedlichen Lernvoraussetzungen der Lernenden zu berücksichtigen. Dies geschieht beispielsweise durch die Auflösung einer heterogenen Lerngruppe zugunsten homogener Gruppen in Bezug auf Leistungsfähigkeit, Lernpräferenzen oder Interessen. Die äußere Differenzierung bezieht sich auf die formale Auflösung von Verbänden in getrennt unterrichtete Gruppen oder Kurse, die innere Differenzierung meint eine gruppeninterne Differenzierung unter einer gemeinsamen Lehrperson. Methoden lassen sich beispielhaft wie folgt zuordnen:

► Methoden in der undifferenzierten Großgruppe: Lehrvortrag, Lehrgespräch;
► Methoden zur inneren Differenzierung: Einzel-, Partner- und Gruppenarbeit.

(a) **Lehrvortrag:** Lehrende tragen Wissen in einer zusammenhängenden und strukturierten Form vor – dies kann sachlogisch oder problemorientiert geschehen. Lehrvorträge können unterschiedliche Funktionen erfüllen: Allgemein wird durch diese Form der direkten Vermittlung sichergestellt, dass alle Lernenden dieselben Inhalte präsentiert bekommen. Im Speziellen kann durch den Lehrvortrag ein thematischer Einstieg erfolgen, Übersichts- bzw. Strukturwissen vorgestellt werden, und es können Lehrende den Umgang mit einem bestimmten Fall demonstrieren.

Lehrvortrag: Darstellung von Wissen in strukturierter Form

Da es sich beim Lehrvortrag um eine Form der Einwegkommunikation handelt, besteht die Gefahr, dass die Lernenden bei langen Vortragspassagen in einer weitgehend passiven Rolle verbleiben. Ist der Lehrvortrag hingegen Bestandteil eines methodisch abwechslungsreichen Szenarios – also nicht die dominierende

Lehrform –, so sind vielfältige Lernaktivitäten sichergestellt. Die ca. 20-minütige Kurzform wird häufig als **Impulsvortrag** bezeichnet. Stärker als andere Lehrformen bietet der Lehrvortrag den Lehrenden die Möglichkeit, über ihre Person Interesse und Begeisterung für die Sache zu transportieren.

Lehrgespräch: Interaktion mit den Lernenden mithilfe von Fragen und Denkanstößen

(b) **Lehrgespräch:** Lehrende erarbeiten einen Sachverhalt in der verbalen Interaktion mit den Lernenden. Dies geschieht mithilfe von Fragen und Denkanstößen. Zweierlei Arten des Lehrgesprächs werden unterschieden:

▶ **darstellend-entwickelnd,** d.h. eher als Wissensvermittlung: Lehrende aktivieren das Vorwissen durch Fragen und Denkanstöße, kommentieren und ergänzen die Antworten und fügen kurze Vortragsteile ein;

▶ **fragend-entwickelnd,** d.h. eher als Entdeckungsprozess: Lehrende formulieren Problemstellungen und aktivieren die Lernenden durch Fragen oder Denkanstöße, die Probleme durch Hypothesenbildung und weitergehende Reflexionen zu bearbeiten.

Das Lehrgespräch ist die – zumindest im schulischen Bereich – dominierende methodische Form. Es ist durch viele Fragen, Hinweise, Aufforderungen und angefangene Sätze der Lehrenden gekennzeichnet. Das Lehrgespräch ist auf Kooperation ausgerichtet und bietet – abhängig von der Gruppengröße – die Möglichkeit, auf einzelne Lernende einzugehen. Es wird kritisch angemerkt, dass das Lehrgespräch häufig wenig Struktur aufweist, was – durch die methodische Form bedingt – auf die rasche Art der Interaktion rückführbar ist (→ Zitat 51). – Ein schlecht vorbereitetes Lehrgespräch ist ein Charakteristikum der sogenannten „Schwellenpädagogik", d.h. die Lehrperson überlegt sich an der Türschwelle, was sie gleich unterrichten wird.

Zitat 51   **Diethelm Wahl – Lehrgespräch (2005)**
▼

Diethelm Wahl kritisiert diese Form der Lehre scharf, insbesondere die durch geringe Planung hervorgerufene Beliebigkeit des Lernprozesses: „Der logisch stringente Charakter der Wissensvermittlung geht verloren. Problemlöseprozesse werden verhindert oder abgebrochen. Bei der Schnelligkeit der menschlichen Interaktion bleibt wenig Zeit zum Nachdenken. Stattdessen operieren die Schüler auf der Ebene der bloßen Reproduktion von Wissenselementen oder mit schlichtem Raten. Der fragend-entwickelnde Unterricht ist unauslöschlich in den subjektiven Theorien der Lehrerinnen und Lehrer verankert, weil diese in der Regel 13 Jahre lang so unterrichtet wurden. Es ist die dominierende Methode in der eigenen Biografie. Offenbar sitzt die ‚Osterhasenpädagogik' so tief und so fest, dass alternative didaktische Konzepte es schwer haben, sich dagegen zu behaupten."[149]

(c) **Einzel-, Partner- und Gruppenarbeit:** In allen drei sozialen Formen ist eine mehr oder weniger intensive Auseinandersetzung mit dem Thema über individuelle Lernaktivitäten möglich. Bei der Einzel- und Partnerarbeit werden die Lernenden stark vereinzelt, um eine möglichst eigene inhaltliche Beschäftigung anzustoßen. **Gruppen-arbeit** wird mit Kleingruppen von meist drei bis fünf Lernenden durchgeführt und lässt sich hinsichtlich der Aufgabenstellung unterscheiden nach:

Einzel-, Partner- und Gruppenarbeit: intensive inhaltliche Auseinandersetzung mittels Aktivierung der Lernenden

▶ **arbeitsgleich,** d.h. alle Kleingruppen bearbeiten dieselbe Aufgabenstellung;

▶ **arbeitsteilig,** d.h. jede Kleingruppe bearbeitet ein Teilthema über eine je spezifische Aufgabenstellung.

Aus didaktischer Sicht gibt es mehrere Funktionen, die die Gruppenarbeit erfüllt: Selbstständigkeit und Verantwortlichkeit der Lernenden, höhere Motivation und Entwicklung von sozialen und methodischen Kompetenzen. Aufgabe der Lehrenden ist es insbesondere, die Phasen der Gruppenarbeit (Informationsphase, Gruppenbildung, Arbeitsphase, Gruppenberichte und Zusammenführung) sorgfältig zu planen und die Kleingruppen während der eigentlichen Gruppenarbeitsphase angemessen zu betreuen.

(d) **Diskussion und Erfahrungsaustausch:** Diese beiden methodischen Formen betonen in unterschiedlichem Maße den Austausch verschiedener Sichtweisen und Standpunkte. Die **Diskussion** wird von Lehrenden oder Lernenden nach bestimmten Regeln geleitet. Sachverhalte werden hinsichtlich Argumentation und Gegenargumentation erörtert und tragen so zur Meinungsbildung bei. Ein **Erfahrungsaustausch** findet als Unterrichts- oder Seminargespräch statt und stellt den gegenseitigen Austausch von Erfahrungen in den Vordergrund. Im Unterschied zur Diskussion geht es primär um die wechselseitige Inspiration der Lernenden, nicht um die kontroversielle Erörterung von Positionen.

Diskussion und Erfahrungsaustausch: Herausarbeitung unterschiedlicher Sichtweisen

Übung, Rollenspiel und Planspiel: aktive Auseinandersetzung mit dem jeweiligen Thema, häufig mit Anwendungsbezug

(e) **Übung, Rollenspiel und Planspiel:** Bei diesen methodischen Formen geschieht eine aktive Auseinandersetzung mit dem jeweiligen Thema, es ist jeweils ein mehr oder minder ausgeprägter Anwendungsbezug gegeben. Bei der **Übung** liegt der Fokus auf der mehrfachen Ausführung einer Lernhandlung. Beim **Rollenspiel** geht es um eine Situation, die unter Verhaltensaspekten zu bearbeiten ist, z.B. Austragung von Konflikten, Verkaufsgespräche führen, beim **Planspiel** um das Handeln in komplexen Situationen, z.B. Steuerung von ökologischen Systemen, Unternehmensführung. Rollen- und Planspiele erlauben das Agieren in einer Quasirealität ohne den Druck der realen Situation.

Aufgabe 24   **„Neue" Lehr- und Lernmethoden**

Seit Jahren werden immer wieder sogenannte „neue" Lehr- und Lernmethoden nachgefragt und entwickelt.
► Welche Gründe lassen sich für diesen Umstand ausmachen?

8.3 | Handlungsorientierte Methoden

Handlungsorientierte Methoden: Förderung von Fach-, Sozial- und Selbstkompetenz

Seit den 90er-Jahren des vergangenen Jahrhunderts gibt es eine Entwicklung, die die klassischen Methoden um stärker handlungsorientierte Formen der Lerngestaltung ergänzt. Erste Entwicklungen gab es bereits in der **Reformpädagogik,** zusätzliche Impulse kommen aus der betrieblichen Aus- und Weiterbildung, dem Managementtraining und der Benachteiligtenqualifizierung. Aufgrund der zunehmenden Komplexität der Arbeits- und Lebenswelt wird von Lernprozessen zunehmend gefordert, dass sie Fach-, Sozial- und Selbstkompetenz gleichermaßen befördern. Somit werden die jeweiligen Methoden selbst zu Lehrinhalten.

Zitat 52   **Herbert GUDJONS – Die Sache der Schule ist die Sache! (2006)**

„Auch auf dem Weg zu mehr Selbststeuerung der Lernprozesse durch die Lernenden gilt: Die Sache der Schule ist die Sache! Bei allem Bemühen um prozedurale Elemente des Lernens (Strategien, Lernwege, Verfahren, Fertigkeiten) bleibt eine Bildungstheorie unverzichtbar, die sich um die Begründung, die Auswahl und die Anordnung der Sachen, der Inhalte, des Lernstoffes müht. Schule wird also nicht aufgelöst in einen allein durch Schülerautonomie bestimmten Selbstbedienungsladen von Bildungsinhalten. Zu diesem Bildungsverständnis trägt auch ein neues Konzept des Frontalunterrichts bei, das ihn in offene Unterrichtsformen integriert." [150]

Nicht immer gibt es eine klare Trennung zwischen den handlungsorientierten Methoden und übergreifenden didaktischen Ansätzen (→ Kap. 2.3). Beispielsweise ist das projektorientierte Lernen einerseits ein didaktischer Ansatz, der das Lernen in einer Bildungsinstitution bestimmen kann, andererseits kann es integraler Bestandteil anderer Lernkonzepte sein. Gleiches gilt für das Gruppenpuzzle, dass einerseits für mehrere Wochen die vorherrschende Lernform sein kann und andererseits nur in einer kurzen Sequenz von 60 Minuten eingesetzt wird. Eine derartige Problematik der Zuordnung gibt es bei folgenden handlungsorientierten Methoden:

Keine klare Trennung zwischen handlungsorientierten Methoden und übergreifenden didaktischen Ansätzen

▶ Selbstgesteuertes Lernen (→ Kap. 2.3),
▶ Handlungsorientierter Unterricht (→ Kap. 2.3),
▶ Problembasiertes Lernen (→ Kap. 2.3),
▶ Leittext-Methode,
▶ Projektorientiertes Lernen,
▶ Moderationsmethode,
▶ Lernteam-Coaching,
▶ Gruppenpuzzle.

Die Unterschiede zwischen den klassischen und den handlungsorientierten Methoden lassen sich anhand der **Vier-Stufen-Methode** und der **Leittext-Methode**[151] nachvollziehen. Die Vier-Stufen-Methode kommt aus der beruflichen Ausbildung und war dort die lange Zeit vorherrschende Lernmethode. In der Kurzform wird sie zum Dreischritt:

Vier-Stufen-Methode: Vormachen, Nachmachen, Üben; Leittext-Methode: Informieren, Planen, Entscheiden, Ausführen, Kontrollieren, Bewerten

▶ Vormachen,
▶ Nachmachen,
▶ Üben.

Die Vier-Stufen-Methode ist stark auf den Aufbau von Fertigkeiten konzentriert. Im Gegensatz dazu fokussiert die Leittextmethode stärker die beteiligten kognitiven Prozesse: Leitfragen steuern das weitgehend selbstständige Planen und Durchführen von Lernhandlungen (→Infotafel 73, Infotafel 74).

Infotafel 73   **Leittext-Methode**

▼

Was ist zu tun?
Arbeitsauftrag, Leitfragen,
Zeichnung

**Was können wir
beim nächsten Mal
besser machen?**
Fachgespräch mit dem
Ausbilder

Wie gehen wir vor?
Arbeitsplan, Leitfragen,
Gruppenarbeit

6. Bewerten   1. Informieren   2. Planen

5. Kontrollieren   4. Ausführen   3. Entscheiden

**Ist der Auftrag
fachgerecht gefertigt?**
Checkliste

**Wie geht es nun
konkret?**
Auftragsbearbeitung, z.B.
Fertigen des Werkstücks

Was brauchen wir?
Fertigungsweg und
Betriebsmittel festlegen,
Fachgespräch mit dem
Ausbilder

Infotafel 74   **Vier-Stufen-Methode und Leittext-Methode im Vergleich**

▼

Vier-Stufen-Methode		Leittext-Methode	
Ausbilder	Auszubildender	Ausbilder	Auszubildender
Erklären	Zuhören	Entwickeln und Besprechen von Leitfragen	selbstständiges Informieren
Vorma-chen	Zuschauen	Entwickeln von Planungshilfen, Besprechen von Vorschlägen	selbstständiges Planen und (Mit-)Entscheiden
Korrigieren	Nachmachen	Entwickeln von Leitsätzen, Besprechen von Problemen	selbstständiges Durchführen
Bewerten	Üben	Entwickeln von Kontrollbögen, Auswerten der Ergebnisse	selbstständiges Kontrollieren

Projektmethode: Lernprozess wird als Projekt gestaltet, d.h. mit Projektinitiative, Projektplan, Meetings, Reflexionsphasen, Projektabschluss

Die **Projektmethode** ist eine der handlungsorientierten Methoden mit Tradition. Am Anfang steht eine Projektinitiative, die dann von den Lernenden zu einer konkreten Projektidee verdichtet wird. Der Projektablauf wird mithilfe eines Projektplans gesteuert. Die Durchführung des Projektes erfolgt einzeln, in Kleingruppen oder in der Gesamtgruppe. Am Ende steht ein Projektergebnis, das es inhaltlich und methodisch zu reflektieren gilt. Im Verlauf des Projekts eingeschobene Fixpunkte, die sogenannten Meilensteine, akzentuieren die Ausrichtung auf das Lernhandeln und die erstellten Handlungsprodukte.

In der betrieblichen Aus- und Weiterbildung, zunehmend auch in anderen Bildungsbereichen, hat sich die **Moderationsmethode** etabliert: Moderation meint alle Handlungen einer Person, den Meinungsbildungsprozess einer Gruppe zu ermöglichen. Moderatoren wirken wie ein Katalysator im Gruppenprozess, indem sie helfen, die Bedürfnisse, Ziele und Meinungen einzelner Personen transparent zu machen, ohne dabei selbst inhaltlich einzugreifen (→ Infotafel 75). Typisches Moderationsmaterial sind Pinnwände und Moderationskarten.

Moderationsmethode: Steuerung des Gruppenprozesses durch Moderator

Moderationsmethode   Infotafel 75

▼

1. Einstieg
▶ Erwartungen klären
▶ Ziele formulieren
▶ Methoden festlegen
▶ Protokollfragen klären

2. Themenorientierung
▶ Fragestellung formulieren
▶ Ideen sammeln (= Kartenabfrage)
▶ Ideen ordnen (= clustern)

6. Abschluss
▶ Lern-Arrangements
▶ Feedback einholen
▶ Aktionen verfolgen

3. Themenordnung
▶ Themenspeicher anlegen
▶ Zielfragen formulieren
▶ Themen gewichten (= Punktabfrage)

5. Handlungsorientierung
▶ Maßnahmenplan entwickeln
▶ Verantwortlichkeiten regeln
▶ Aktionsplan erstellen

4. Themenbearbeitung
▶ Kernprobleme analysieren
▶ Bearbeitungsmethode entscheiden
▶ Lösungsvorschläge entwickeln

In Hochschulen hat sich das sogenannte **Lernteam-Coaching** als Methode entwickelt. Diese Methode enthält sowohl handlungsorientierte als auch kooperative Elemente. Sie ist durch einen methodischen Dreischritt ausgewiesen:

▶ Alleinlernen mit Lerntext: Die Studierenden lesen zur Vorbereitung auf eine oder mehrere Aufgaben einen Lerntext und vertiefen diesen punktuell.

Lernteam-Coaching: Alleinlernen mit Lerntext, weitere Klärung im Team, Restklärung mit Dozent

► Weitere Klärung im Team: Ein Lernteam mit ca. sechs Studierenden bearbeitet die Lernaufgaben gemeinschaftlich. Jede Sitzung wird von einem selbst gewählten Moderator geleitet, die Arbeitsergebnisse werden schriftlich aufbereitet.

► Restklärung mit Dozent: Im Coaching mit dem Lehrenden stellt das Team seine Arbeitsergebnisse vor und erläutert bestehende Restprobleme. Die Lehrenden geben dabei vor allem Hilfe zur Selbsthilfe. Die Reflexion des eigenen Lernverhaltens schließt den Prozess ab.

Im Lernteam-Coaching setzen sich die Studierenden mehrmals aktiv mit den jeweiligen Inhalten auseinander und sorgen so für eine gute Verankerung des Gelernten. Über gemeinsame Arbeitshandlungen und das Heraustreten aus der Anonymität erwerben sie soziale Kompetenzen, über das Strukturieren bei der Planung und Durchführung der Gespräche methodische Kompetenzen.[152]

Gruppenpuzzle: Lernen in Stamm- und Expertengruppen durch wechselseitiges Erklären von Teilthemen

Ein Prototyp der neueren handlungsorientierten Methoden ist das **Gruppenpuzzle,** mit dem sich ein häufig angeführter Nachteil der Gruppenarbeit kompensieren lässt: die Möglichkeit für einzelne Lernende, sich in der Gruppe zu „verstecken" und die eigene Lernaktivität zu reduzieren. In der ersten Phase finden sich die Lernenden zu sogenannten Stammgruppen zusammen. Die zweite Phase des Gruppenpuzzles gleicht der arbeitsteiligen Gruppenarbeit – die Mitglieder jeder Expertengruppe bearbeiten ein anderes Thema und werden somit zu Experten für dieses Thema. Die Expertengruppen sind dabei so zusammengesetzt, dass aus jeder Stammgruppe mindestens ein Mitglied vertreten ist. In der dritten Phase kommen die Lernenden in ihre Stammgruppen zurück und berichten über die erarbeiteten Inhalte. Häufig wird das Gruppenpuzzle durch ein Plenum abgeschlossen, in dem Fragen geklärt und Inhalte gefestigt werden (→ Infotafel 76).

Das Gruppenpuzzle zählt bereits zu jenen handlungsorientierten Methoden, die üblicherweise nur für eine bestimmte Phase des Lehr-Lern-Prozesses eingesetzt werden. Weitere Methoden wie beispielsweise das **Partnerinterview** oder das **Kugellager** (→ Infotafel 77) können verschiedene unterrichtliche Zwecke erfüllen: Sie aktivieren Vorwissen und schließen an Bekanntes an, kommunizieren Arbeitsergebnisse und verarbeiten Inhalte auf vielfältige Weise.

Gruppenpuzzle

▼

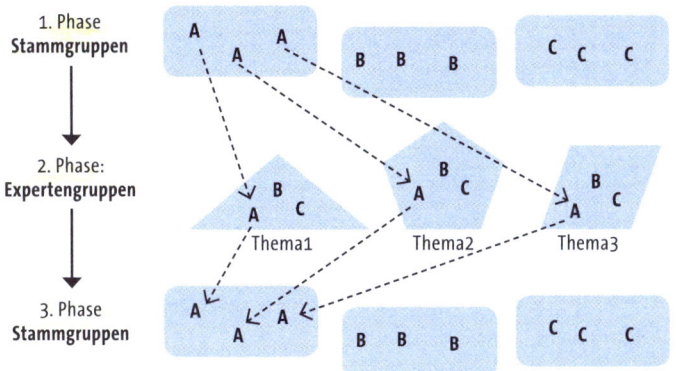

1. Phase
Stammgruppen

2. Phase:
Expertengruppen

3. Phase
Stammgruppen

Thema1   Thema2   Thema3

Handlungsorientierte Methoden

▼

Methode	Funktion	Beschreibung
Partnerinterview	Inhalte vielfältig verarbeiten, z.B. Aufgaben lösen und erklären	zwei Teilgruppen bilden, Lernende erhalten Arbeitsblätter (jeweils mit und ohne Lösung), lösen die Aufgabe (evtl. mit Hilfe der Lehrperson) und prüfen ihre Lösung; anschließend Pärchen bilden, Lernende stellen sich gegenseitig die jeweilige Aufgabe, die eine Person löst, die andere berät und korrigiert
Murmelgruppen (buzz group)	viele Lernende in kurzer Zeit aktivieren	Form des Brainstorming, kleine Diskussionsgruppen, z.B. mit dem Sitznachbarn; innerhalb weniger Minuten werden Inhalte wiederholt, Ideen generiert, Standpunkte formuliert
Kugellager (auch: Karussell, Zwiebel)	vorhandenes Wissen aktivieren und weitergeben, Meinungen erörtern	Sitzordnung mit einem inneren und einem äußeren Kreis; durch Weiterrücken werden Gespräche mit unterschiedlichen Partnern geführt; gleiche Frage für alle oder ein Teilaspekt pro Innensessel
Markt des Wissens	Wissen darstellen, kommunizieren und verarbeiten	Lernergebnisse bzw. -produkte werden an Marktständen, z.B. mit Plakaten oder Pinnwänden, präsentiert; spielerische Aufgaben für die „Gäste" fördern den Austausch

Eine besondere Form der handlungsorientierten Methoden sind **Lernspiele** (→ Infotafel 78). Der Grundgedanke beim Einsatz spielerischer Lernformen besteht darin, die Lernenden in hohem Maße zu aktivieren und eine gleichermaßen anregende wie aufgelockerte Lernatmosphäre herzustellen. Lernspiele können verschiedene didaktische Aufgaben erfüllen, z.B. führen sie in ein Thema ein oder tragen zur inhaltlichen Festigung des Gelernten bei.

Infotafel 78	**Lernspiele – eine Auswahl**

Die folgenden Gesellschaftsspiele können zu Lernspielen umfunktioniert werden:

▶ Tabu: Begriffe umschreiben, ohne vorher ausgeschlossene Wörter, die Tabu-Wörter, zu verwenden; z.B. „Teamleiter" umschreiben, dabei „Manager", „Führungskraft" usw. nicht benutzen;

▶ Memory: zusammenpassende Sachverhalte identifizieren, z.B. § 35 des (deutschen) Sozialgesetzbuches VI: Thema „Regelaltersrente";

▶ Millionenshow: Multiple-Choice-Fragen mit steigenden Schwierigkeitsgraden beantworten, dabei Unterstützung durch 50:50-Joker oder Publikumsjoker;

▶ Trivial Pursuit: Spiel mit Fragen aus verschiedenen Kategorien.

Aufgabe 25	**Gruppenpuzzle**

Die Methode Gruppenpuzzle ist so angelegt, dass sich einzelne Lernende zu Experten für ein bestimmtes Thema entwickeln. Im Unterschied zu allen Methoden, die in der Sozialform Frontalunterricht geschehen, haben nicht „alle alles" und zudem nicht „alle dasselbe" gehört.

▶ Wie beurteilen Sie diesen Umstand?

▶ Welche Varianten des Gruppenpuzzles sind angesichts der bezeichneten Problematik denkbar?

8.4 | Medial gestützte Methoden

Medien: veranschaulichen, geben Übersicht, adressieren mehrkanalig und regen Lernaktivitäten an

Medien sind **Vermittlungsträger von Informationen.** In Lehr-Lern-Prozessen unterstützen sie die Kommunikation zwischen Lehrenden und Lernenden sowie innerhalb der Lerngruppe. Aus didaktischer Perspektive erfüllen sie mehrere **Funktionen.** Medien

▶ veranschaulichen Inhalte,

▶ stellen Übersichten, Zusammenfassungen und komplexe Zusammenhänge in modellhaften Abbildungen dar,

► erlauben eine mehrkanalige Präsentation,

► regen die Aktivitäten der Lernenden an und

► verbessern die Kommunikation in der Lerngruppe.

Der sinnvolle Einsatz eines Mediums hängt nicht nur von diesen grundsätzlichen didaktischen Funktionen ab, sondern auch von **präsentationstechnischen Merkmalen:**

► Einige Medien lassen sich vorbereiten, andere sind für die – teilweise spontane – Entwicklung geeignet.

► Einige Medien ermöglichen einen Augenkontakt zu den Lernenden, andere schließen diesen eher aus.

► Einige Medien sind permanent sichtbar, andere werden überschrieben.

► Einige Medien bieten Platz für große Informationsmengen, andere zwingen zur Beschränkung auf Wesentliches.

Klassische Medien in der Lehre   **Infotafel 79**

► Tafeln, z.B. Kreidetafel, Whiteboard, Flipchart;

► Overhead-Projektor und Computer/Beamer;

► Filme, Videos und Tondokumente;

► Pinnwände und Moderationsmaterial;

► experimentelle Geräte und Demonstrationsobjekte.

Medien werden häufig eingesetzt, um Sachverhalte zu visualisieren. Dem liegt die Annahme zugrunde, dass die **Lernwirksamkeit von Sprache und Bildern** im Vergleich zur ausschließlich sprachlichen Darstellung höher ist. Die empirische Forschung stützt diese Annahme im Wesentlichen (→ Infotafel 80). Viele Studien zeigen, dass sich Verstehen und Behalten verbessern, wenn Sprache und Bilder in Kombination präsentiert werden. Differenziert betrachtet, wird das medial gestützte Lernen durch weitere Faktoren beeinflusst:

Wirkfaktoren medial gestützten Lernens: Präsentationskanal, Symbolsystem, didaktische Aufbereitung und eröffnete Handlungsmöglichkeiten

► das Symbolsystem, mit dem die Botschaft kodiert wird,

► die didaktische Aufbereitung der Botschaft und

► die Handlungsmöglichkeiten, die das mediale Angebot eröffnet.[153]

Infotafel 80   **Lernwirksamkeit von Bildern**

Bilder lassen sich danach unterscheiden, ob sie etwas im Text Beschriebenes abbilden (Abbildungsfunktion), einen Text strukturieren bzw. zusammenfassen (Organisationsfunktion), einen Text erklären (Interpretationsfunktion) oder als Gedächtnisstütze dienen (Verwandlungsfunktion). Bilder, die den ersten drei Funktionen zuzuordnen sind, weisen eine vergleichbar hohe Lernwirksamkeit auf. Die Bilder der vierten Gruppe fördern das Behalten in deutlich höherem Maße. [154]

Merkmale moderner Medien: automatische Verarbeitung, Interaktivität und Vernetzung

Im Unterschied zu den klassischen Medien zeichnen sich die **modernen Medien** durch eine Kombinationen von Hard- und Software zur Bearbeitung digitalisierter Informationen aus (→ Infotafel 81). Sie weisen folgende Merkmale auf:

▶ **Automatische Verarbeitung:** Anpassung an die Lernenden,
▶ **Interaktivität:** Steuerung durch Lehrperson bzw. Lernende,
▶ **Vernetzung:** Kooperation, (fast) überall möglicher Zugriff.

Infotafel 81   **Moderne Medien in der Lehre**

Bei den modernen Medien lassen sich unterscheiden:

▶ Modellierungssysteme und offene Simulationssysteme; Funktion: Erarbeiten und Verändern von Modellen; Simulieren zur Verifikation von Modellen; Planspiele; Beispiele: Dynasys, Ecopolicy.
▶ Experimentierumgebungen und geschlossene Simulationssysteme; Funktion: Messwerterfassung und -auswertung, Simulation von Abläufen, Prozessdatenverarbeitung; Beispiele: Laborexperimente, Fahr- und Flugsimulatoren, Crocodile Physics/Chemistry.
▶ Lernspiele; Funktion: pädagogisch gestaltete, veränderbare Situationen; Vorwissen, logisches Denken, planvolles Handeln; Beispiele: Siedler, SimCity, Myst.
▶ Übungs- und Trainingsprogramme; Funktion: Aktivierung von Vorwissen, geführte Lernwege, individuelles Trainieren, automatisierendes Üben; Beispiele: Blitzrechnen.
▶ Lernumgebungen; Funktion: Lernprogramme (geführte Lernwege, individuelles Lernen), offene Lernsysteme (hypermediale Datenbank, Protokolloption, Werkzeugoption); Beispiele: Addy Junior, Kulturen der Antike.
▶ Datenbestände; Funktion: themenbezogene Sammlungen, offline/online, Suchwerkzeuge; Beispiele: Enzyklopädien, themenbezogene Websites, Sammlungen (z.B. Fotos, Videos, Links).

▶ Kommunikations- und Kooperationsumgebungen; Funktion: Infrastruktur für synchrone Kommunikation und Kooperation, themenbezogen, betreut; Beispiele: Arbeitsbereiche, Foren (z.B. Xing, studiVZ).

▶ Werkzeuge; Funktion: themenunabhängig, Weiterverarbeitung, Gestaltung, Kommunikation und Kooperation, Programmiersprachen; Beispiele: Toolbook, Composer, Eudora, Delphi.[155]

Eine besondere Rolle bei der Umsetzung medial gestützter methodischer Formen spielen **Lernplattformen.** Dabei handelt es sich um web-basierte Umgebungen, auf denen Lerninhalte bereitgestellt und Lernvorgänge organisiert werden. Zusätzlich wird die Kommunikation zwischen Lernenden und Lehrenden ermöglicht. Aus didaktischer Sicht besteht die Herausforderung darin, die Lernszenarien und -prozesse so zu gestalten, dass sie Kriterien guter Lehre und nicht schematischen didaktischen Arrangements entsprechen.

Medial gestützte methodische Formen werden mit dem inzwischen gebräuchlichen Begriff **E-Learning** etikettiert. E-Learning bezeichnet jene Lernformen, bei denen digitale Medien für die Präsentation und Distribution von Lernmaterialien oder zur Unterstützung zwischenmenschlicher Kommunikation zum Einsatz kommen. Die Verbindung von Präsenzlehre und E-Learning wird unter dem weniger gebräuchlichen Begriff **Blended Learning** geführt (→Infotafel 82).

Didaktische Handlungsoptionen bei E-Learning: freiere Verteilung der Lernzeiten, Vernetzung asynchroner und synchroner Lernphasen, Virtualisierung und Interaktivität von Lernobjekten

Die Einführung von E-Learning in unterschiedlichen Ausprägungen erweitert das Spektrum der Lernformen. Es entstehen zusätzliche didaktische Handlungsoptionen:

▶ **Freiere Verteilung der Lernzeiten,** d.h. Lernen findet unabhängig von Präsenzelementen statt. Beispiele: Vorlesungsaufzeichnungen in Hochschulen, Lernen mit internet-basierten Lernumgebungen.

▶ **Vernetzung asynchroner und synchroner Lernphasen,** d.h. insbesondere problemorientiertes Lernen findet zeitgleich (Ideenfindung) oder zeitverschoben (individuelle Reflexion) statt. Beispiele: Kommunikation über Chat (synchron) und Foren (asynchron) auf Lernplattformen und in virtuellen Klassenräumen.

▶ **Virtualisierung von Lernobjekten,** d.h. schwer zugängliche reale Objekte werden bearbeitbar gemacht. Beispiele: Lernen am virtuellen Mikroskop, Fallarbeit mit virtuellen Patienten.

▶ **Interaktivität von Lernobjekten,** d.h. Lernhandlungen führen zu spezifischen Reaktionen der Lernobjekte. Beispiele: Interaktive Übungen zu Programmiersprachen und Statistik.

Forderungen an E-Lear-ning: Übersichts- bzw. Strukturwissen bereitstellen, Lernaktivitäten steuern, Lernnachweise einfordern

Zusätzliche didaktische Optionen, die durch E-Learning verfügbar werden, führen nicht zwangsläufig zu einem didaktischen Mehrwert, sondern bergen auch die Gefahr, dass die Lernenden eine passive und konsumorientierte Haltung einnehmen (→ Zitat 53). Bei der Gestaltung von Lernprozessen ist demzufolge zu reflektieren, in welcher Weise **Lernaktivitäten** gesetzt werden und auf welchem **Lernzielniveau** diese bearbeitet werden. In Verbindung dazu ist bedeutsam, wie **Lernnachweise** in elektronischer Form erbracht werden, z.B. über Multiple-Choice-Tests oder über offene Aufgabenstellungen.

Zitat 53　　　**Rolf ARNOLD – Multimediales Lernen (2007)**
▼

„Wir können den dringend zu klärenden didaktischen Fragen nicht dadurch ausweichen, dass wir uns den komfortablen Möglichkeiten eines multimedialen Lernens zuwenden, welche die frontalunterrichtliche Lernkultur nicht überwinden, sondern vielleicht sogar (auch aufgrund von Kino- und Unterhaltungseffekten) ungewollt verstärken."[156]

Infotafel 82　　　**Präsenzlehre und E-Learning**[157]
▼

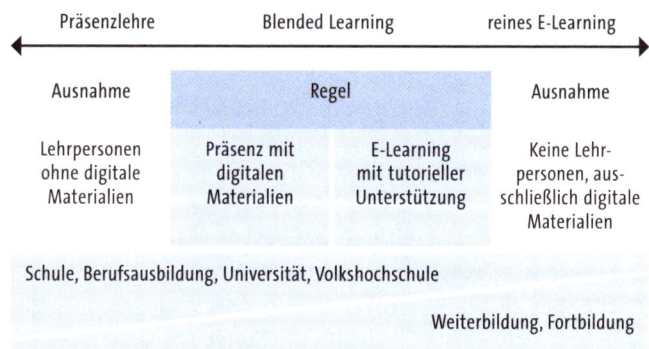

E-Learning bietet in der Regel die Möglichkeit, große Mengen an Information verfügbar zu machen. Dieser Umstand bietet einerseits die Chance, Lernprozesse hochgradig zu individualisieren, indem passgenaue **Lernpfade** bereitgestellt werden. Andererseits erfordert die verfügbare Quantität an Informationen einen gezielten Umgang mit denselben, was aufseiten der Lernenden durch arbeitsmethodische Kompetenzen und lehrseitig durch differenzierte Angebote an **Übersichts- bzw. Strukturwissen** gefördert werden kann.

Die Vernetzung von Lernphasen beim **Blended Learning** (→ Infotafel 83) erfordert eine **Abstimmung** der Lernprozesse und Arbeitsergebnisse. Eine Möglichkeit besteht darin, in den Phasen des E-Learnings eher aufgabenorientiert vorzugehen und Arbeitsergebnisse bzw. -produkte zu erstellen, die es in der Präsenzphase zu präsentieren und zu diskutieren gilt. An der Schnittstelle von der Präsenzphase zur E-Learning-Phase steht die Formulierung von Arbeitsaufträgen im Blickpunkt. Blended Learning ist in allen Phasen darauf angewiesen, dass das Spektrum der Sozialformen ausgeschöpft wird.

Vernetzung der Lernphasen beim Blended Learning   **Infotafel 83**

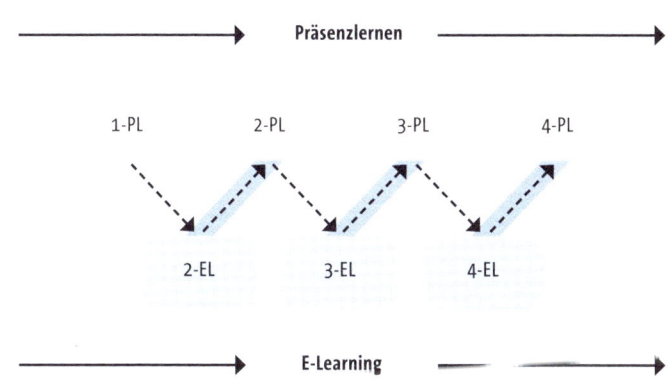

Lehrtechniken |8.5

Didaktische Methoden werden von den Lehrpersonen eingesetzt, um über Lernhandlungen zu Lernergebnissen zu kommen bzw. Lernziele zu erreichen. Dabei bedienen sie sich verschiedener Lehrtechniken, um Inhalte darzubieten, Lernhandlungen anzustoßen oder zu begleiten. Häufig überschneiden sich die Lehrhandlungen, beispielsweise wenn kommuniziert wird, um den Ablauf einer Übung zu steuern. Zentrale **Lehrtechniken** sind:

► Sachverhalte darstellen und erklären;
► Lernhandlungen anregen, organisieren und begleiten;
► Gespräche führen, dabei Fragen stellen und Impulse geben;
► Aufgaben formulieren;
► Lernergebnisse sichern;
► Lernkompetenzen förden.

Sachverhalte darstellen und erklären: an Vorwissen anschließen, Inhalte strukturieren, auf Wesentliches konzentrieren u.a.

Das **Darstellen und Erklären** von Sachverhalten lässt sich an verschiedenen Merkmalen festmachen:

► Nutzen aufzeigen;
► an Vorwissen, Erfahrungen und Motivationen anknüpfen;
► Inhalte strukturieren;
► auf Wesentliches konzentrieren;
► verschiedene Zugänge ermöglichen, auch über unterschiedliche Eingangskanäle, konkrete Erfahrungen und Emotionen;
► Beispiele geben;
► Inhalte visualisieren;
► auf Möglichkeiten der Anwendung und des Transfers verweisen.

Lernhandlungen anregen und organisieren: Schreiben, Sprechen, Zeichnen, Einschätzen, Präzisieren u.a.

Lernhandlungen anregen, organisieren und begleiten ist eine weitere Lehrtechnik. Da die Aktivitäten der Lernenden nur in wenigen Fällen aus sich selbst heraus geschehen, bedarf es didaktischer Impulse in einer angemessenen Dosierung: Informationen liefern, Fragen stellen, Probleme aufwerfen, klären und nachfragen usw. Diese Lehrtechniken meinen das Anregen, Organisieren und Begleiten der folgenden Lernhandlungen:

► **Verstehen:** Sachverhalte aufnehmen und begreifen, nachvollziehen, dabei Zusammenhänge erfassen, Bekanntes mit Neuem verbinden;
► **Schreiben:** Exzerpte, Notizen und Zusammenfassungen anfertigen, mitschreiben oder stichwortartig festhalten, Handouts ergänzen;
► **Sprechen:** Inhalte sinngemäß wiedergeben, erläutern und diskutieren, Fragen stellen, Stellung beziehen;
► **Zeichnen:** Sachverhalte in eine visuelle Form übertragen, Modelle, Strukturen und Bilder anfertigen;
► **Reduzieren:** Sachverhalte auf den Punkt zu bringen, Wesentliches herausarbeiten;
► **Einschätzen:** Sachverhalte anhand von Kriterien bewerten und Einschätzungen rückmelden;

▶ **Präzisieren:** genau sein, Definitionen liefern, Sachverhalte beschreiben;

▶ **Fachlich denken:** Zusammenhänge erfassen, Bezüge herstellen und Konzepte entwickeln;

▶ **Aufgaben im Lernfeld bearbeiten:** Fallbeispiele, Übungen und Simulationen, die auf das Handeln in der Praxis vorbereiten;

▶ **Aufgaben im Funktionsfeld bearbeiten:** Praktisches Handeln anhand von realen Problemen.

Das **Führen von Gesprächen** ist auf verschiedene Teilfertigkeiten verwiesen. Dazu zählt das Zuhören genauso wie das Formulieren von Fragen und Impulsen. Grundsätzlich lassen sich Fragen nach der Größe des Antwortspielraums unterscheiden:

Gespräche steuern: mithilfe von offenen und geschlossenen Fragen sowie Aufforderungen

▶ **Offene Frage:** großer Antwortspielraum, Meinungen werden eingeholt, Lernende persönlich angesprochen. Beispiel: Wie schätzt ihr diese Situation ein?

▶ **Geschlossene Frage:** kleiner Antwortspielraum, verlangt präzise Antworten. Beispiel: Welches spezifische Gewicht hat Eisen?

▶ **Aufforderung:** übernimmt die Funktion einer Frage, obwohl formal keine Frage. Beispiele: Erläutern Sie zwei Ansätze der Personalbeurteilung.

Je nachdem wie **Aufgaben** gewählt und gestellt werden, induzieren sie verschiedene Wahrnehmungen der Lernenden. Grundsätzlich lassen sich bei der Formulierung von Aufgaben verschiedene Aufgabentypen zur Anregung von Lernprozessen unterscheiden:

Aufgabentypen: Probleme, Entscheidungsfälle, Gestaltungs- und Beurteilungsaufgaben

▶ **Probleme,** für die Lösungen zu erarbeiten sind;

▶ **Entscheidungsfälle,** für die Handlungsmöglichkeiten kriterienorientiert zu beurteilen sind;

▶ **Gestaltungsaufgaben,** bei denen eine Situation, ein Verfahren oder ein Produkt aufzubereiten ist;

▶ **Beurteilungsaufgaben,** bei denen Sachverhalte oder Entscheidungen zu bewerten sind.[158]

Das **Sichern von Lernergebnissen** ist die Grundlage für Zusammenfassungen und für die folgenden Stunden sowie für die Vorbereitung auf Klausuren. Ergebnissicherung geht über das reine Notieren von Endergebnissen hinaus, insofern ist der Begriff etwas irreführend. Übergeordnetes Ziel der Ergebnissicherung ist die konstruktive Aufarbeitung der Differenz zwischen den Lehrzielen des Leh-

Sichern von Lernergebnissen: Tafelanschrieb notieren lassen, Diktat wichtiger Unterrichtsinhalte, Handouts austeilen u.a.

rers und den Handlungszielen der Schüler. Die Ergebnissicherung dient der Protokollierung und Dokumentation der Unterrichtsergebnisse, der Übung und Vertiefung der Kenntnisse, Fähigkeiten und Fertigkeiten und der kritischen Bewertung und vernünftigen Verständigung über geleistete Arbeit. Ergebnissicherung kann erfolgen durch:

► Notieren des Tafelanschriebs, von Folieninhalten, Diskussionsbeiträgen und -ergebnissen;
► Protokollierung der Arbeit;
► Diktat wichtiger Unterrichtsinhalte durch Lehrer oder Schüler, Merksätze;
► Austeilen eines Informationsblattes bzw. Handouts;
► Kopie einer im Unterricht entstandenen Folie.

Förderung von Lernkompetenzen: Selbstmotivation, Zielorientierung, Verankerung der Inhalte, Lesetechniken u.a.

Die **Förderung von Lernkompetenzen** ist eine Tätigkeit, die explizit über bestimmte lern- bzw. arbeitsmethodische Hinweise oder Impulse erfolgt. Implizit geschieht sie bei der didaktisch sinnvollen Bearbeitung von Lerninhalten. Zu derartigen Lernkompetenzen zählen:

► Selbstmotivation über positive Einstellung und angenehmes Lernklima;
► Zielorientierung verbunden mit Selbstverstärkung;
► Kenntnis der eigenen Lernpräferenzen, Heuristik: Lerntyp;
► Strukturierung von Informationen, Wissensorganisation, z.B. mit Fachlandkarten (→ Infotafel 68);
► Vielfältige Verankerung der Inhalte, z.B. über Begriffe, Bilder, Handlungen, Situationen;
► Einsatz von Lesetechniken, z.B. PQ4R-Technik (→ Infotafel 84);
► Aktive Lernhandlungen, z.B. Fragen stellen, Zusammenhänge aufzeigen, Beispiele finden;
► Parallellernen, d.h. kleine Lernphasen und Wechsel der Lerngegenstände.

Infotafel 84   Lesetechnik PQ4R

▼

► **P**review: Text überfliegen
► **Q**uestion: Fragen (an den Text) formulieren
► **R**ead: Lesen und Fragen beantworten
► **R**eflect: Nachdenken, Beispiele überlegen, mit Vorwissen verknüpfen
► **R**ecite: Inhalte wiedergeben
► **R**eview: Rückblick auf wesentliche Punkte

Literatur: Methoden

Gasser, Peter: Lehrbuch Didaktik,
Bern 2001

Greif, Siegfried & Kurtz, Hans-Jürgen: Handbuch Selbstorganisiertes Lernen, 2. Aufl.
Göttingen 1998

Gudjons, Herbert: Handlungsorientiert lehren
und lernen: Schüleraktivierung, Selbsttätigkeit, Projektarbeit, 6., überarb. u. erw.
Aufl. Bad Heilbrunn 2001

Herold, Martin & Landherr, Birgit (Hrsg.):
Selbstorganisiertes Lernen, Praxisband 1
und 2, Hohengehren 2005

Huber, Anne A.: Kooperatives Lernen – kein
Problem, Leipzig 2004

Kerres, Michael: Multimediale und telemediale Lernumgebungen – Konzeption und
Entwicklung, München u.a. 2001

Markowitsch, Jörg, Messerer, Karin & Prokopp,
Monika: Handbuch praxisorientierter
Hochschulbildung, Wien 2004

Terhart, Ewald: Lehr-Lern-Methoden – Eine
Einführung in Probleme der methodischen
Organisation von Lehren und Lernen,
2. Aufl. Weinheim u.a. 1997

Schulmeister, Rolf: eLearning: Einsichten und
Aussichten, München u.a. 2006

Siebert, Horst: Selbstgesteuertes Lernen
und Lernberatung – Konstruktivistische
Perspektiven, 2. Aufl. Neuwied 2005

Weidenmann, Bernd: Lernen mit Medien. In:
Krapp, Andreas & Weidenmann, Bernd
(Hrsg.): Pädagogische Psychologie, 4.,
vollst. überarb. Aufl. Weinheim 2001,
S. 415–465

9 | Lernerfolg

Inhalt

9.1 Erhebung

9.2 Beurteilung

Lernleistungen (9.1) werden mithilfe mündlicher, schriftlicher oder praktischer Verfahren wie z.B. Klausuren, Präsentationen oder Praxisübungen erhoben. Neuere Formen der Leistungsbeurteilung erfassen auch sozial-kommunikative und methodische Aspekte des Lernhandelns und berücksichtigen die Reflexion des Lernprozesses. Die Beurteilung von Lernleistungen (9.2) orientiert sich an den Gütekriterien Validität, Reliabilität und Objektivität. Klassische Fehler bei der Wahrnehmung von Leistungen sind der Vorrang-Effekt oder der Neuheits-Effekt. Bei der Bewertung von Leistungen gibt es Störeffekte wie die Tendenz zur Milde oder den Reihenfolge-Effekt.

Funktionen von Leistungserhebung und -beurteilung: Berichts- und Rückmeldefunktion, pädagogische Funktion, gesellschaftliche Funktion

Wenn Lernerfolge festgestellt werden, dann geschieht dies aus mehreren Beweggründen. Die **Leistungserhebung und -beurteilung** erfüllt unterschiedliche Funktionen:

▶ **Berichts- und Rückmeldefunktion:** Lernende erhalten Auskunft über ihren Lernstand und Lernzuwachs, Eltern erhalten Mitteilungen über den aktuellen Leistungsstand der Kinder, und Lehrpersonen erhalten – zumindest indirekt – Informationen über die didaktische Qualität der von ihnen angeleiteten Lehr-Lern-Prozesse.

▶ **Pädagogische Funktion:** Erhebungen können Lernende für kommende Lernaufgaben motivieren. Sie können darauf hinweisen, dass intensivere Lernbemühungen oder zusätzliche Lernhilfen erforderlich sind. In der Schule soll über Leitungserhebungen und jährliche Versetzungen die relative Homogenität von Lerngruppen gewährleistet werden.

▶ **Gesellschaftliche Funktion:** Junge Menschen werden sozialisiert, insbesondere lernen sie Leistungsnormen kennen und erfüllen gesellschaftliche Bildungsanforderungen wie z.B. die allgemeine Schulpflicht. Zudem ist der Zugang zu bestimmten Bildungsformen reglementiert, z.B. der Besuch einer Hochschule über die allgemeine Hochschulreife.

Erhebung

| 9.1

Leistungen werden in mündlichen, schriftlichen oder praktischen Verfahren erhoben. Im schulischen Bereich wird von mündlichen, schriftlichen oder praktischen **Lernkontrollen** gesprochen. Schriftliche Verfahren lassen sich von der Lehrseite gut planen und vorbereiten, sie ermöglichen Leistungsvergleiche und erfüllen die Gütekriterien für Tests in hohem Maße. Von der Seite der Lernenden ist eine gründliche Bearbeitung mit der Möglichkeit zur Korrektur der gestellten Aufgaben machbar. Grundsätzlich sind mehrere Antwortformate möglich, z.B. Antworten ankreuzen (single oder multiple choice), Lückentext oder Freitext. Klassische **schriftliche Verfahren** sind beispielsweise:

Lernkontrollen: schriftliche, mündliche und praktische Verfahren

▶ Tests, Klassenarbeiten, Klausuren;
▶ Dokumentationen bzw. Protokolle;
▶ Hausarbeiten;
▶ Referate in Schriftform.

Mündliche Verfahren lassen sich flexibel in verschiedene didaktische Settings integrieren. Sie bieten eine hohe Flexibilität in Bezug auf die Fragestellung und den Gang des Prüfungsgespräches. Zudem gibt es die Möglichkeit der Nachfrage, sodass genauere Rückschlüsse auf den Leistungsstand der Lernenden möglich sind, die zu direkten Rückmeldungen der Lehrenden führen können. Zu den mündlichen Verfahren zählen:

▶ Vorträge, Referate und Präsentationen von Arbeitsergebnissen;
▶ mündliche Abschlussprüfungen;
▶ Leitung bzw. Moderation von Gesprächen oder Diskussionen;
▶ Stellungnahmen zu Sachverhalten, Beiträge zu Diskussionen.

Praktische Verfahren bieten die Möglichkeit, handlungspraktische Abläufe in Verbindung mit wissensgeleiteten Begründungen zu erfassen. Der Zugang erfolgt über Beobachtungen, die nicht immer systematisch erfolgen und häufig erst im Nachhinein zusammengetragen werden. Zu den praktischen Verfahren zählen:

- ▶ Fertigkeiten unter Beweis stellen, z.b. in einer praktischen Übung;
- ▶ Experimentieren, dabei Abläufe und Ergebnisse beobachten und erfassen;
- ▶ sich in Situationen verhalten, z.b. im Rollenspiel.

Neue Formen der Leistungsbeurteilung: kooperative Leistungsbeurteilung, Selbstbeurteilung, Lernentwicklungsbericht u.a.

Neue Formen der Leistungsbeurteilung gehen in mehrere Richtungen. Erstens erfassen sie auch Leistungen, die über den fachlich-inhaltlichen Aspekt hinausgehen, z.b. sozial-kommunikative oder methodische Leistungen. Zweitens geht der Gruppenaspekt stärker in die Beurteilung ein, und drittens wird ein größerer Wert auf die Reflexion des Lernprozesses durch die Lernenden gelegt. Zu den alternativen Verfahren zählen beispielsweise:

- ▶ Kooperative Leistungsbeurteilung, d.h. Aufteilung von Noten auf Gruppen;
- ▶ Selbstbeurteilung (durch Einzelne oder die Lerngruppe), auch in Kombination mit Fremdbeurteilung;
- ▶ Aufteilung von Leistungspunkten innerhalb einer bestimmten Gruppe durch und auf die Gruppenmitglieder;
- ▶ Einschätzungsbogen, Lernentwicklungsbericht, Lerngespräch;
- ▶ Lerntagebuch;
- ▶ Vorbereitung und Durchführung einer eigenen Lehreinheit;
- ▶ Referat in Partnerarbeit mit Lernplakat.

Lernfeld, Prüffeld und Funktionsfeld: Notwendigkeit der didaktischen Abstimmung

Für die Erhebung von Lernerfolgen bzw. die Lernstandskontrolle ist die Stimmigkeit von **Lernfeld, Prüffeld und Funktionsfeld** bedeutsam. So ist beispielsweise sicherzustellen, dass die im Lernfeld ausgewiesenen Lernziele auch im Prüffeld geprüft werden. Lernzielstufen erfordern spezifische Formen des Lernnachweises bzw. der Aufgabenstellung (→ Infotafel 85). Je nachdem, ob ein bestimmtes Wissen wiedergegeben, angewendet oder eingeschätzt werden soll, sind andere Formen der Lernstandserhebung erforderlich.

Lernzielstufe und Lernnachweis   Infotafel 85

Lernzielstufe	Lernnachweis
Wissen kennen und verstehen: Begriffe, Fakten, Vorgehensweisen, Modelle, Konzepte	▶ Einsetz- oder Ergänzungsaufgaben ▶ Definitionsaufgaben ▶ Zuordnungsaufgaben ▶ Auswahlaufgaben (single und multiple choice) ▶ Offene Fragen ▶ Zusammenfassungen ▶ Mini-Vorträge
Wissen anwenden und umsetzen: Fälle, Situationen, Probleme	▶ Theorie auf Situation übertragen und Folgerungen bestimmen ▶ Thesen zu einer Situation vorgeben (und wissensgeleitet kommentieren lassen) ▶ Aufgaben und Übungen ausführen lassen
Wissen analysieren, beurteilen und erfinden: Vergleiche, Analysen, Bewertungen, konzeptionelle Innovationen	▶ Problem ohne Lösung vorgeben (Fragestellung formulieren und Lösungen wissensgeleitet skizzieren) ▶ Fall oder Beispiel mit Lösung vorgeben (Erkenntnisse ableiten) ▶ Theorie analysieren und weiterentwickeln[159]

Der Zusammenhang zwischen **Lernfeld und Prüffeld** wird im E-Learning besonders deutlich. Traditionelle Formen des „Computer Based Trainings" (CBT) bieten in der Regel geschlossene Aufgaben, die die Lernenden direkt am Computer zu bearbeiten haben. „Web based Training" (WBT) hingegen erschließt die Möglichkeit, offene Aufgaben in Partner- und Gruppenarbeit zu stellen. Durch die Online-Kommunikationsmöglichkeiten sind kooperative Lernformen mit und ohne Beteiligung von Tutoren bzw. Moderatoren möglich. Somit können komplexe Aufgaben angegangen werden, die dann auch im Rahmen von Blended Learning in die Präsenzphasen einfließen.

Peter HUBWIESER – Prüfungen (2002)   Zitat 54

„Prüfer wollen anspruchsvoll prüfen (‚Verständnis' etc.). In der Realität prüfen sie aber meist überwiegend die reine Wiedergabe von Wissen."[160]

Ebenfalls bedeutsam ist der Zusammenhang zwischen **Funktions-feld und Lern- bzw. Prüffeld.** Es bietet sich an, Lernprozesse und damit auch Prüfungen so auszurichten, dass die Beziehung zum Funktions- bzw. Anwendungsfeld deutlich wird. Lern- und Prüfungsprozesse, die auf der Stufe des Kennens und Erläuterns stehen bleiben, tragen nur geringfügig zur Ausbildung von Fähigkeiten und Kompetenzen bei (→ Zitat 54). Die Verbindung von Wissen und Können ist wesentlich auf die Stimmigkeit von Lernfeld, Prüffeld und Funktionsfeld angewiesen.

Infotafel 86 **Lernzielstufe und Fragetypen**

Lernzielstufe Die Schüler können ...	Frage- bzw. Aufgabentypen
... einen Sachverhalt in eigenen Worten erklären.	Welches Grundprinzip liegt der Evolution zugrunde?
... einen Zusammenhang zwischen Elementen eines Sachverhaltes herstellen.	Auf welche Weise wirken die verschiedenen Elemente eines Kühlschranks zusammen?
... zu einem Sachverhalt ein Beispiel geben.	Nenne drei Beispiele für Erze!
... zwei Sachverhalte vergleichen.	In welchen Punkten unterscheiden sich Kognitivismus und Konstruktivismus wesentlich voneinander? Vergleichen Sie die beiden Ansätze hinsichtlich ihrer Konsequenzen für die Lehre.

Aufgabe 26 **Lernzielstufen und Aufgaben**

Im vorliegenden Buch finden Sie mehrere Aufgaben.
 Auf welcher Lernzielstufe sind die Aufgaben angesiedelt, und welche Funktion sollen sie damit vermutlich erfüllen?

9.2 | Beurteilung

Gütekriterien: Validität, Reliabilität und Objektivität

Die verschiedenen Erhebungsformen lassen sich anhand bestimmter **Gütekriterien** hinsichtlich ihrer Verwendbarkeit einschätzen. Dabei ist zu beachten, dass mündliche, schriftliche oder praktische Verfahren in jeweils unterschiedlichen Spielarten existieren, sodass derlei Betrachtungen jeweils situationsspezifisch zu erfolgen haben. Drei Gütekriterien werden unterschieden:

▶ **Validität** (Gültigkeit): Eine Prüfung ist valide, wenn sie tatsächlich das misst, was sie zu messen vorgibt. Beispiel: Eine eigentlich einfache Rechenaufgabe ist in eine schwer verständliche Fragestellung gekleidet. Das Testergebnis gibt nicht nur Auskunft über die Rechenfertigkeit des Kandidaten.

▶ **Reliabilität** (Genauigkeit, Zuverlässigkeit): Eine Prüfung ist reliabel, wenn sie das, was sie misst, genau misst. Damit ist nicht notwendig gesagt, dass sie auch das misst, was sie messen soll. Beispiel: Bei der Wiederholung eines mathematischen Tests wird stets das gleiche Testergebnis ermittelt. Allerdings misst er das Textverständnis anstelle des mathematischen Verständnisses.

▶ **Objektivität** (Durchführungs-, Auswertungs- und Interpretationsobjektivität): Eine Prüfung ist objektiv, wenn die Ergebnisse der Prüfung unabhängig von den Prüfern sind. Beispiel: Durchführungsobjektivität wird z.B. durch die Angabe der zugelassenen Hilfsmittel erreicht, und Auswertungsobjektivität durch eine Musterlösung und einen Punkteschlüssel befördert.

Würde die Entscheidung für ein bestimmtes Erhebungsverfahren nur von den Gütekriterien abhängen, so spräche vieles für die schriftlichen Formen mit geschlossenen oder halboffenen Fragen. Im Gegensatz zu den schriftlichen Verfahren sind die Ergebnisse von mündlichen Prüfungen eher schwer zu beurteilen und leicht zu beeinflussen. Allerdings ist es bei den schriftlichen Erhebungsformen so, dass die Vorteile bei den Gütekriterien meist mit einer niedrigen Lernzielstufe einhergehen, denn die eher anspruchsvollen Lernzielstufen bedürfen komplexerer Aufgabenstellungen mit offenen Anteilen.

Bei der Lernzielüberprüfung gibt es unterschiedliche **Bezugsnormen,** die sich grundsätzlich nicht ausschließen:

Bezugsnormen bei der Lernzielüberprüfung: individuelle, soziale und „objektive" Bezugsnorm

▶ **Individuelle Bezugsnorm:** Es werden individuumsbezogen Lernfortschritte ermittelt, d.h. die erbrachten Leistungen eines Einzelnen werden auf seine zuvor erbrachten Leistungen bezogen.

▶ **Soziale Bezugsnorm:** Die durchschnittlich von einer Lerngruppe erbrachten Leistungen werden zur Norm erhoben. Der Leistungsvergleich findet zwischen den Individuen einer Gruppe statt und bedient damit die Selektionsfunktion pädagogischer Institutionen.

▶ **„Objektive" Bezugsnorm:** Diese orientiert sich an Kriterien, die mit Bezug auf bestimmte Lernanforderungen festgelegt werden. Eine Evaluation von außen ist typischerweise kriterienorientiert angelegt.

Störeffekte bei der Wahrnehmung von Leistungen: Primacy-Effekt, Halo-Effekt, Verknüpfungsfehler u.a.

Bei der Wahrnehmung und Bewertung von Leistungen gibt es verschiedene subjektive **Fehlerquellen.** Diese lassen sich danach unterscheiden, ob sie im ersten Schritt bei der Wahrnehmung von Personen bzw. deren Leistungen aufscheinen oder anschließend bei der Bewertung des Wahrgenommenen. Bei der **Wahrnehmung** gibt es folgende Störeffekte:

▶ **Primacy-Effekt** (Vorrang-Effekt): Die ersten Informationen, die der Beurteiler über eine Person erhält, haben eine sehr große Wirkung bei der Bildung des Gesamteindrucks. Spätere Informationen werden weniger intensiv wahrgenommen bzw. so umgedeutet, dass der zuerst gebildete Gesamteindruck erhalten bleibt.

▶ **Recency-Effekt** (Neuheits-Effekt): Die später bzw. zuletzt erhaltenen Informationen haben eine große Wirkung auf die Beurteilung.

▶ **Halo-Effekt, personenbezogen** (Hof-Effekt, von griech. halós = Lichthof): Der Beurteiler schließt aus gewissen Persönlichkeitsmerkmalen oder wenigen, oft fachspezifischen, Leistungen auf die Gesamtleistung und Gesamtpersönlichkeit. Beispiele: Mitarbeit, Sprachfertigkeit, Höflichkeit, Handschrift, Ordentlichkeit.

▶ **Halo-Effekt, gruppenbezogen** (Hof-Effekt, von griech. halós = Lichthof): Der Beurteiler schließt auf die Leistung und Person des zu Beurteilenden aufgrund dessen Zugehörigkeit zu einer bestimmten gesellschaftlichen Gruppe. Beispiele: soziale Schicht, Religionsgemeinschaft.

▶ **Verknüpfungsfehler bzw. logischer Fehler:** Leistungsbereiche, die wenig miteinander zu tun haben, oder Verhalten und Leistungen werden miteinander verknüpft. Beispiele: Verschlossenheit wird gekoppelt mit Desinteresse. Oder: Aus einer erbrachten Detailleistung wird oft logisch unzulässig auf eine generelle Leistung geschlossen (weil er das Detail wusste, weiß er alles, denn sonst hätte er ja nicht das Detail gewusst).

Bei der **Bewertung** von Leistungen lassen sich folgende Störeffekte unterscheiden:

▶ **Tendenz zur Mitte bzw. zu Extremen:** Der Beurteiler vermeidet Extreme und drückt die sehr guten und sehr schwachen Leistungsergebnisse zur Mitte bzw. er vergibt nur Noten aus den beiden Enden der Skala.

▶ **Tendenz zur Milde bzw. zur Strenge:** Der Beurteiler drückt die Leistung eher nach oben bzw. nach unten.

▶ **Referenz-Fehler:** Der Beurteiler orientiert sein Urteil an einer Bezugsgruppe, sodass Noten aus verschiedenen Gruppen nicht vergleichbar sind.

▶ **Reihenfolge-Effekt:** Die erste (gut) beurteilte Leistung setzt den Maßstab, an dem andere Leistungen gemessen werden.

▶ **Die Gauß'sche Normalverteilung als Norm:** Der Beurteiler geht von der Annahme aus, dass wenigen sehr guten Lernenden ebenso wenige schwache gegenüberstehen, die meisten Lernenden aber in etwa befriedigende Leistungen erbringen.

Bezugssysteme und Wahrnehmung von Leistungen   **Infotafel 87**

Durch Motive, Einstellungen und Erfahrungen des Beurteilers sowie bestimmte Vorinformationen werden Sachverhalte besonders eindringlich wahrgenommen bzw. ausgeblendet:

▶ Motive: Wichtige Motive sind das Bedürfnis nach sozialer Zugehörigkeit, Anerkennung und Entfaltung der eigenen Persönlichkeit. Beispiel: Ein Beurteiler, der den Eindruck hat, von dem Prüfling nicht akzeptiert zu werden, nimmt bei der Kommunikation bevorzugt jene Informationen wahr, die diesen Eindruck bestätigen oder zerstreuen.

▶ Einstellungen: Das wahrgenommene Verhalten wird sofort gedeutet und zwar so, dass es in das vorhandene Einstellungssystem passt. Beispiel: Ein Beurteiler begrüßt z.B. Widerspruch, ein anderer empfindet ein solches Verhalten als destruktiv.

▶ Erfahrungen: Erfahrungen mit anderen oder aber Vermutungen über andere Personen führen dazu, daraus Vorhersagen über deren künftiges Verhalten abzuleiten. Vielfach wird aus wenigen Verhaltensmerkmalen eine persönliche Eigenschaft konstruiert, was dazu führt, dass bevorzugt jene Verhaltensmerkmale wahrgenommen werden, die diese „implizite Persönlichkeitstheorie" bestätigen. Beispiel: Eine Person, die viel spricht, wird als offen eingestuft.

Beurteilungen haben in vielfacher Hinsicht eine **Orientierungsfunktion** für die Lernenden. Aus inhaltlicher Sicht ist es für sie beispielsweise erheblich, ob das Leistungsprodukt, der Prozess der Leistungserbringung oder eine Kombination aus beidem in die Beurteilung einfließt. Von der Seite der Aufgabenform her ist es wichtig, ob Lernnachweise in Form von Multiple-Choice-Tests oder von offenen Aufgabenstellungen zu erbringen sind. Nicht zuletzt werden Prüfungen als **Disziplinierungsmittel** eingesetzt (→ Zitat 55).

Zitat 55	**Reinhold NICKOLAUS – Wirkungen von Beurteilungen (2006)**

„Prinzipiell wirken Beurteilungsverfahren als (versteckte) Lehrpläne, die z. T. wirkungsmächtiger sind als offizielle Curricula." [161]

Aufgabe 27	**Beurteilung von Mitarbeit**

In unterschiedlichen Bildungsbereichen bzw. Lernszenarien lässt sich der Faktor „Mitarbeit" grundsätzlich in die Beurteilung einbeziehen.
▶ Welche Wirkungen hat dieses Beurteilungskriterium in den verschiedenen Bildungsbereichen, z.B. Grund- bzw. Volksschule, Gymnasium, Hochschule, Erwachsenenbildung?

Literatur: Lernerfolg

Gasser, Peter: Lehrbuch Didaktik, Bern 2001, S. 209–235

Grunder, Hans-Ulrich & Bohl, Thorsten (Hrsg.): Neue Formen der Leistungsbeurteilung in den Sekundarstufen I und II, 2. Aufl. Baltmannsweiler 2004

Sacher, Werner: Leistungen entwickeln, überprüfen und beurteilen: Bewährte und neue Wege für die Primar- und Sekundarstufe, 4., überarb. u. erw. Aufl. Bad Heilbrunn 2004

Weinert, Franz E. (Hrsg.): Leistungsmessungen in Schulen, 2. Aufl. Weinheim 2001

Planung, Analyse und Evaluation | 10

Planungen (10.1) sind Handlungsentwürfe, die im besten Fall theoretisch geleitet und empirisch fundiert sind. Unterscheiden lassen sich prozessorientierte Planungen, die sich direkt auf die Dramaturgie von Lehr-Lern-Prozessen beziehen, von komponentenorientierten Planungen, die sich an den Strukturelementen von Lehre orientieren. Die Analyse von Lehr-Lern-Prozessen (10.2) dient der Rekonstruktion bestimmter didaktischer Aspekte wie z.B. der Zielvorstellungen und Gliederungsabsichten der Lehrperson und des wahrgenommenen Beziehungsgefüges innerhalb der Lerngruppe. Die daran anschließende Bewertung orientiert sich an internen Kriterien – z.B. der Angemessenheit der Ziele im Verhältnis zu den Lernvoraussetzungen – oder an externen Kriterien – z.B. der Übereinstimmung der Grundauffassung vom Lernen mit bestimmten empirisch fundierten Erkenntnissen. Evaluation (10.3) bezeichnet das methodische Erfassen und begründete Bewerten von Lehr-Lern-Prozessen und deren Ergebnissen. Zum Evaluationsprozess zählen die Festlegung des Evaluationsziels und -designs, die Klärung der Bewertungsgrundlagen, die Auswahl der Evaluationsinstrumente und die Erhebung, Aufbereitung und Interpretation des Datenmaterials.

Phasen der Steuerung
von Lehr-Lern-Prozessen:
Planung und Vorberei-
tung, Durchführung,
Analyse und Bewertung

Lehrpersonen haben die Aufgabe, Lehr-Lern-Prozesse zielorientiert zu steuern. Ausgehend von mehr oder weniger konkreten Zielvorgaben, lassen sich die folgenden Phasen der Steuerung unterscheiden:

▶ **Planung und Vorbereitung:** Handlungsentwürfe, geleitet von bestimmten didaktischen Modellen, Ansätzen oder Rezepten.

▶ **Durchführung:** Versuch, die Handlungsentwürfe situationsgerecht in die Praxis des Lehrens und Lernens zu übertragen.

▶ **Analyse und Bewertung:** Didaktische Wirklichkeiten werden beobachtet und kriterienorientiert bewertet.

Zitat 56   **Peter HUBWIESER – Wahrheit und Didaktik (2004)**
▼

„,Absolute Wahrheit' gibt es (zumindest) in der Didaktik nicht:
▶ Der Wert unserer Ergebnisse hängt meist vom speziellen Kontext ab.
▶ Fast alle Aufgaben haben Optimierungscharakter." [162]

10.1 | Planung

Reflexive Tätigkeiten bei
der Planung: in didak-
tischen Alternativen den-
ken, didaktische Kons-
trukte kritisch prüfen

Dass Lehr-Lern-Realitäten häufig mehrdeutig sind, bildet sich auch im konkreten Planungsprozess ab. Manchmal kann es sinnvoll sein, einen bereits vorgezeichneten didaktischen Weg zu gehen, manchmal ist es sinnvoll, in didaktischen Alternativen zu denken. Manchmal ist es hilfreich, didaktische Annahmen nicht zu hinterfragen, manchmal ist es hilfreich, Annahmen einer kritischen Prüfung zu unterziehen. Paul HEIMANN hat die **Variabilität als Prinzip der Unterrichtsplanung** ausgewiesen. Eine Planung mit Alternativen bereitet auf die situationsgerechte Reaktion in der Lehre vor. Zwei reflexive Tätigkeiten gehören dazu:

▶ **In didaktischen Alternativen denken:** Umsetzung des Repertoire-Gedankens, Differenzen zwischen den einzelnen Varianten herausarbeiten, didaktische „good practises" kennen und nutzen, didaktische Gedankenexperimente durchführen.

▶ **Didaktische Konstrukte kritisch prüfen:** subjektive didaktische Annahmen hinsichtlich ihrer „Tauglichkeit" bzw. Bewährung beleuchten, Möglichkeiten eines Scheiterns an der Wirklichkeit bedenken.

Grundsätzlich lassen sich Planungen hinsichtlich ihrer jeweiligen Reichweite unterscheiden: So gibt es etwa Jahres-, Wochen- oder Feinplanungen; Wolfgang SCHULZ spricht von Perspektivplanung,

Umrissplanung und Prozessplanung. Die eigentliche Planung einer Lehreinheit lässt sich von der Logik des Planens her als komponentenorientiert oder prozessorientiert charakterisieren.

Komponentenorientierte Planungen gliedern nach den einzelnen Strukturelementen von Lehre wie beispielsweise Lernvoraussetzungen, Zielen, Inhalten, Medien. Hier steht der konkrete Unterrichtsablauf erst am Ende des Planungsprozesses. Prozessorientierte Planungen hingegen nehmen eher die didaktische Dramaturgie eines Lehr-Lern-Prozesses in den Blick und berücksichtigen in jeder einzelnen Phase eines z.B. handlungsorientierten Szenarios die bezeichneten Strukturelemente. Für die prozessorientierte Planung spricht, dass sich die Überlegungen von einem didaktischen Gesamtentwurf leiten lassen und direkt auf die Durchführung bezogen sind. Nachteilig ist, dass jeweils die gesamte Komplexität des Szenarios zu bedenken ist. Diese Argumentation kehrt sich für die komponentenorientierte Planung um: Hier lassen sich die einzelnen Komponenten gut reflektieren, die Nähe zu den einzelnen Lehr- und Lernphasen ist nur eingeschränkt gegeben.

In Anlehnung an das Strukturmodell von JANK und MEYER (→ Infotafel 7) sieht eine **komponentenorientierte Planung** wie folgt aus:

▶ **Rahmen und Lernvoraussetzungen klären,** z.B. themenbezogenes Vorwissen, allgemeine Lernfähigkeit, spezielle Bedürfnisse und Erwartungen klären, soziales Gesamtsystem bedenken;

▶ **Ziele planen,** z.B. Thema der Lehreinheit festlegen, Teilziele ausweisen, Aufgabenstellung für die Lernenden formulieren;

▶ **Inhaltsstruktur planen,** z.B. Sachlogik und Fasslichkeit bedenken, Materialien und Medien vorbereiten;

▶ **Handlungsstruktur planen,** z.B. Lehr-Lern-Formen und Handlungslogik bestimmen;

▶ **Soziale Architektur planen,** z.B. Art und Formen der Zusammenarbeit überlegen;

▶ **Verlauf planen,** z.B. nach dem Stufenschema „Einstieg, Erarbeitung, Ergebnissicherung";

▶ **Auswertung planen,** z.B. Feststellung des Lernerfolgs.

Im Unterschied dazu sind die einzelnen Schritte einer **prozessorientierten Planung** an den Lehr- und Lernphasen bzw. dem zugrunde liegenden didaktischen Konzept ausgerichtet. Für einen handlungsorientierten Ansatz verläuft die Prozessplanung möglicherweise wie folgt:

Varianten der Planung: komponentenorientiert (nach den didaktischen Strukturelementen) oder prozessorientiert (nach der didaktischen Dramaturgie)

▶ Einführung in die Aufgabe,
▶ Zielvereinbarung und Verständigung über das Vorgehen,
▶ Informationen suchen und erarbeiten,
▶ Lösungsvorschläge entwickeln,
▶ Vergleich und Zusammenfassung,
▶ Lösungen anwenden,
▶ Weiterführung und Bewertung.

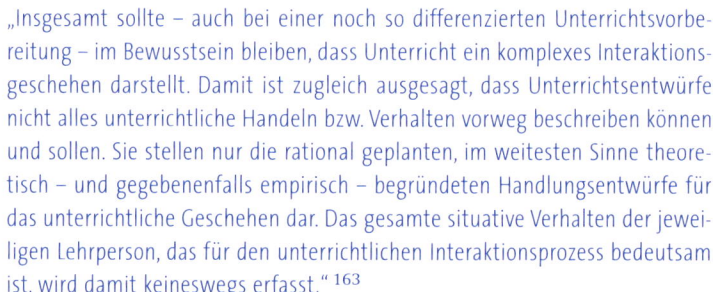

Zitat 57   **Gerhard TULODZIECKI, Bardo HERZIG und Sigrid BLÖMEKE – Vorbereitung (2004)**
▼

„Insgesamt sollte – auch bei einer noch so differenzierten Unterrichtsvorbe-reitung – im Bewusstsein bleiben, dass Unterricht ein komplexes Interaktions-geschehen darstellt. Damit ist zugleich ausgesagt, dass Unterrichtsentwürfe nicht alles unterrichtliche Handeln bzw. Verhalten vorweg beschreiben können und sollen. Sie stellen nur die rational geplanten, im weitesten Sinne theore-tisch – und gegebenenfalls empirisch – begründeten Handlungsentwürfe für das unterrichtliche Geschehen dar. Das gesamte situative Verhalten der jewei-ligen Lehrperson, das für den unterrichtlichen Interaktionsprozess bedeutsam ist, wird damit keineswegs erfasst."[163]

Elemente der Verlaufs-
planung: Inhalte, Metho-
den, auch: Ziele, Medien,
didaktische Funktionen
u.a.

Für die **Verlaufsplanung** stehen unterschiedliche Raster zur Verfü-gung (→ Infotafel 88), die sich allesamt recht ähnlich sind. Geplante Inhalte und Methoden finden sich in jeder Spielart. Manche Ver-laufsplanungen integrieren zusätzlich die didaktischen Funktionen der einzelnen Elemente, ihre angestrebte Wirkung einschließlich einer kurzen Begründung für das gewählte Lehrverfahren. Hin-weise auf bestimmte Lerngesetzmäßigkeiten sind optional.

Abhängig von der **Vorbereitungsroutine der Lehrenden** fallen Pla-nungen mehr oder minder detailliert aus. Ein Verlaufsraster kann auch als **Drehbuch** genutzt werden, beispielsweise wenn in der Erwachsenenbildung verschiedene Lehrpersonen dieselbe Ver-anstaltung abhalten (→ Infotafel 89). Planungen fallen zudem anders aus, wenn von einer konkreten Lehreinheit im Kontaktstudium zu der Präsenzform des begleiteten Selbststudiums gewechselt wird. Im Bereich des Blended Learnings liegt beispielsweise ein beson-deres Augenmerk auf den Schnittstellen zwischen Präsenz- und Fernlehrphasen. Hier gilt es etwa, die Übergänge zwischen Phasen über wohldefinierte Arbeitsergebnisse bzw. Lernprodukte sicherzu-stellen.

Raster für Verlaufsplanungen (Beispiele)   Infotafel 88

▼

Phasen bzw. Zeit	Lernziel bzw. Inhalt	Lehrform bzw. Methode	Medien	Besonderes, z.B. Verknüpfungen mit Bekanntem; Hinweis auf Praxisbeispiel

Zeit	Phase	Unterrichtsschritte	Sozial-und Aktionsformen	Medien

Verlaufsplanung (Beispiel)   Infotafel 89

▼

Seminar „Beratungsverkauf"

Inhalte und Methoden	Medien	Zeit
Einstieg (Übersicht, Lernziele, Erwartungen)		0,5 Std.
Die Kunst, Menschen zu beeinflussen ▶ Gruppenarbeit: Möglichkeiten der Beeinflussung ermitteln und Beispiele finden ▶ Reflexion im Plenum	Text: Cialdini	1,5 Std.
Das Verkaufsgespräch ▶ Ablauf (Bedarf, Präsentieren und Argumentieren, Einwändebearbeiten, Abschluss) ▶ Beraterverkauf vs. „Hochdruck"-Verkauf ▶ Übung: „Überzeugung misslungen", Gründe für das Scheitern ermitteln und Alternativen entwickeln ▶ FvI-Regel (Fragen vor Informieren) und MvS-Regel (Mensch vor Sache)	Text für Rollenspiel	1,5 Std.
Bedarf erfragen ▶ Fragetechnik: offene und geschlossene Fragen, Impulse, rhetorische Fragen usw. ▶ Übung: Frage-Jeopardy (= Antwort vorgeben) ▶ Rapport: Körpersprache, Spiegeltanz, Wortwahl ▶ Übung: Urlaubsverkauf	Anleitung für Rollenspiel	2 Std.
Präsentieren und Argumentieren ▶ Nutzen präsentieren („Was habe ich davon?") ▶ Übung: Angebot verschiedenen Zielgruppen vorstellen (Techniker, Einkaufsleiter, Laie); 2er-Gruppen bereiten Produktpräsentation vor		2 Std.

Aufgabe 28　　**Logik der Planung**
▼

Didaktische Planungen können zu unterschiedlichen Zwecken und in unterschiedlicher Weise vorgenommen werden.
▶ Wo liegen die Unterschiede zwischen Anfängern und Professionals in der Lehre?

10.2 | Analyse

Beschreibung und Analyse des Lehr-Lern-Prozesses: beobachtete Lernvoraussetzungen, Gliederungsabsichten der Lehrperson, Beziehungsgefüge zwischen Lehrenden und Lernenden u.a.

Auf Planung und Vorbereitung folgt die Umsetzung der Entwürfe in der Phase der Durchführung. Die realen Lehr-Lern-Prozesse können dann Gegenstand von Beschreibung, Analyse und Bewertung sein. Bei der Analyse unterrichtlicher Abläufe und Ergebnisse lassen sich verschiedene didaktische Aspekte rekonstruieren. Dies geschieht mithilfe einer gezielten **Beschreibung** des Lehr-Lern-Prozesses, die sowohl die jeweiligen Rahmenbedingungen als auch den Ablauf als Wechselspiel von Lehrhandlungen und Lernaktivitäten abbildet. Die eigentliche **Analyse** fokussiert dann beispielsweise:

▶ Beobachtete bzw. rekonstruierte Lernvoraussetzungen (Kenntnisse, Fähigkeiten, soziokulturelles Milieu);
▶ Zielvorstellungen der Lehrperson;
▶ Gliederungsabsichten der Lehrperson;
▶ Lernwirkungen;
▶ Grundauffassungen zum Lehren und Lernen aufseiten der Lehrperson;
▶ Beziehungsgefüge innerhalb der Lerngruppe sowie zwischen Lehrenden und Lernenden.[164]

Analysen von Lehr-Lern-Prozessen lassen sich auf vielfältige Weise durchführen. Einerseits kann das jeweilige Erkenntnisinteresse variieren und zu unterschiedlichen Schwerpunkten führen, z.B. Interaktionsmuster, Lernwiderstände, inhaltliche Strukturen. Andererseits sind auch verschiedene Formen der Erhebung denkbar – neben der klassischen Unterrichtsbeobachtung ist z.B. eine Analyse als Kombination von Befragung und Beobachtung denkbar

Kriterien der Bewertung: intern (z.B. Stimmigkeit des Lehr-Lern-Prozesses) und extern (z.B. Angemessenheit des gewählten didaktischen Vorgehens)

Die **Bewertung** unterrichtlicher Abläufe und Ergebnisse ist im Idealfall theoretisch geleitet und an Kriterien ausgerichtet. **Interne Kriterien** betrachten vor allem die interne Stimmigkeit des Lehr-Lern-Prozesses. Dies sind beispielsweise:

▶ Eignung der Lehrhandlungen zur Anregung der angestrebten Lernaktivitäten;

▶ Angemessenheit der Ziele im Verhältnis zu den Lernvoraussetzungen;

▶ Wirkung des Interaktionsverhaltens auf die Lernprozesse.

Externe Kriterien fokussieren die Angemessenheit des gewählten didaktischen Vorgehens für den jeweiligen Lehr-Lern-Prozess. Beispiele sind:

▶ Übereinstimmung der Grundauffassung vom Lernen mit bestimmten empirisch gestützten Erkenntnissen;

▶ Umsetzung der Grundidee handlungsorientierter bzw. selbstgesteuerter Lernprozesse;

▶ Förderung von Kompetenz, Autonomie und Solidarität der Lernenden.[165]

Analyse (Beispiel)   Infotafel 90

Karlheinz A. GEISSLER hat eine Situationsanalyse vorgeschlagen, die den Umgang mit Widerstand reflektiert:

▶ Was kann die Lerngruppe an Entwicklung vertragen?

▶ Was können die Gruppenmitglieder als Individuen an „Zumutungen" durch die Gruppe und die Leitung ertragen?

▶ Ist der Widerstand ein Gruppenwiderstand, der sich durch Einzelne als Repräsentanten der Gruppenstimmung artikuliert?

▶ Ist der Widerstand individueller Widerstand, der von „außen", d.h. aus der Lebensgeschichte des einzelnen Gruppenmitglieds, mitgebracht wurde und in der Gruppe aktualisiert wird?[166]

Die Bewertung kann sich auch an bestimmten Bildungs- oder Qualitätsstandards orientieren. **Bildungsstandards** greifen normative Vorgaben, z.B. allgemeine Bildungsziele, auf und konkretisieren diese als Kompetenzen. Sie werden so konkret beschrieben, dass sie in Aufgaben umgesetzt und mithilfe von Testverfahren erfasst werden können. Während sich Bildungsstandards auf die lernerseitigen Ergebnisse beziehen, können **Qualitätsstandards** auch Prozesse der Lehre in den Blick nehmen (→ Infotafel 91).

Orientierung an Standards: Bildungsstandards (lernerseitig) und Qualitätsstandards (lehrseitig)

Infotafel 91   Qualitätsstandards in der Hochschullehre (Beispiel)
▼

Die Fachhochschule Zentralschweiz hat verschiedene Standards für die Hochschullehre fixiert. Zum Bereich „Wissenschafts- und praxisorientierte, künstle-
rische und pädagogische Lerninhalte sowie überprüfbare und anspruchsvolle
Lernziele" heißt es dort: „Die Lehrpersonen

► wählen Inhalte, die dem aktuellen Wissensstand in Wissenschaft, Praxis
   und Kunst entsprechen,
► berichten über aktuelle Praxiserfahrungen,
► finden eine sinnvolle Balance zwischen Theorie- und Praxisorientierung,
► reduzieren die Inhalte zugunsten von Anwenden, Üben, Experimentieren,
   Problemlösen und Entwickeln,
► richten die Lernziele auf die Ziele des Studiengangs bzw. auf das Berufsbild
   aus,
► setzen anspruchsvolle Ziele und prüfen entsprechend,
► formulieren Ziele mit Bezug zu relevanten und anspruchsvollen Aufgabenstellungen aus Gesellschaft, Wirtschaft, Kultur und Kunst,
► formulieren Ziele in Bezug auf Fach-, Methoden-, Sozial- und Selbstkompetenz." [167]

Aufgabe 29   Analyse von Mustern in der Lehre
▼

Im Lehr-Lern-Feld lassen sich verschiedene Muster bzw. Dynamiken ausmachen bzw. werden solche wahrgenommen.
Beispiel (1): Ein Dozent nimmt die Studierenden als passiv und eher konsum-
orientiert wahr. Sie scheinen „motiviert" werden zu wollen.
► Welche Muster hat die Lehrperson in der Lerngruppe möglicherweise aus-
   gemacht?
► Welche Interventionen sind in diesem Fall denkbar?

Beispiel (2): Die Schüler verzögern die Antwort auf eine Frage der Lehrerin.
Nach ca. zehn Sekunden beantwortet die Lehrerin ihre Fragen selbst.
► Welches Handlungsmuster hat sich etabliert?
► Welche Handlungsoptionen hat die Lehrerin in dieser Situation?

Evaluation

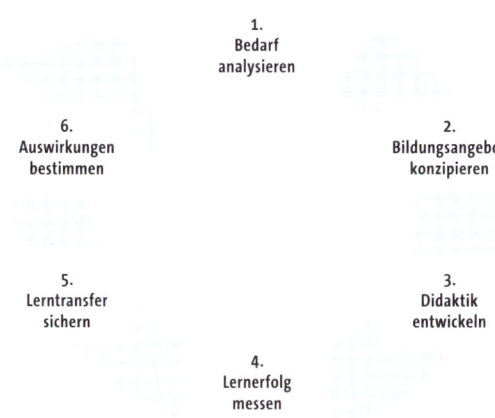

1.
Bedarf
analysieren

6.
Auswirkungen
bestimmen

2.
Bildungsangebot
konzipieren

5.
Lerntransfer
sichern

3.
Didaktik
entwickeln

4.
Lernerfolg
messen

Das methodische Erfassen und begründete Bewerten von Prozessen und Ergebnissen wird als **Evaluation** bezeichnet. Diese ist theoretisch geleitet und geht von bestimmten Annahmen über Lehr- und Lernprozesse aus. Evaluation ist stets auf vorangehende Schritte bezogen, wie sich am **Regelkreis Bildungscontrolling**[168] nach Frederic FREDERSDORF nachvollziehen lässt (→ Infotafel 92). Dies sind z.B. die Analyse des Lernbedarfs (→ Infotafel 93), die Konzeption des gesamten Bildungsangebotes, die didaktisch sinnvolle Planung, Vorbereitung und Durchführung einzelner Maßnahmen und die Messung des Lernerfolgs bzw. des Lerntransfers (→ Infotafel 94).

Evaluation: methodisches Erfassen und begründetes Bewerten von Lernprozessen und deren Ergebnissen

Analyse des Lernbedarfs (Beispiel)   **Infotafel 93**

Lernbedarf wird für bestimmte Personen eines sozialen Systems erhoben. Dabei lassen sich analytisch die folgenden Aspekte unterscheiden:

▶ Subjektive Sichtweise der betreffenden Personen. Beispiel: „Ich möchte lernen, klarer zu kommunizieren."

▶ Subjektive Sichtweise anderer Personen. Beispiel: „Im Vertrieb haben die noch nie was von Kundenorientierung gehört!"

▶ Soziale Regeln und Interaktionsstrukturen. Beispiel: „Alle Mitarbeiter nehmen am Seminar ‚Moderation' teil." Oder: „Führungskräfte können alles (und haben keinen Bildungsbedarf)."

▶ Blick über die System/Umwelt-Grenze. Beispiel: „Was erwarten die Lieferanten von uns?"

▶ Entwicklung des sozialen Systems. Beispiel: „15 Tage Weiterbildung im letzten Jahr, das langt!" [169]

| Infotafel 94 | **Messung des Lernerfolgs (Beispiel)** |

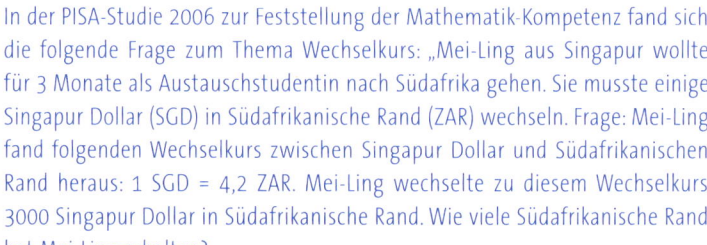

In der PISA-Studie 2006 zur Feststellung der Mathematik-Kompetenz fand sich die folgende Frage zum Thema Wechselkurs: „Mei-Ling aus Singapur wollte für 3 Monate als Austauschstudentin nach Südafrika gehen. Sie musste einige Singapur Dollar (SGD) in Südafrikanische Rand (ZAR) wechseln. Frage: Mei-Ling fand folgenden Wechselkurs zwischen Singapur Dollar und Südafrikanischen Rand heraus: 1 SGD = 4,2 ZAR. Mei-Ling wechselte zu diesem Wechselkurs 3000 Singapur Dollar in Südafrikanische Rand. Wie viele Südafrikanische Rand hat Mei-Ling erhalten?
Antwort:

▶ Full Credit: 12 600 ZAR (Einheit nicht erforderlich) (Code 1).

▶ No Credit: Andere Antworten (Code 0), fehlende Antwort (Code 9).[170]

Schritte systematischer Evaluationen: Evaluationsziel festlegen, Evaluationsdesign wählen, Bewertungsgrundlagen klären und Messgrößen bestimmen u.a.

Systematische Evaluationen umfassen häufig die folgenden Schritte, wobei Abfolge und Umfang variieren:

▶ **Evaluationsziel bzw. -bereich festlegen,** z.B. Zufriedenheit der Beteiligten mit dem Lernprozess, konkreter Lernerfolg, Kompetenz der Absolventen;

▶ **Evaluationsdesign wählen,** z.B. Perspektivenvielfalt, Mix aus qualitativen und quantitativen Verfahren, Festlegung der zu befragenden Gruppen, Zeitpunkte der Evaluation, interne versus externe Evaluation;

▶ **Bewertungsgrundlagen klären und Messgrößen bestimmen,** z.B. Methodenvielfalt im Lehrgang, Zufriedenheitsindex, Anzahl didaktischer Weiterbildungen;

▶ **Informationsquellen auswählen,** z.B. Ergebnisse von Prüfungen, Aussagen von Beteiligten, statistisches Material;

▶ **Evaluationsmethoden und -instrumente festlegen,** z.B. Fragebogen, qualitative Interviews, One-Minute-Paper;

▶ **Daten erheben, aufbereiten und interpretieren,** z.B. Aussagen hinsichtlich der gegenwärtigen Lehr-Lernkultur, Aussagen hinsichtlich des allgemeinen Lernniveaus;

▶ **Reflexion des Evaluationsprozesses,** z.B. erwünschte und unerwünschte Schwerpunktbildung, Folgewirkungen der Evaluation, weitere offene Fragen.

Am Beispiel der Evaluation betrieblicher Weiterbildung lassen sich unterschiedliche **Evaluationsziele** nachvollziehen:

▶ Zufriedenheit der Teilnehmer (= Zufriedenheitserfolg);
▶ Qualität des Lernprozesses (= Lernerfolg);
▶ Verbesserung betrieblicher Abläufe (= Transfererfolg);
▶ Kosten-Nutzen-Kalkül (= betriebswirtschaftlicher Erfolg).[171]

Beim Evaluationsdesign ist – neben anderen Aspekten – zu entscheiden, ob in interner oder externer Form evaluiert wird. **Interne Evaluationen** lassen sich relativ rasch und meist mit hoher Sachkenntnis der Beteiligten absolvieren, dagegen sprechen eine gewisse „Betriebsblindheit", fehlende Unabhängigkeit und eine häufig eher geringe Methodenkompetenz. **Externe Evaluationen** werden von Personen durchgeführt, die nicht der zu evaluierenden Organisation angehören. Sie bieten eine hohe Unabhängigkeit und Glaubwürdigkeit der evaluierenden Personen, provozieren aber möglicherweise Abwehrreaktionen.

Formen der Evaluation: intern und extern

Hochschul-Evaluation (Beispiel)   Infotafel 95

Das Centrum für Hochschulentwicklung (CHE) erstellt seit 1998 das CHE Hochschulranking, in dem Universitäten und Fachhochschulen hinsichtlich Studium, Lehre, Ausstattung und Forschung beurteilt werden. Dabei folgt das Evaluationsdesign bestimmten methodischen Standards, die es zum Teil deutlich von anderen Rankings abhebt:

▶ Strikt fachbezogen, d.h. es erfolgt kein Vergleich ganzer Hochschulen über Fächer hinweg. Dem liegt die Einsicht zugrunde, dass es die beste Hochschule nicht gibt. Hochschulen verfügen über spezifische Profile mit Stärken und Schwächen in verschiedenen Fächern.

▶ Mehrdimensional, d.h. innerhalb eines Faches wird kein Gesamtwert aus irgendwie gewichteten Einzelindikatoren gebildet. Auch innerhalb eines Faches weisen die Hochschulen sehr spezifische Stärken und Schwächen auf (z.B. im Lehrangebot, der Betreuung, der Ausstattung).

▶ Verschiedene Perspektiven, d.h. neben den Fakten zu den Fachbereichen und Studiengängen fließen die Perspektiven der Hochschullehrer und der Studierenden in das Ranking ein. Damit entsteht ein differenzierteres Bild als in Rankings, die nur auf der Befragung einer Personengruppe (z.B. nur Studierende, nur Personalchefs) beruhen. Zudem lassen sich so subjektive Einschätzungen und objektive Indikatoren kontrastieren.

▶ Ranggruppen anstelle von Rangplätzen, d.h. es gibt eine Zuordnung zu drei Ranggruppen: einer Spitzen-, einer Mittel- und einer Schlussgruppe. Damit wird vermieden, dass minimale Unterschiede im Zahlenwert eines Indikators als Leistungs- und Qualitätsunterschiede fehlinterpretiert werden.[172]

Es gibt eine Vielzahl an **Evaluationsinstrumenten,** die sich zum Teil deutlich voneinander unterscheiden (→ Infotafel 96). Einfache Instrumente wie z.B. das Ampel-Feedback oder das One-Minute-Paper ermöglichen eine schnelle Rückmeldung zu den Lernprozessen und Erwartungen. Sie können während eines Lernprozesses (z.B. Mid-Term-Evaluierung) oder am Ende eines Lernabschnitts eingesetzt werden. Erkenntnisse aus Schluss-Evaluierungen greifen erst in den folgenden Einheiten oder sogar nur für spätere Lerngruppen.

Infotafel 96   **Instrumente der Evaluation**

Aus der Vielzahl an Evaluationsinstrumenten seien einige exemplarisch vorgestellt:

▶ Feedbackbogen: Lernende beurteilen die didaktische Qualität des Lehr-Lern-Prozesses.

▶ Lehrerzeugnis: Die Schüler erstellen ein Zeugnis für die Lehrperson. Zur Einschätzung stehen didaktische Verhaltensweisen und wichtige Eigenschaften der Lehrer.

▶ Blitzlicht: (1) Was hat mir gefallen? Was hat mir etwas gebracht? (2) Was hat mir nicht gefallen? Was hätte ich lieber anders gehabt? (3) Was ist offengeblieben?

▶ Ampel-Feedback: Die Lehrenden erhalten eine unmittelbare Rückmeldung zu bestimmten Aspekten des Lehr-Lern-Prozesses, wie z.B. dem inhaltlichen Verständnis (Grün: Alles gut verstanden. Weiter so! Gelb: Nur zum Teil verstanden. Achtung! Rot: Nichts verstanden. Stopp!)

▶ One-Minute-Paper: Am Ende einer Lehreinheit werden die Studierenden gebeten, auf einem Blatt Papier zwei Fragen zu beantworten: „Was sind die

wichtigsten Erkenntnisse, die Sie heute gewonnen haben?" und „Welche Fragen sind offengeblieben?"
► Kollegialer Unterrichtsbesuch: Über verabredete Hospitationen durch die Kollegen erhalten Lehrende Rückmeldungen und Impulse für die eigene Lehre.
► Moderiertes Feedback: Über eine Kartenabfrage lassen sich unterschiedliche Aspekte eines Lernprozesses erfassen, entweder über offene Fragen oder über Einschätzungen auf einer Bewertungsskala.

Evaluationsinstrumente sind nicht „an sich" sinnvoll, sondern können bestenfalls im Zusammenhang mit einem **stimmigen Evaluationsdesign** sinnvoll eingesetzt werden. Dabei gibt es einige kritische Aspekte zu bedenken:

Kritische Aspekte bei Evaluationen: sporadische Evaluationen, Orientierung ausschließlich an Ergebnissen oder Kennzahlen u.a.

► Der **sporadische Einsatz** einzelner Evaluationsinstrumente kann dazu führen, dass kontinuierliche Prozesse nicht nachhaltig verfolgt werden.
► Sofern sich Evaluation **ausschließlich an Ergebnissen** ausrichtet, greift sie möglicherweise zu spät in die Lehr-Lern-Prozesse ein.
► Sofern sich Evaluation **ausschließlich an Kennzahlen** orientiert, führt dies zur Kennzahleninflation und zu aufwendigen Erhebungsmodalitäten, möglicherweise auch dazu, dass das Zustandekommen und die Erhebung von Kennzahlen durch verschiedene Interessen beeinflusst werden.
► Sofern Evaluation **umfassend standardisiert** abläuft, können unerwünschte Nebeneffekte auftreten: Instrumente werden unverhältnismäßig oft eingesetzt, Zahlenwerte werden überinterpretiert, und die beteiligten Personen ängstigen sich vor erhöhter persönlicher Kontrolle.[173]

Am Beispiel eines **Fragebogens zur Evaluation,** wie er häufig am Ende eines Seminars ausgeteilt wird, lassen sich verschiedene Problematiken nachvollziehen, wie sie im Zusammenhang mit Evaluationen auftauchen (→ Infotafel 97). Grundsätzlich ist zu klären, ob der Fragebogen auch jene Merkmale misst, die er messen soll, d.h. ob er **valide** ist und damit das wichtigste der drei Gütekriterien erfüllt. Validität wird wie folgt unterschieden:

Aspekte der Validität eines Fragebogens: Inhaltsvalidität, Konstruktvalidität und Kriteriumsvalidität

► **Inhaltsvalidität:** Entspricht der Fragebogen den theoretischen Überlegungen? Werden alle didaktisch relevanten Aspekte abgefragt? Die inhaltliche Validität lässt sich über Expertenbefragungen feststellen; da es aber unterschiedliche Vorstellungen von guter Lehre gibt, werden auch die Evaluationsbögen differieren. Ein konstruktivistisch geprägter Ansatz wird z.B. nicht die Frage stellen, ob es der Lehrperson gelungen ist, die Lernenden zu motivieren.

▶ **Konstruktvalidität:** Entspricht die Konstruktion des Evaluationsbogens dem Gesamtwissen zum Konstrukt? Diese interne Form von Validität prüft, ob der Fragebogen so angelegt ist, dass die Ergebnisse ausschließlich jene Faktoren erfassen, die zum theoretischen Konzept gehören. Über die Dimensionierung des Fragebogens lassen sich beispielsweise bestimmte didaktische Kategorien nachvollziehen. Prüfen lassen sich auch erwünschte oder unerwünschte Zusammenhänge mit ähnlichen Konstrukten: Der Ausdruck „happiness sheets" weist auf das Phänomen der „sozialen Beurteilung" hin; erfasst wird in diesem Fall eher das – möglicherweise durch die Veranstaltung induzierte – Wohlbefinden der Lernenden, nicht aber die didaktische Qualität einer Veranstaltung.

▶ **Kriteriumsvalidität:** Stimmen die Ergebnisse des Fragebogens mit äußeren Indikatoren, den sogenannten Kriterien, für das gemessene didaktische Konzept überein? Lassen sich damit zusammenhängende zukünftige Ereignisse vorhersagen? Diese externe Form der Validität prüft beispielsweise, ob sich eine über den Evaluationsbogen erhobene hohe didaktische Qualität in einschlägigem Verhalten der Lernenden, z.B. bestimmten Lernleistungen, niederschlägt. Dieses Vorgehen ist nicht ganz unproblematisch, weil auch die Lernleistung valide erfasst werden muss.

Insgesamt sind die Anforderungen an einen validen didaktischen Fragebogen erheblich. Wird zudem gefordert, dass der Fragebogen ökonomisch zu handhaben ist, d.h. ein **vertretbarer Aufwand** für die befragten Lernenden entsteht, ist ein hoch valider Fragebogen wenig wahrscheinlich. Dies ist auch nicht immer erforderlich (→ Zitat 58), da in manchen Fällen allein der Umstand, dass ein Reflexionsprozess stattfindet, für eine konstruktive Lehr-Lern-Kultur bedeutsam ist.

Gerhard EIKENBUSCH – Standards für Evaluationen (1998)   Zitat 58

▼

„Evaluationen müssen nicht die Standards wissenschaftlicher Sozialforschung erfüllen. Insbesondere bei der Frage der Wahl geeigneter Evaluationsverfahren wird (...) häufig vorgebracht, zulässig seien nur Verfahren, die die Gütekriterien der Validität, Objektivität und Reliabilität erfüllten. Dies ist jedoch nur in seltenen Fällen notwendig und sinnvoll, z.B. bei vergleichenden Schulleistungsmessungen. Die Arbeit der eigenen Schule wirkungs- und verantwortungsvoll zu untersuchen und zu bewerten, erfordert die Einhaltung anderer Bedingungen:

▶ Verfahren und Ergebnisse der Evaluation müssen mit Auffassungen und Sichtweisen anderer Beteiligter konfrontiert werden (können).

▶ Alle eingesetzten Verfahren müssen ethisch vertretbar und mit den pädagogischen Zielen vereinbar sein sowie den Grundsätzen humaner Interaktion entsprechen (u.a. Gegenseitigkeit: Jede Frage, die man über andere stellen will, muss man auch über sich selbst stellen lassen. Vorbild: Evaluation kann nur verlangen, wer selber evaluiert und sich evaluieren lässt).

▶ Evaluationen müssen auf gezielter Sammlung relevanter Daten und Informationen über die zur Frage stehenden Gegenstandsbereiche fußen und sich an Standards, Vorgaben und Zielen orientieren oder auf sie hinarbeiten." [174]

In Hinblick auf den Einsatz von Evaluationsinstrumenten ist auch relevant, welcher **Personenkreis** bei Evaluierungen herangezogen wird und in welcher Weise diese Personen zu aussagekräftigen Ergebnissen beitragen können. Beispielsweise ist zu bedenken, ob und inwieweit der befragte Personenkreis in der Lage ist, die Geschehnisse im didaktischen Feld zu beurteilen: Können Schüler die didaktische Qualität des Unterrichts einschätzen? Inwiefern können Studierende die didaktische (und evtl. die fachliche) Kompetenz der Lehrenden beurteilen? Da die Lernenden in der Regel über ein Vorverständnis von guter Lehre verfügen, fließt dieses vermutlich in ihre Wahrnehmung ein und manifestiert sich im jeweiligen Evaluationsergebnis.

Befragter Personenkreis: Fähigkeit, die Geschehnisse im didaktischen Feld zu beurteilen, ist unterschiedlich ausgeprägt

▼

(1) Lernzielorientierung mit Lebensnähe verbinden (=> Zielgruppe)

	− −	−	+	+ +
	trifft nicht zu			trifft zu

(2) Sinnvolle, „fassliche" Teile aufbereiten (=> Inhalte)

	− −	−	+	+ +
	trifft nicht zu			trifft zu

(3) Didaktische Struktur entwickeln (=> Lehr-Lern-Phasen)

	− −	−	+	+ +
	trifft nicht zu			trifft zu

(4) Ein-und Ausstiege gestalten (=> Orientierung)

	− −	−	+	+ +
	trifft nicht zu			trifft zu

(5) Teilnehmer/innen aktivieren (=> Lernprozesse)

	− −	−	+	+ +
	trifft nicht zu			trifft zu

(6) Soziales Lernen fördern und unterstützen (=> Lerngruppe)

	− −	−	+	+ +
	trifft nicht zu			trifft zu

(7) Lehr-und Lernmittel wirksam einsetzen (=> Medien)

	− −	−	+	+ +
	trifft nicht zu			trifft zu

Unerwünschte Wirkungen einer Evaluation, z.B. informeller „Nichtangriffspakt" zwischen Lernenden und Lehrenden

Letztendlich sind auch die **Wirkungen einer Evaluation** zu bedenken, denn der Umstand, dass evaluiert wird, bleibt in der Regel nicht folgenlos. So kommt es vor, dass ein informeller „Nichtangriffspakt" zwischen Lernenden und Lehrenden geschlossen wird: „Gibst du uns gute Noten, bekommst du von uns auch gute Noten!" Dies hängt von Rahmenbedingungen der Evaluation ab, also z.B. von der Frage, welche Konsequenzen eine nicht besonders gute Rückmeldung für die Lehrenden hat. Darüber hinaus gibt es das Phänomen des „teaching for the test": Gelehrt – und gelernt – wird, was geprüft bzw. gefragt wird, z.B. wenn die Themen einer Prüfung in unzulässig deutlicher Weise den Unterricht vor dem Prüfungstermin prägen.

Literatur: Planung, Analyse und Evaluation

Burkard, Christoph & Eikenbusch, Gerhard: Praxishandbuch Evaluation in der Schule, Berlin 2000

Fredersdorf, Frederic & Glasmacher, Beate: Weiterbildungsmanagement. In: Meifert, Matthias T. (Hrsg.): Strategische Personalentwicklung – Ein Programm in acht Etappen. Springer. Berlin 2008, S. 221–265

Helmke, Andreas: Unterrichtsqualität: Erfassen, Bewerten, Verbessern, Seelze 2003

Jank, Werner & Meyer, Hilbert: Didaktische Modelle, 7. Aufl. Berlin 2005, S. 341–363

Peterßen, Wilhelm H.: Handbuch Unterrichtsplanung: Grundfragen, Modelle, Stufen, Dimensionen, 9., aktual. u. überarb. Aufl. München 2000

Pfäffli, Brigitta: Lehren an Hochschulen – Eine Hochschuldidaktik für den Aufbau von Wissen und Kompetenzen, Bern u.a. 2006, S. 240–265

Tulodziecki, Gerhard, Herzig, Bardo & Blömeke, Sigrid: Gestaltung von Unterricht – Eine Einführung in die Didaktik, Bad Heilbrunn 2004, S. 141–160

Wottawa, Heinrich: Evaluation. In: Krapp, Andreas & Weidenmann, Bernd (Hrsg.): Pädagogische Psychologie, 4., vollst. überarb. Aufl. Weinheim 2001, 647–674

Hinweise zu den Aufgaben

Die Aufgaben in diesem Buch haben eine offene Form. Deshalb finden Sie an dieser Stelle stichwortartige Hinweise, die Sie bei der Reflexion unterstützen.

Hinweis Aufgabe 1   Sachlogik und Psychologik

Einige klassische Bestimmungen von Didaktik beschränken sich auf ausgewählte didaktische Aspekte, z.B. die Bildungsinhalte oder die Steuerung von Lernprozessen. – Im Unterschied zum SIEBERT'schen Didaktikverständnis aus dem Jahr 1978, das sich an der lerntheoretischen Didaktik (→ Kap. 4.2) orientiert, gerät die Beziehung zwischen unterschiedlichen Logiken (Sache und Person), also die Frage von Vermittlung und Anschlussmöglichkeiten, stärker in den Blick.

Hinweis Aufgabe 2   Entwicklung des didaktischen Denkens

Der Wechsel zwischen einer stärker inhaltlichen (z.B. bildungstheoretischen Didaktik der 50/60er-Jahre → Kap. 4.1) und einer stärker methodischen Perspektive (z.B. lerntheoretische Didaktik der 60/70er-Jahre → Kap. 4.2) ist ein Beispiel für den Wandel im didaktischen Denken. Die starke Methodenorientierung in den 90er-Jahren und im beginnenden 21. Jahrhundert in Verbindung mit einem „information overload" könnte ein Hinweis auf eine anstehende „neue Inhaltlichkeit" sein. – Denkbar sind Impulse durch das Web 2.0 („Mitmach-Web") und das informelle Lernen (Ivan ILLICH: „Das meiste Lernen ist nicht das Ergebnis von Unterweisung. Es ist vielmehr das Ergebnis ungehinderter Teilnahme in sinnvoller Umgebung."), ein Lernen, das weitgehend ohne Lehrpersonen auskommt, aber durchaus der Kontextsteuerung bedarf.

Hinweis Aufgabe 3   Die Grenzen der Fachdidaktik

Die Argumentation hat zwei Facetten: Einerseits lässt sich argumentieren, dass Didaktik ihre konkrete Form erst in der jeweiligen Fachdidaktik annimmt. Erst in der fachlichen Breite und Tiefe kann sich didaktisches Denken entfalten. Andererseits ist zu bedenken, dass die Übergabe von Didaktisierungsauf-

gaben an die jeweilige fachdidaktische Disziplin die Lehrpersonen möglicherweise an fachdidaktische Angebote bindet. In den Hochschulen und in der
Erwachsenenbildung, wo die Lehrangebote viel stärker individualisiert sind
als in der Schule, könnten fachdidaktische Vorgaben die erforderliche Flexibilität einschränken. Die Möglichkeit, zwischen unterschiedlichen Themen und
Lehrangeboten zu wechseln, ist auf die (allgemeine) didaktische Kompetenz
verwiesen, Lehr-Lern-Prozesse didaktisch sinnvoll zu gestalten. Insofern wäre
es für bestimmte Kontexte durchaus stimmig, einzelne fachdidaktische Entscheidungen auf andere Instanzen zu übertragen.

Didaktische Einflussgrößen   Hinweis Aufgabe 4

Unterschiedliche Perspektiven tun sich auf, wenn beispielsweise die Fragen
„Mit wem soll gelernt werden?" und „Wo soll gelernt werden?" für Kinder
in der Grund- bzw. Volksschule, Auszubildende bzw. Lehrlinge sowie berufs-
begleitend Studierende beantwortet werden. In allen Fällen gibt es mehrere
Lernpartner und Lernorte. – Die beiden Fragen lassen sich dem Aspekt „soziale
Architektur" im „Strukturmodell des Unterrichts" (JANK und MEYER) zuordnen.
Diesbezügliche Entscheidungen haben Auswirkungen auf andere Aspekte, z.B.
die Handlungslogik.

Skepsis gegenüber der Didaktik   Hinweis Aufgabe 5

Hier gibt es mehrere Richtungen, in die gedacht werden kann: Wenn der Nutzen didaktischer Ansätze nicht wahrgenommen wird („Lehren, dass kann man
doch"), so gilt es, diesen herauszuarbeiten und ggf. zu verstärken. Die Leistung
eines didaktischen Professionswissens wäre transparent zu machen, z.B. über
Wirkungen, die didaktische Kompetenzentwicklung in der Praxis erzielt.

Lerntypen – didaktische Fiktion oder Wirklichkeit?   Hinweis Aufgabe 6

Der Unterschied in den Positionen von Praktikern und Wissenschaftlern lässt
sich als „produktive Spannung" deuten, die durchaus nutzbringend sein kann:
Die „community of practice" bedarf weiterhin handlungsrelevanter Orientie-
rungshilfen; die „scientific community" hat weiterhin die Aufgabe, auf Möglichkeiten und Grenzen solcher Konzepte hinzuweisen. Lehrpersonen können
mit derartigen Situationen umgehen, indem sie beispielsweise für sich den
wahrgenommenen Nutzen eines praktikablen, aber nur eingeschränkt wissenschaftlich tragfähigen Konzeptes abschätzen.

Hinweis Aufgabe 7   Pragmatische Didaktiken
▾

Die Nachfrage nach pragmatischen Didaktiken kann als Hinweis auf bestimmte Mängel in den traditionellen Didaktiken gelesen werden. Grundsätzlich schließen didaktische Legitimation und konkrete Handlungsanleitung einander keineswegs aus. Denkbar wäre es, unterschiedliche Plätze für die jeweiligen Anforderungen vorzusehen, d.h. Begründungen für didaktisches Handeln an anderer Stelle vorzunehmen als konkrete Handlungsanleitungen. So ließe sich vermeiden, dass theoretische Maximalforderungen die Funktionalität der didaktischen Theorie beeinträchtigen.

Hinweis Aufgabe 8   Konzeptionelle Vielfalt
▾

Die konzeptionelle Vielfalt drückt die Vielschichtigkeit der Bildungspraxis aus (→ Zitat 11). Dabei tun sich verschiedene Entwicklungen auf, von denen nur einige beispielhaft und ohne Anspruch auf Vollständigkeit aufgeführt seien: Die evolutionstheoretische Didaktik (Annette SCHEUNPFLUG) bringt eine system- und evolutionstheoretische Sicht ein, die Neurodidaktik (Ulrich HERRMANN) eine neurowissenschaftliche Sicht und die gendersensible Didaktik Fragen des sozialen Geschlechts. – Die große Zahl an didaktischen Zugängen ist sicherlich auch auf Perspektiven und Kompetenzzuschreibungen der jeweiligen Disziplin bzw. der jeweiligen Autoren zurückzuführen. Möglicherweise kanalisiert sich hier auch der Wunsch nach einer klaren, durch die eigene Expertise bestimmten Handlungsorientierung.

Hinweis Aufgabe 9   Rollenspektrum der Lehrenden
▾

Exemplarisch seien zwei Kriterien vorgestellt: der jeweilige Grad an fachlicher (F) und didaktischer (D) Intervention in das Lerngeschehen. Einige Einschätzungen: Experte (F: hoch, D: gering), Lehrer (F: hoch, D: mittel bis hoch), Moderator (F: gering, D: mittel), Prozessbegleiter (F: gering, D: niedrig).

Hinweis Aufgabe 10   Gütekriterien und didaktische Prinzipien
▾

Beispielhaft seien einige der Gütekriterien auf das didaktische Prinzip der Aktivierung angewendet. Aussagebereich: Methoden, auch: Gestaltung von Lernumgebungen und Medien. – Trennschärfe: Nähe zum Prinzip der Selbsttätigkeit. – Empirische Belege: „In der pädagogischen Fachliteratur besteht weitgehender Konsens darüber, dass Lernen als aktiver Wissenskonstruktionsprozess zu betrachten ist. Erfolgreiche Lernprozesse sind immer dann gegeben, wenn die Lernenden aktiv sind, also wenn sie beispielsweise Probleme lösen, dabei ihren Erfolg und ihr Verstehen überwachen und wenn sie ihre Lösungen erklären."[175] – Normative Basis: Der Mensch als aktives, soziales und lernfähiges Wesen. – Fachliche Bedeutsamkeit: gilt allgemein.

Rekonstruktionen didaktischer Alltagstheorien
Hinweis Aufgabe 11

Ein Wirkungsdiagramm zum Thema Lernmotivation in der beruflichen Weiterbildung könnte u.a. diese Einflussfaktoren berücksichtigen: Sachinteresse, Leistungsverhalten, Austausch mit den Kollegen, berufliche Perspektiven. Zudem würden die gegenseitigen Wirkungen dieser Faktoren berücksichtigt. – Eine subjektive Theorie zum Thema Lehrkompetenz im Gymnasium ließe sich u.a. mit Hilfe dieser Leitfragen erfassen: Welche Rolle obliegt der Lehrperson? Welche methodischen Kompetenzen sind unerlässlich? Welche Lehrtechniken werden zur Gestaltung von Unterrichtsprozessen benötigt?

Vergleich Kompetenzmodelle
Hinweis Aufgabe 12

Die Kompetenzmodelle von HALLET (Schule) und SIEBERT (Erwachsenenbildung) heben sich zum Teil deutlich voneinander ab: HALLET unterscheidet elf Lehr-Kompetenzen mit einem eher hohen Grad an Differenzierung und Handlungsorientierung. Demgegenüber wird in dem Modell von SIEBERT auf einem vergleichsweise hohen Abstraktionsgrad die „Beherrschung von Techniken und Methoden" eingefordert. Im Unterschied zu HALLET fokussiert SIEBERT nachdrücklich didaktische Haltungen, z.B. ein „Engagement für das Thema und die ‚Idee' der Aufklärung", und reflexive Momente, z.B. „die Wahrnehmung von Lernschwierigkeiten und der eigenen Anteile daran". Vorstellungen von „guter Lehre" und von der Rolle der Lehrpersonen sind bei SIEBERT stärker reflexiv und weniger instrumentell angelegt.

Möglichkeiten der Kompetenzentwicklung
Hinweis Aufgabe 13

Zur Frage der didaktischen Kompetenzentwicklung älterer Hochschullehrer liegen keine spezifischen Studien vor. – Unterstellt man, dass LEITNERS Hypothese zumindest teilweise zutrifft, so wären die Gründe dafür zu prüfen: Grundsätzlich wird in der aktuellen Diskussion zur Kompetenzentwicklung älterer Menschen davon ausgegangen, dass Altersvorgänge sehr individuelle Verlaufsformen annehmen und dass es mit zunehmendem Lebensalter nicht automatisch zu Leistungsminderungen kommt. Vielfältige Lebens- und Beschäftigungsbedingungen beeinflussen die Lernfähigkeit älterer Menschen, darunter die erworbene Schulbildung, der berufliche Qualifizierungsgrad und das Ausmaß an kognitivem Training.[176] Der Hinweis auf viele ältere Spitzenforscher[177] mag genügen, um die Möglichkeit einer didaktischen Kompetenzentwicklung nicht generell auszuschließen. – Wenn es zutrifft, dass die berufliche Leistungsfähigkeit hauptsächlich von den Anforderungen abhängt, die eine berufliche Tätigkeit verlangt,[178] dann wäre die Vermutung zu prüfen, ob sich diesbezüglich Unterschiede zwischen den verschiedenen Bildungsbereichen, etwa zwischen Hochschulen und Wirtschaft, feststellen lassen.

Hinweis Aufgabe 14 **Exemplarität**
▼

Hinsichtlich der Exemplarität gilt es – ohne Anspruch auf Vollständigkeit – zu bedenken: Lassen sich grundsätzlich Kontexte bestimmen, die für die Übertragung von Wissensbeständen vom Exemplarischen zum Allgemeinen hilfreich sind? Gibt es eine spezifische Formen von Exemplarität, die gut geeignet ist, das Allgemeine sichtbar werden zu lassen, z.B. authentische Sachverhalte oder problemorientierte Lernsituationen? – Sollte sich beispielsweise herausstellen, dass ein exemplarisches Lernen nur in eingeschränkten Bereichen möglich ist, so wäre ein Teil der KLAFKI'schen Theorie davon berührt: der postulierte Zusammenhang zwischen Exemplarität und thematischer Struktur bzw. Lernzielen.

Hinweis Aufgabe 15 **Szenarien des Lehrens und Lernens**
▼

Sieht man von den sprachlichen Inspirationen des HORX'schen Szenarios ab, so bleiben zwei zentrale Überlegungen: In Bezug auf die didaktische Methodik formuliert HORX eine Kritik am Lehrgespräch. Er argumentiert, dass dieser methodische Ansatz insbesondere die Reproduktion von Wissen fördere („Osterhasen-Pädagogik") und den Lernprozess in einem gewissen Sinn beliebig mache (→ Zitat 51). – Darüber hinaus weist HORX darauf hin, dass man sich in allen Bildungsbereichen von der meist sehr ausgeprägten Stoff- und Lehrorientierung entfernen wird. Künftige Didaktiken werden das sogenannte Ermöglichungslernen, das auf anschlussfähige Lernszenarien setzt, stärker in den Blick nehmen. Inwieweit diese Idee selbst an die tägliche Lehr-Lern-Praxis anschlussfähig ist, wird sich noch weisen.

Hinweis Aufgabe 16 **Erwachsenenbildung – mehr als Unterrichten**
▼

FAULSTICH und ZEUNER sehen die Lebenszusammenhänge der Lernenden als Ausgangspunkt von Didaktik. Damit befinden sie sich in der Tradition der

Erwachsenenbildung, die Teilnehmerorientierung – ausgehend von den Deutungsmustern der beteiligten Personen – immer als eine ihrer zentralen Aufgaben angesehen hat. Die andere Denkfigur – Stofforientierung – erklärt die Vermittlung von Vorgegebenem zu ihrem Maßstab. – „Lernvermitteln" in der didaktischen Praxis kann heißen, Zugänge zu den Lernenden zu erschließen und deren individuelle Befindlichkeiten, Erwartungen usw. als Ausgangspunkt für Lernprozesse zu nehmen. Vermittelt wird also zwischen der Psychologik der Lernenden und der Sachlogik des „Stoffes" (→ Aufgabe 1).

Lerntheorien und Motivation   Hinweis Aufgabe 17

Behaviorismus: Belohnungen sind ein Mittel, um die Wahrscheinlichkeit für ein bestimmtes Verhalten zu erhöhen, d.h. erwünschtes Verhalten wird positiv verstärkt und dementsprechend ähnliches Verhalten kanalisiert. – Kognitivismus: Ein Ansatz wäre der von DECI und RYAN (→ Kap. 6.3), nach dem Lehr-Lern-Prozesse so anzulegen sind, dass sich die Lernenden als kompetent, weitgehend autonom und sozial eingebunden erfahren. – Konstruktivismus: Motivation ist als direkter Eingriff in interne Verarbeitungsprozesse der Lernenden nicht möglich; bestenfalls können individuell optimale Lernumgebungen Anschlussmöglichkeiten verfügbar machen.

Didaktische Konsequenzen aus der Gedächtnisforschung   Hinweis Aufgabe 18

Obgleich eine Ableitung von didaktischen Konsequenzen logisch nicht möglich ist, sind bestimmte didaktische Aktivitäten mit den bezeichneten Bedingungen des Lernens verträglich: Konzept der Verarbeitungstiefe: vielfältige Aktivierung der Lernenden. – Drei-Speicher-Modell des Gedächtnisses: Gedächtnisanker und Suchschemata legen bzw. rekonstruieren, Bedeutsamkeit herstellen, Lerninhalte wiederholen und üben. – Links-Rechts-Organisation des Gehirns: Begriffe mit visuellen Strukturen verbinden, Details mit Ordnungsschemata und Strukturen in Zusammenhang bringen.

Unterrichtliche Gütekriterien   Hinweis Aufgabe 19

Der Abgleich der „Gütekriterien" von JANK und MEYER mit den „Kriterien des ‚guten' Unterrichts" von DUBS fördert Gemeinsamkeiten und Unterschiede zutage: Die Forderung nach strukturierten Lernprozessen findet sich fast wörtlich in beiden Listen, ebenso die nach Methodenvielfalt. Dann gibt es Unterschiede, z.B. tauchen bei JANK und MEYER zwei eher formale Kriterien auf: der hohe Grad „echter" Lernzeit, d.h. minimale Zeit für organisatorische

Absprachen usw., und die fachliche Korrektheit. Bei DUBS finden sich viele Kriterien, die das „Ermöglichen" effektiver Lernprozesse betonen: Sinngebung für das Lernen, gehaltvolle Lernumgebungen, Förderung von anspruchsvollen Denkprozessen sowie Metakognition. – Die meisten Kriterien sind auf einem mittleren bis hohen Abstraktionsgrad formuliert, sodass die Anwendung dieser Kriterien durch verschiedene Lehrpersonen möglicherweise zu ähnlichen, aber keineswegs gleichen Lehrhandlungen führt.

Hinweis Aufgabe 20 **Übergeordnete Zielformeln „kleinarbeiten"**
▼

Schule: Ein übergeordnetes Ziel ist es, die Mitbestimmungsfähigkeit der Schüler zu fördern. In einer konkreten Handlungssituation, z.B. dem Sachunterricht zum Thema „Schmetterlinge", sollen die Schüler die einzelnen Entwicklungsstadien des Schmetterlings kennenlernen. Ein denkbares „kleingearbeitetes" Lernziel wäre es, eigene Erfahrungen von der Eiablage über die Raupe bis zum fertigen Schmetterling einzubringen und zusammenzutragen. – Erwachsenenbildung: Ein übergeordnetes Ziel besteht darin, in einem Projekt effektive Teamarbeit zu praktizieren. In der konkreten Handlungssituation geht es darum, Meilensteine für den geplanten Projektzeitraum festzulegen. Ein denkbares „kleingearbeitetes" Lernziel wäre es, derartige Absprachen im Team mithilfe einer bestimmten Methodik, z.B. der moderierten Erarbeitung eines Projektstrukturplans, vorzunehmen.

Hinweis Aufgabe 21 **Lernziele und Lernnachweise**
▼

Erinnern: Wissensabfrage, z.B. Multiple-Choice-Aufgabe; Verstehen: Verständnisfrage nach Zusammenhängen, Gründen, Ursachen usw.; Anwenden: Aufgabe mit konkretem Fall bzw. konkreter Situation; Analysieren: Hintergründe, Bezüge zu anderen Ansätzen, Modellen, Techniken usw.; Bewerten: Erarbeiten von Bewertungskriterien und anwenden derselben; (Er)schaffen: Problem vorgeben und mögliche Lösung erarbeiten.

Hinweis Aufgabe 22 **Stoffmengenproblem und „Vollständigkeitsfalle"**
▼

Das sogenannte Stoffmengenproblem hängt möglicherweise mit der gut gemeinten Absicht einer Lehrperson zusammen, ihr Wissen möglichst vollständig an die Adressaten weiterzugeben. Wenn dem so ist, dann bedeutet „keine Zeit haben", dass sich die Lehrperson ein hohes Maß an fachlicher Expertise zuschreibt.

Funktion des Auswendiglernens

Hinweis Aufgabe 23

Vorhandenes Wissen und vorhandene Erfahrungen bilden für künftige Lernprozesse eine Basis, um neue Informationen wahrzunehmen, in das eigene Wissensnetz einzuordnen und zu verarbeiten. Wer eine Fremd- oder Symbolsprache beherrscht, verfügt damit auch über spezifische Denkstrukturen, die den Umgang mit Neuem bestimmen. Je nach Vorbildung ergeben sich unterschiedliche – und auch unterschiedlich vielfältige – Anschlussmöglichkeiten für ein- und dieselben Informationen.

„Neue" Lehr- und Lernmethoden

Hinweis Aufgabe 24

Das wiederholte Auftauchen sogenannter „neuer" Lehr- und Lernmethoden hat vermutlich mehrere Ursachen: Die Situationen, in denen Menschen leben, arbeiten und lernen, verändern sich zunehmend. Individuelle Lernanforderungen machen ein lebenslanges Lernen erforderlich, das sich sowohl in fachlichen als auch in sozialen, methodischen und interkulturellen Aspekten ausdrückt. Kollektive Lernanforderungen beziehen sich auf lernende Organisationen und lernende Regionen. Lehrpersonen entwickeln sich in Richtung Coach, Lernbegleiter und Facilitator. Kommunikations- und Methodentraining sowie Teamentwicklungen werden zu neuen „Selbstverständlichkeiten". Elektronisch gestütztes Lernen – Stichwort: Blended Learning – hält Einzug in die Klassenzimmer. – „Neue" Lehr- und Lernmethoden können auch als Ausdruck einer Unzufriedenheit mit der wahrgenommenen Leistung der gegenwärtigen Didaktik interpretiert werden. Lehr-Lern-Prozesse werden als wenig nachhaltig und Lehrpersonen als nur eingeschränkt kompetent erlebt. So entsteht der Wunsch nach anderen als den bisherigen didaktischen Einstellungen, Methoden und Techniken.

Gruppenpuzzle

Hinweis Aufgabe 25

Die Annahme, dass alle Lernenden in der Sozialform Frontalunterricht dieselben Informationen wahrnehmen und verarbeiten, ist zweifelhaft. Die Gleichsetzung von Lehren und Lernen („Was gelehrt wird, wird auch gelernt") wird mit Hinweis auf unterschiedliche Anschlussmöglichkeiten von Lernenden gegenwärtig eher verneint. – Lernende werden diejenigen Informationen, mit denen sie sich intensiv auseinandergesetzt haben, vermutlich besonders gut verankern und abrufbar halten. Demzufolge wären also methodische Kunstgriffe erforderlich, um auch die anderen Inhalte zu aktivieren, etwa durch Wiederholungen, komprimierte Darstellungen, Anwendungsaufgaben usw.

Hinweis Aufgabe 26   Lernzielstufen und Aufgaben

Die Aufgaben sind auf den Lernzielstufen Verstehen, Anwenden, Analysieren, Bewerten und (Er)schaffen angesiedelt, die unterste Lernzielstufe ... ist bewusst ausgeklammert. Ziel ist es insbesondere, eine möglichst vielseitige und problemorientierte Auseinandersetzung mit der Thematik anzustoßen.

Hinweis Aufgabe 27   Beurteilung von Mitarbeit

Ebenso wie Evaluationen (→ Kap. 10.3) haben Beurteilungen beabsichtigte Wirkungen und teilweise unbeabsichtigte Nebenwirkungen. Die grundsätzliche Überlegung beim Faktor „Mitarbeit" besteht darin, Lernende zur aktiven Auseinandersetzung mit den Inhalten anzuhalten und dies im positiven Fall in die Beurteilung der individuellen Leistung einzuarbeiten. In der Umkehrung dieser Überlegung folgt nun, dass im Falle einer Berücksichtigung des Faktors „Mitarbeit" bei der Notengebung die Lernenden möglicherweise ein entsprechend adaptiertes Verhalten zeigen; im negativen Falle könnte dies als Anpassungslernen gedeutet werden. Je nach Bildungsbereich könnte also die Berücksichtigung des Faktors „Mitarbeit" insgesamt wünschenswerte Effekte zeigen: In der Grund- bzw. Volkschule wäre die natürliche Begeisterung für das Lernen entsprechend gewürdigt, in Hochschul- und Erwachsenenbildung wäre zu fragen, ob die übergeordneten Zielstellungen selbständigen und kritischen Denkhandelns mit diesem Vorgehen bei der Beurteilung von Leistungen verträglich sind.

Hinweis Aufgabe 28   Logik der Planung

Didaktische Planungen erfolgen – abhängig von den institutionellen und personellen Rahmenbedingungen – in unterschiedlicher Form: So kann etwa eine offene Zielplanung auch zu größeren Freiheiten in der didaktischen Feinplanung führen. Eine Lehrperson, die einen lernzentrierten Ansatz vertritt, wird möglicherweise die Lerntätigkeiten bei der Planung in den Mittelpunkt ihrer Überlegungen stellen. – Hinsichtlich der Unterschiede zwischen Anfängern und Professionals sind zwei Aspekte festzuhalten: Zum einen erfolgt – wie dies bei Experten üblich ist (→ Kap. 3.3) eine „Verdichtung" der Planungsinformationen. So ist es beispielsweise denkbar, dass ein inhaltlicher Abschnitt, der bei den Anfängern in der Lehre noch detailliert in Bezug auf Lernziele, Inhalte, Lehrschritte, methodische und mediale Entscheidungen spezifiziert wird, bei den Professionals auf bestimmte inhaltliche Fixpunkte und die dazugehörigen methodischen Entscheidungen konzentriert wird. Zum anderen liegen

Hinweise vor, dass Lehrpersonen sich bei der Planung vorrangig auf Inhalte und Abläufe konzentrieren, während Lernziele kaum reflektiert werden und methodische Aspekte eher in den Hintergrund treten (s. Kap. 1.5).

Analyse von Mustern in der Lehre   Hinweis Aufgabe 29

Vielfältige Faktoren sind in den genannten Situationen wirksam, so dass an dieser Stelle nur erste Überlegungen angestellt werden können. – Im ersten Beispiel hat der Dozent seine Studierenden als passiv wahrgenommen, z.B. weil eingeforderte Lernaktivitäten nur sporadisch ausgeführt wurden und der Dozent eine eher fordernde Haltung bei den Studierenden spürt. Handlungsoptionen des Dozenten sind: Merkmale erfolgreicher Lernprozesse thematisieren, Spielregeln in der Lehrveranstaltung verändern, Lerntätigkeiten mit konkreten Lernprodukten koppeln, das methodische Setting stärker in Richtung selbstgesteuertes Lernen ausrichten. – Im zweiten Beispiel hat die Lehrerin – jedenfalls in ihrer Wahrnehmung – lange auf die Antworten der Schüler gewartet und die Fragen anschließend selbst beantwortet. Dies könnte sie beispielsweise getan haben, weil sie die zwischenzeitliche Stille als unangenehm empfunden hat und den Unterricht in Fluss halten wollte. Handlungsoptionen der Lehrerin sind: die Situation konkret ansprechen, einzelne Schüler direkt zu einer Antwort auffordern, methodische Alternativen heranziehen, z.B. eine kurze Partnerarbeit, um die Hemmschwelle bei den Schülern zu senken.

Personenregister

Sachregister

Anmerkungen

1   Wilhelm H. Peterßen: Lehrbuch Allgemeine Didaktik, 6. Aufl. München u.a. 2001, S. 22

2   Will Lütgert: Der Doppelcharakter der Didaktik, http://www.didaktik.uni-jena.de/did_01/doppelt.htm, Zugang am 24.3.2008

3   Friedrich W. Kron: Grundwissen Didaktik, 4. Aufl. München u.a. 2000, S. 41–42

4   Annette Scheunpflug, Evolutionäre Didaktik – Unterricht aus system- und evolutionstheoretischer Perspektive, Weinheim u.a. 2001, S. 12

5   Die Begriffe Erwachsenenbildung und Weiterbildung werden im Folgenden synonym verwendet, dies in Anlehnung an: Rudolf Tippelt (Hrsg.): Handbuch Erwachsenenbildung/Weiterbildung, 3. Aufl. Wiesbaden 2008, S. 11. Gebräuchlich ist auch noch eine Differenzierung, die mit Erwachsenenbildung eher nichtberufliche Bildungsprozesse assoziiert, während Weiterbildung sowohl berufliche als auch nichtberufliche Weiterbildung meint.

6   Horst Siebert: Didaktisches Handeln in der Erwachsenenbildung – Didaktik aus konstruktivistischer Sicht, 5., überarbeitete Aufl. Augsburg 2006, S. 11

7   Horst Siebert: Didaktisches Handeln in der Erwachsenenbildung – Didaktik aus konstruktivistischer Sicht, 5., überarbeitete Aufl. Augsburg 2006, S. 2

8   Horst Siebert, Allgemeine Didaktik der Erwachsenenbildung, in: Literatur- und Forschungsreport Weiterbildung, Münster, 1. Jg. 1978, H. 1, S. 5

9   Will Lütgert: Wolfgang Ratke; http://www.didaktik.uni-jena.de/did_02/ratke.htm; Zugang am 4.12.2008

10 Will Lütgert: Jan Amos Komensky, http://www.didaktik.uni-jena.de/did_02/comenius.htm; Zugang am 16.9.2008

11 Johann Amos Comenius, zit. n. Werner Wiater, Unterrichten und Lernen in der Schule, Donauwörth 1993, S. 17

12 Peter Petersen: Der Kleine Jena-Plan, 2., überarb. Auflage (1. Auflage 1927) Weinheim u.a. 2007

13 Rainer Lersch: Modellierungen der Didaktischen Fragestellung – Entwicklungen und Perspektiven für ein Modell der „ganzen" Didaktik. In: Peter Stadtfeld/Bernhard Dieckmann (Hrsg.): Allgemein Didaktik im Wandel, Bad Heilbrunn 2005, S. 92

14 Deutsche Hochschulrektorenkonferenz: Empfehlungen zur Lehrerbildung. Bonn, Entschließung des 186. Plenums vom 2.11.1998, zit. in: L-news – Zeitung für Lehramtsstudierende Nr. 8 vom 10. Mai 1999, S. 6

15 Sigrid Schubert/Andreas Schwill: Didaktik der Informatik, Heidelberg u.a. 2004, S. 60–61

16 Geschäftsstelle der Studienkommission für Hochschuldidaktik an Fachhochschulen in Baden-Württemberg, http://www.hochschuldidaktik.net/index.php?lg=de&main=Fachdidaktik&site=06:01:00; Zugang am 24.3.2008

17 Hartmut von Hentig: Rückblick nach vorn – Pädagogische Hoffnungen der Gegenwart auf dem Prüfstand der Erfahrung, Seelze-Velber 1999, S. 68

18 Werner Jank/Hilbert Meyer: Didaktische Modelle, 7. Aufl. Berlin 2005, S. 63

19 Rolf Arnold/Antje Krämer-Stürzl/Horst Siebert, Dozentenleitfaden – Planung und Unterrichtsvorbereitung in Fortbildung und Erwachsenenbildung, Berlin 1999, S. 92–93

20 Wolfgang Hallet: Didaktische Kompetenzen – Lehr- und Lernprozesse erfolgreich gestalten, Stuttgart 2006, S. 111

200

21 Horst Siebert: Didaktisches Handeln in der Erwachsenenbildung – Didaktik aus konstruktivistischer Sicht, 5., überarbeitete Aufl. Augsburg 2006, S. 7-10
22 Friedrich W. Kron: Grundwissen Didaktik, 4. Aufl. München u.a. 2000, S. 14 ff.
23 Friedrich W. Kron: Grundwissen Didaktik, 4. Aufl. München u.a. 2000, S. 21–22
24 Heinz-Elmar Tenorth: Suche nach dem Superlehrer. In: taz, 23.5.2007; S. 18
25 Werner Jank/Hilbert Meyer: Didaktische Modelle, 7. Aufl. Berlin 2005, S. 36
26 Anton Haas: Unterrichtsplanung im Alltag – Eine empirische Untersuchung zum Planungshandeln von Hauptschul-, Realschul- und Gymnasiallehrern, Regensburg 1998, S. 242
27 Jürgen Mittelstraß: Vom Elend der Hochschuldidaktik. In: Gertrude Brinek/Alfred Schirlbauer (Hrsg.): Vom Sinn und Unsinn der Hochschuldidaktik, Wien 1996, S. 60 u. 71
28 Werner Jank/Hilbert Meyer: Didaktische Modelle, 7. Aufl. Berlin 2005, S. 304
29 Heinz-Elmar Tenorth: Pädagogisches Denken. In: Handbuch der deutschen Bildungsgeschichte. Band 5. München 1989, S. 127
30 Werner Jank/Hilbert Meyer: Didaktische Modelle, 7. Aufl. Berlin 2005, S. 28
31 Erich Weniger: Die Eigenständigkeit der Erziehung in Theorie und Praxis, Weinheim 1953, S. 16
32 In Anlehnung an: Werner Jank/Hilbert Meyer: Didaktische Modelle, 7. Aufl. Berlin 2005, S. 30–33
33 Horst Siebert: Didaktisches Handeln in der Erwachsenenbildung – Didaktik aus konstruktivistischer Sicht, 5. überarbeitete Aufl. Augsburg 2006, S. 10
34 Herwig Blankertz: Theorien und Modelle der Didaktik, 7., erw. Aufl. Weinheim u.a. 1975
35 Frederic Vester: Denken – Lernen – Vergessen, überarb. u. erw. Neuauflage Stuttgart 2001 (Erstauflage 1975), S. 125
36 Bernd Weidenmann: Lernen mit Medien. In: Andreas Krapp/Bernd Weidenmann (Hrsg.): Pädagogische Psychologie, 5. Aufl. Weinheim 2001, S. 429–430
37 Aljoscha Neubauer/Elsbeth Stern: Lernen macht intelligent – Warum Begabung gefördert werden muss, München 2007, S. 254
38 Friedrich W. Kron: Grundwissen Didaktik, 4. Aufl. München u.a. 2000, S. 58 u. 60
39 Thomas Fuhr: Kompetenzen und Ausbildung des Erwachsenenbildners. Eine Studie zur Professionalisierung der Erwachsenenbildung. Bad Heilbrunn, 1991, S. 151–152
40 Paul Heimann in einem Vortrag 1961. In: Paul Heimann 1976 a. S. 103f., zit. n. Werner Jank/Hilbert Meyer: Didaktische Modelle, 7. Aufl. Berlin 2005, S. 143
41 Wilhelm H. Peterßen: Lehrbuch Allgemeine Didaktik, 6. Aufl. München u.a. 2001, S. 254–269
42 Wilhelm H. Peterßen: Lehrbuch Allgemeine Didaktik, 6. Aufl. München u.a. 2001, S. 239
43 Ingeborg Schüßler: Ermöglichungsdidaktik – eine didaktischen Theorie. In: Rolf Arnold/dies. (Hrsg.): Ermöglichungsdidaktik, Hohengehren 2003, S. 79
44 Reinhard Fuhr/Heiko Judith: Wissenschaftliche Didaktik in Anwendung. In: betrifft: erziehung, 10, 1977, H. 3, S. 60
45 Wilhelm H. Peterßen: Lehrbuch Allgemeine Didaktik, 6. Aufl. München u.a. 2001, S. 235
46 Werner Jank/Hilbert Meyer: Didaktische Modelle, 7. Aufl. Berlin 2005, S. 303
47 Peter Faulstich/Christine Zeuner: Erwachsenenbildung – Eine handlungsorientierte Einführung in Theorie, Didaktik und Adressaten, München 1999, S. 50
48 Werner Jank/Hilbert Meyer: Didaktische Modelle, 7. Aufl. Berlin 2005, S. 132
49 Karl R. Popper: Objektive Erkenntnis – Ein evolutionärer Entwurf, Hamburg 1993 (1. Auflage 1972), S. 278
50 Adolf Diesterweg: Diesterweg's Wegweiser zur Bildung für Deutsche Lehrer, Band 1: Das Allgemeine, Essen 1873, S. 202
51 Adi Winteler: Professionell lehren und lernen – Ein Praxisbuch, Darmstadt 2004, S. 17
52 Rolf Arnold: Weiterbildung – Ermöglichungsdidaktische Grundlagen, München 1996, S. 199

53   Karl-Heinz Flechsig: Didaktische Prinzipien (Entwurf), 1997; http://wwwuser.gwdg.de/
     ~kflechs/iikdiaps7-96.htm; Zugang am 24.3.2008
54   Helmwart Hierdeis/Theo Hug: Pädagogische Alltagstheorien und erziehungswissenschaft-
     liche Theorien, 2. Aufl. Bad Heilbrunn 1996, S. 94
55   Gerhard Tulodziecki/Bardo Herzig/Sigrid Blömeke: Gestaltung von Unterricht – Eine
     Einführung in die Didaktik, Bad Heilbrunn 2004, S. 124 u. 126
56   In Anlehnung an: Norbert Groeben et al.: Das Forschungsprogramm Subjektive Theorien
     – Eine Einführung in die Psychologie des reflexiven Subjekts, Tübingen 1988, S. 19
57   Eckard König/Peter Zedler: Theorien der Erziehungswissenschaft, Weinheim 1998, S. 155 f.
58   Karl-Oswald Bauer: Pädagogisches Handlungsrepertoire und professionelles Selbst von
     Lehrerinnen und Lehrern. In: Zeitschrift für Pädagogik 44, 1998, S. 346
59   Hartmut von Hentig: Die jungen Leute verloren. In: Der Spiegel, 34/2007, S. 159
60   Heinz-Elmar Tenorth: Profession im Lehrerberuf – Ratlosigkeit der Theorie, gelingende
     Praxis, in: Zeitschrift für Erziehungswissenschaft, 9. Jg., Heft 4/2006, S. 590
61   Werner Jank/Hilbert Meyer: Didaktische Modelle, 7. Aufl. Berlin 2005, S. 168
62   Ewald Terhart, zit. n.: http://www.karl-oswald-bauer.de/; Zugang am 24.3.2008
63   Wolfgang Hallet: Didaktische Kompetenzen – Lehr- und Lernprozesse erfolgreich gestalten,
     Stuttgart 2006, S. 32–35
64   Horst Siebert: Didaktisches Handeln in der Erwachsenenbildung – Didaktik aus konstrukti-
     vistischer Sicht, 5., überarbeitete Aufl. Augsburg 2006, S. 10–11
65   Falko Rheinberg/Rainer Bromme/Beate Minsel/Adi Winteler/Bernd Weidenmann: Die
     Erziehenden und Lehrenden. In: Andreas Krapp/Bernd Weidenmann (Hrsg.): Pädagogische
     Psychologie, S. 316
66   Falko Rheinberg/Rainer Bromme/Beate Minsel/Adi Winteler/Bernd Weidenmann: Die
     Erziehenden und Lehrenden. In: Andreas Krapp/Bernd Weidenmann (Hrsg.): Pädagogische
     Psychologie, S. 319
67   Diethelm Wahl et al.: Erwachsenenbildung konkret – Mehrphasiges Dozententraining
     – Eine neue Form erwachsenendidaktischer Ausbildung von Referenten und Dozenten,
     Weinheim 1991, S. 62–63
68   Diethelm Wahl: Lernumgebungen erfolgreich gestalten – Lehr- und Lernmethoden für
     Erwachsenenbildung, Hochschuldidaktik und Unterricht, Bad Heilbrunn 2005, S. 80–89
69   Peter Reimann: Novizen- und Expertenwissen. In: Friedhart Klix/Hans Spada (Hrsg.): Enzyk-
     lopädie der Psychologie. In Verbindung mit der Deutschen Gesellschaft für Psychologie,
     Themenbereich C, Theorie und Forschung; Ser. II, Kognition, Bd. 6 Wissen, Göttingen u.a.,
     S. 361
70   David C. Berliner: The nature of expertise in teaching. In: F.K. Oser/A. Dick/J.-L. Patry (Hrsg.):
     Effective and responsible teaching, San Francisco, S. 227–248
71   Diethelm Wahl: Ein theoretisches Konzept zur grundsätzlichen Gestaltung von „Train
     the-trainer"-Kursen. In: Veronika Strittmatter-Haubold (Hrsg.): Konzepte und Tools für das
     Training der Zukunft, Weinheim 2000, S. 11 ff.
72   Erich Leitner: Tiefe Kluft zwischen Ideal und Praxis, http://www.wienerzeitung.at/
     DesktopDefault.aspx?TabID=4445&Alias=wzo&cob=304595; Zugang 24.3.2008
73   Wolfgang Klafki: Neue Studien zur Bildungstheorie und Didaktik – Zeitgemäße Allgemein-
     bildung und kritisch-konstruktive Didaktik, 5. Aufl. Weinheim u.a. 1996, S. 270ff.
74   Reinhold Nickolaus: Didaktik – Modelle und Konzepte beruflicher Bildung, 2. Aufl. Hohen-
     gehren 2007, S. 39
75   Paul Heimann: Didaktik als Theorie und Lehre. In: Die Deutsche Schule, 54, 1962, S. 410
76   Brigitta K. Pfäffli: Lehren an Hochschulen – Eine Hochschuldidaktik für den Aufbau von
     Wissen und Kompetenzen, Bern u.a. 2005, S. 154

77 Wolfgang Schulz: Unterrichtsplanung – Mit Materialien aus Unterrichtsfächern, München u.a. 1980, S. 82

78 Wolfgang Schulz: Die lehrtheoretische Didaktik. In: Herbert Gudjons u.a. (Hrsg.): Didaktische Theorien, Hamburg, S. 29–45

79 Kersten Reich: Konstruktivistische Didaktik auf dem Weg, die Didaktik neu zu erfinden. In: Reinhard Voß (Hrsg.): LernLust und EigenSinn – Systemisch-konstruktivistische Lernwelten, Heidelberg 2005, S. 187

80 Rolf Arnold/Claudia Gómez Tutor: Grundlinien einer Ermöglichungsdidaktik, Augsburg 2007, S. 95

81 Rolf Arnold/Claudia Gómez Tutor: Grundlinien einer Ermöglichungsdidaktik, Augsburg 2007, S. 163–164

82 Matthias Horx: Wie wir leben werden – Unsere Zukunft beginnt jetzt, Frankfurt/M. u.a., S. 75–76

83 Hartmut von Hentig: Bildung, München u.a. 1996, S. 182

84 Hartmut von Hentig: Bildung, München u.a. 1996, S. 165

85 Hans Tietgens: Erwachsenenbildung als Suchbewegung – Annäherungen an eine Wissenschaft von der Erwachsenenbildung, Bad Heilbrunn 1986; Horst Siebert: Bildung im Schatten der Postmoderne – Von Prometheus zu Sisyphos, Frankfurt/M. 1992, S. 18; Harald Geißler: Moralisches Organisationslernen als Antwort auf das lern- und bildungstheoretische Defizit der Wirtschafts- und Unternehmensethik. In: ders. (Hrsg.): Unternehmensethik, Managementverantwortung und Weiterbildung, Neuwied 1997, S. 196

86 Wolfgang Klafki: Kategoriale Bildung – Zur bildungstheoretischen Deutung der modernen Didaktik. In: ders: Studien zur Bildungstheorie und Didaktik, Weinheim u.a. 1963, S. 43

87 Werner Jank/Hilbert Meyer: Didaktische Modelle, 7. Aufl. Berlin 2005, S. 213

88 Heinz-Elmar Tenorth: „Alle alles zu lehren" – Möglichkeiten und Perspektiven allgemeiner Bildung, Darmstadt 1994, S. 102

89 Hartmut von Hentig: Bildung, München u.a. 1996, S. 15–16

90 Erhard Meueler: Die Türen des Käfigs, Stuttgart 1993, S. 161–162 u. 164

91 Rolf Arnold: Für eine Berufspädagogik des „Und" – ein Plädoyer für Komplementarität in der Theoriediskussion der Berufsbildung. In: Berufsbildung in Wissenschaft und Praxis, H. 1, 1994, S. 35

92 Deutscher Ausschuss für das Erziehungs- und Bildungswesen: Empfehlungen und Gutachten des Deutschen Ausschusses für das Erziehungs- und Bildungswesen 1953–1965 (Gesamtausgabe), Stuttgart 1966, S. 877

93 Heinz-Elmar Tenorth: Profession im Lehrerberuf – Ratlosigkeit der Theorie, gelingende Praxis. In: Zeitschrift für Erziehungswissenschaft, 9. Jg., Heft 4/2006, S. 585

94 Wolfgang Klafki et al.: Funk-Kolleg Erziehungswissenschaft, Bd. 2, Frankfurt/M. 1970, S. 27

95 Joerg Ueltzhöffer/Johannes Kandel: Milieustruktur und politische Bildung. In: Friedrich Ebert Stiftung (Hrsg.): Jahrbuch 1993, Bonn 1993, S. 79; vgl. auch Rolf Arnold/Antje Krämer-Stürzl/Horst Siebert (1999): Dozentenleitfaden – Planung und Unterrichtsvorbereitung in Fortbildung und Erwachsenenbildung, Berlin, S. 41

96 Rolf Arnold/Antje Krämer-Stürzl/Horst Siebert: Dozentenleitfaden – Planung und Unterrichtsvorbereitung in Fortbildung und Erwachsenenbildung, Berlin, 1999, S. 84

97 Peter Faulstich/Christine Zeuner: Erwachsenenbildung – Eine handlungsorientierte Einführung in Theorie, Didaktik und Adressaten, München 1999, S. 47

98 Philip Zimbardo: Psychologie, Berlin u.a. 1988, S. 227

99 Gerhard Tulodziecki/Bardo Herzig/Sigrid Blömeke: Gestaltung von Unterricht – Eine Einführung in die Didaktik, Bad Heilbrunn 2004, S. 23–24

100 Manfred Spitzer: Lernen – Gehirnforschung und die Schule des Lebens, Heidelberg u.a. 2003, S. 19

101 Manfred Spitzer: Lernen – Gehirnforschung und die Schule des Lebens, Heidelberg u.a. 2003, S. 5–10

102 Der Begriff Kurzzeitgedächtnis wird nicht immer einheitlich verwendet. Zudem gibt es den (neueren) Begriff Arbeitsgedächtnis, der teilweise synonym mit dem Begriff Kurzzeitge-dächtnis gebraucht wird.

103 Frederic Vester: Die Kunst vernetzt zu denken – Ideen und Werkzeuge für einen neuen Umgang mit Komplexität, Stuttgart 1999, S. 23–24

104 Walter Edelmann: Lernpsychologie, Weinheim 6. Aufl. 2000, S. 6–13

105 Bernd Weidenmann: Lernen mit Bildmedien, Weinheim u.a. 1991, S. 14; vgl. auch Bernd Weidenmann: Multicodierung und Multimodalität im Lernprozess. In: Ludwig Issing/Paul Klimsa (Hrsg.): Information und Lernen mit Multimedia und Internet, 3. Aufl. Weinheim 2002, S. 48

106 Manfred Spitzer: Lernen – Gehirnforschung und die Schule des Lebens, Heidelberg u.a. 2003, S. 75–76

107 Michael Gershon: Der kluge Bauch – Die Entdeckung des zweiten Gehirns, München 2001, S. 16

108 Luc Ciompi: Die emotionalen Grundlagen des Denkens, 3. Aufl. Göttingen 1997, S. 93–128

109 Antonio Damasio: Descartes' Irrtum – Fühlen, Denken und das menschliche Gehirn, Berlin 2004, S. 238–239

110 Rolf Arnold/Antje Krämer-Stürzl/Horst Siebert: Dozentenleitfaden – Planung und Unter-richtsvorbereitung in Fortbildung und Erwachsenenbildung, Berlin, 1999, S. 15–16

111 Ewald Terhart: Fremde Schwestern – Zum Verhältnis von Allgemeiner Didaktik und empi-rischer Lehr-Lern-Forschung. In: Peter Stadtfeld/Bernhard Dieckmann (Hrsg.): Allgemeine Didaktik im Wandel, Bad Heilbrunn 2005, S. 96 u. 112–113

112 Franz E. Weinert: „Der gute Lehrer", „die gute Lehrerin" im Spiegel der Wissenschaft. In: Beiträge zur Lehrerbildung, 14. Jg. 1996/2, S. 143

113 Werner Jank/Hilbert Meyer: Didaktische Modelle, 7. Aufl. Berlin 2005, S. 127–129

114 Rolf Dubs: Qualitätsmanagement für Schulen, St.Gallen 2003, S. 27–33

115 Reinhold Nickolaus: Handlungsorientierung als dominierendes didaktisch-methodisches Prinzip in der beruflichen Bildung – Anmerkungen zur empirischen Fundierung einschlä-giger Entscheidungen. In: Zeitschrift für Berufs- und Wirtschaftspädagogik Jg. 96, 2000, S. 190–206

116 Günther L. Huber: Der Umgang mit heterogenen Zielgruppen. In: Veronika Strittmatter-Haubold (Hrsg.): Konzepte und Tools für das Training der Zukunft, Weinheim 2000, S. 22

117 Elke Wild/Manfred Hofer/Reinhard Pekrun: Psychologie des Lerners. In: Andreas Krapp/ Bernd Weidenmann (Hrsg.): Pädagogische Psychologie, 5. Aufl. Weinheim 2001, S. 224

118 Elke Wild/Manfred Hofer/Reinhard Pekrun: Psychologie des Lerners. In: Andreas Krapp/ Bernd Weidenmann (Hrsg.): Pädagogische Psychologie, 5. Aufl. Weinheim 2001, S. 233

119 John M. Keller/T.W. Kopp: An application of ARCS model of motivational design. In: C. M. Reigeluth (Hrsg.): Instructional theories in action. Lessons illustrating selected theories and models. Hillsdale 1987, S. 289–320

120 Reinhold Nickolaus: Didaktik – Modelle und Konzepte beruflicher Bildung, 2. Aufl. Hohen-gehren 2007, S. 40

121 Heinz-Elmar Tenorth: „Alle alles zu lehren" – Möglichkeiten und Perspektiven allgemeiner Bildung, Darmstadt 1994, S. 112

122 Kurt Beutler: Das Problem der Normsetzung in der Pädagogik. In: ders. /Detlef Horster (Hrsg.): Pädagogik und Ethik, Stuttgart 1996, S. 268–269

123 Hans Albert hat die drei vergeblichen Versuche, sich aus dem „Sumpf" des Begründungs-denkens zu ziehen, das „Münchhausen-Trilemma" genannt; dies in Anlehnung an jenen Lügenbaron, dem es gelang, sich am eigenen Schopfe aus dem Sumpf zu ziehen.

124 Hans Albert: Traktat über kritische Vernunft, 5. Aufl. Tübingen 1991, S. 15–17

125 Werner Jank/Hilbert Meyer: Didaktische Modelle, 7. Aufl. Berlin 2005, S. 122

126 In Anlehnung an: Entwicklung und Erprobung eines integrierten Leistungspunktesystems in der Weiterentwicklung modularisierter Studiengänge am Beispiel der Ingenieurwissenschaften – Erläuterungen zur Beschreibung und Abstrahierung von intendierten Lernzielen: http://www4.tu-ilmenau.de/lps/hannover/lernziele_erlaeuterungen.pdf; Zugang am 25.6.2008

127 L. W. Anderson/D. R. Krathwohl (Hrsg.): A Taxonomy for Learning, Teaching and Assessing. A Revision of Bloom's Taxonomy of Educational Objectives. Addison Wesley Longman, 2001, S. 46

128 Gerhard Tulodziecki/Bardo Herzig/Sigrid Blömeke: Gestaltung von Unterricht – Eine Einführung in die Didaktik, Bad Heilbrunn 2004, S. 132

129 Elisabeth Bonsen/Gerhard Hey: Kompetenzorientierung – eine neue Perspektive für das Lernen in der Schule, http://www.bebis.de/zielgruppen/auszubildende/rlp_berbil/kompetenzorientierung.pdf; Zugang am 10.12.2008

130 Volker Heyse/John Erpenbeck: Kompetenztraining – 64 Informations- und Trainingsprogramme, Stuttgart 2004, S. XIII–XIV

131 Elisabeth Bonsen/Gerhard Hey: Kompetenzorientierung – eine neue Perspektive für das Lernen in der Schule, S. 5, http://www.bebis.de/zielgruppen/auszubildende/rlp_berbil/kompetenzorientierung.pdf; Zugang am 10.12.2008

132 Staatsinstitut für Schulqualität und Bildungsforschung: Jahrgangsstufen-Lehrplan Mathematik für das Gymnasium in Bayern: http://www.isb-gym8-lehrplan.de/contentserv/3.1/g8.de/index.php?StoryID=26318; Zugang am 7.2.2008

133 Ministerium für Schule und Weiterbildung des Landes Nordrhein-Westfalen (Hrsg.): Lehrplan zur Erprobung für den Ausbildungsberuf Mechatronikerin/Mechatroniker, http://szv.schule.bremen.de/Ausbildung/Mechatronik/Ausbildungsrahmenplan%20Mechatroniker.pdf; Zugang am 7.2.2008

134 Wolfgang Klafki: Didaktische Analyse als Kern der Unterrichtsvorbereitung. In: Heinrich Roth/Alfred Blumenthal (Hrsg.): Grundlegende Aufsätze aus der Zeitschrift Die Deutsche Schule. Hannover 1969, S. 8

135 Bernardo Wagner: Didaktik der Elektrotechnik, S. 12; http://www.zdt.uni-hannover.de/images/1/1e/Didaktik_skript_160402.pdf; Zugang am 27.3.2008

136 Werner Jank/Hilbert Meyer: Didaktische Modelle, 7. Aufl. Berlin 2005, S. 360

137 Martin Wagenschein: Verstehen lehren, Weinheim 1989, S. 8–9

138 Grüner, Gustav: Die didaktische Reduktion als Kernstück der Didaktik. In: Die Deutsche Schule 1967, Heft 7/8, S. 414–430

139 Bernardo Wagner: Didaktik der Elektrotechnik, Version 1.3 vom 26.3.2001, S. 30; http://www.zdt.uni-hannover.de/images/1/1e/Didaktik_skript_160402.pdf; Zugang am 5.7.2008

140 Johann Wolfgang Goethe: zit. nach Ludwig Reiners, Stephan Meyer & Jürgen Schiewe: Stilkunst – Ein Lehrbuch deutscher Prosa, München 1991, S. 240

141 Martin Lehner: Viel Stoff – wenig Zeit, Wege aus der Vollständigkeitsfalle, Bern u.a. 2006, S. 9

142 Bernardo Wagner: Didaktik der Elektrotechnik, Version 1.3 vom 26.3.2001, S. 36–37; http://www.zdt.uni-hannover.de/images/1/1e/Didaktik_skript_160402.pdf; Zugang am 5.7.2008

143 Martin Lehner: Viel Stoff – wenig Zeit, Wege aus der Vollständigkeitsfalle, Bern u.a. 2006, S. 108

144 Der Begriff Fachlandkarte wurde in Anlehnung an die „concept map" von Klaus W. Döring geprägt; vgl. Klaus W. Döring/Bettina Ritter-Mamczek: Lehren und Trainieren in der Weiterbildung, Weinheim 6. Aufl. 1997, S. 188–190; s. auch Heike Bernd/Thomas Hippchen/Karl Ludwig Jüngst/Peter Strittmatter: Durcharbeiten von Begriffsstrukturdarstellungen in unterrichtlichen und computergestützten Lernumgebungen. In: Heinz Mandl/Frank Fischer

(Hrsg.): Wissen sichtbar machen: Wissensmanagement mit Mapping-Techniken, Göttingen 2000, S. 15–36

145 Gerd Klein: Lernlandkarte Sturm und Drang; Plattform SelGO: Selbstlernen in der gymnasialen Oberstufe, http://www.selgo.de/digio/unterrichtsidee/ll_praxisbeispiele.html; Zugang am 10.12.2008

146 Ernst Mach: Über den relativen Bildungswert der philologischen und der mathematisch-naturwissenschaftlichen Unterrichtsfächer der höheren Schulen. In: Populärwissenschaftliche Vorlesungen, Wien 1987, S. 344 (Neudr. d. 5. Aufl. Leipzig 1923)

147 Wolfgang Hallet: Didaktische Kompetenzen – Lehr- und Lernprozesse erfolgreich gestalten, Stuttgart 2006, S. 70–71

148 Ewald Terhart: Lehr-Lern-Methoden – Eine Einführung in Probleme der methodischen Organisation von Lehren und Lernen, 2. Aufl. Weinheim u.a. 1997, S. 79

149 Diethelm Wahl: Lernumgebungen erfolgreich gestalten – Lehr- und Lernmethoden für Erwachsenenbildung, Hochschuldidaktik und Unterricht, Bad Heilbrunn 2005, S. 9

150 Herbert Gudjons: Pädagogisches Grundwissen, Bad Heilbrunn, 9. Aufl. 2006, 250–251

151 Hans-Dieter Höpfner: Entwicklung selbständigen Handelns in der beruflichen Aus- und Fortbildung – Ein auf der Theorie der Handlungsregulation begründetes didaktisches Modell, Berlin u.a. 1991, S. 77

152 Helmut Geupel/Reinhilde Beck/Ingrid Cavalieri/Gertraud Gspahn: Selbstgesteuertes Lernen. In: DiNa, hrsg. vom Zentrum für Hochschuldidaktik der bayrischen Fachhochschulen, Nov. 2002, S. 2–11

153 Bernd Weidenmann: Lernen mit Medien. In: Andreas Krapp/Bernd Weidenmann (Hrsg.): Pädagogische Psychologie, 5. Aufl. Weinheim 2001, S. 420

154 J. R. Levin/G. J. Anglin/R. N. Carney: On empirically validating functions of pictures in prose. In: D. M. Willows/H. A. Houghton (Hrsg.): The psychology of illustration, Vol. 1, New York u.a. 1987, S. 51–86

155 Vgl. Landesinstitut für Schule und Weiterbildung NRW: Klassifizierung neuer Medien für das Lernen. http://home.ph-freiburg.de/gervefr/sucomputer/pdf/klassen.pdf; Zugang am 1.10.2008

156 Rolf Arnold/Claudia Gómez Tutor: Grundlinien einer Ermöglichungsdidaktik, Augsburg 2007, S. 137

157 Peter Hubwieser: Moderne Medien im Unterricht, ddi.in.tum.de/fileadmin/material/Lehrveranstaltungen/02-03/GFD/9-Medien/Medien.pdf; Zugang am 31.10.2008

158 Gerhard Tulodziecki/Bardo Herzig/Sigrid Blömeke: Gestaltung von Unterricht – Eine Einführung in die Didaktik, Bad Heilbrunn 2004, S. 83

159 Brigitta K. Pfäffli: Lehren an Hochschulen – Eine Hochschuldidaktik für den Aufbau von Wissen und Kompetenzen, Bern u.a. 2005, S. 251–252

160 Peter Hubwieser: Sicherung des Unterrichtserfolgs – Unterricht evaluieren und Lernerfolg prüfen; http://ddi.in.tum.de/fileadmin/material/Lehrveranstaltungen/02-03/GFD/10-Erfolgssicherung/Erfolgssicherung.pdf; Zugang am 20.3.2009

161 Reinhold Nickolaus: Didaktik – Modelle und Konzepte beruflicher Bildung, 2. Aufl. Hohengehren 2007, S. 45

162 Peter Hubwieser: Didaktik der Informatik – ein schulorientierter Überblick; http://ddi.in.tum.de/fileadmin/material/Seminare/SS-04/DDI-KL/DDI-Ueberblick.pdf; Zugang am 3.12.2008

163 Gerhard Tulodziecki/Bardo Herzig/Sigrid Blömeke: Gestaltung von Unterricht – Eine Einführung in die Didaktik, Bad Heilbrunn 2004, S. 158–159

164 Gerhard Tulodziecki/Bardo Herzig/Sigrid Blömeke: Gestaltung von Unterricht – Eine Einführung in die Didaktik, Bad Heilbrunn 2004, S. 163–164

165 Gerhard Tulodziecki/Bardo Herzig/Sigrid Blömeke: Gestaltung von Unterricht – Eine Einführung in die Didaktik, Bad Heilbrunn 2004, S. 165–169

166 Karlheinz A. Geißler: Lernprozesse steuern – Übergänge: Zwischen Willkommen und Abschied, 2. Aufl. Weinheim u.a., 1999, S. 120

167 Brigitta K. Pfäffli: Lehren an Hochschulen – Eine Hochschuldidaktik für den Aufbau von Wissen und Kompetenzen, Bern u.a. 2005, S. 40–41

168 Frederic Fredersdorf/Martin Lehner: Hochschuldidaktik und Lerntransfer – Bildungscontrolling von FH-Studiengängen, Bielefeld 2004, S. 21–51; s. auch Frederic Fredersdorf/Beate Glasmacher: Weiterbildungsmanagement. In: Matthias T. Meifert (Hrsg.): Strategische Personalentwicklung – Ein Programm in acht Etappen. Springer. Berlin 2008, S. 221–265

169 Vgl. Eckard König/Axel Hillbrink: Schritte der Systemischen Bildungsbedarfsanalyse. In: Eckard König/Gerda Volmer (Hrsg.): Praxis der Systemischen Organisationsberatung, Weinheim 1997, S. 117–119

170 Projektzentrum für vergleichende Bildungsforschung der Universität Salzburg: Mathematik-Kompetenz, Sammlung aller bei PISA freigegebenen Aufgaben der Haupttests 2000, 2003 und 2006, S. 34, http://www.pisa-austria.at/pisa2006/files/PISA_Mathematik_freigegebene_Aufgaben_07.pdf; Zugang am 11.12.2008

171 Rolf Arnold: Weiterbildung – Ermöglichungsdidaktische Grundlagen, München 1996, S. 225–226

172 CHE-HochschulRanking – Methodik http://www.che-ranking.de/cms/?getObject=64&getName=Methodik+Hochschulranking&getLang=de; Zugang am 7.5.2008

173 Frederic Fredersdorf: Bildungscontrolling und Qualitätssicherung in der betrieblichen Weiterbildung. In: Jörg Markowitsch/Peter Strobl (Hrsg.): Betriebliche Weiterbildung in Österreich – Konzepte, Anbieter, Trends, S. 159–164

174 Gerhard Eikenbusch: Praxishandbuch Schulentwicklung, Berlin 1998, S. 160–161

175 Alexander Renkl: Lernen durch Lehren – Zentrale Wirkmechanismen beim kooperativen Lernen, Wiesbaden 1997, S. 53 f.

176 Werner Hübner/Alexander Kühl/Monika Putzing: Kompetenzerhalt und Kompetenzentwicklung älterer Mitarbeiter in Unternehmen, QUEM-Report, Schriften zur beruflichen Weiterbildung, Heft 84; http://www.abwf.de/content/main/publik/report/2003/Report-84.pdf; Zugang am 12.7.2008

177 Joachim Mohr: Die Vertreibung der Weisen. In: Spiegel online, Unispiegel (16.1.2007), http://www.spiegel.de/unispiegel/jobundberuf/0,1518,458419,00.html; Zugang am 12.7.2008

178 Melanie Fröhlich/Monique Wölk/Ingrid Schmidt/Marie-Christine Stemann: Ältere Arbeitskräfte – ein unterschätztes Potenzial. In: WSI Mitteilungen, Nr. 4/2002. Düsseldorf 2002, S. 229